Wertvolle Soft Skills für Wirtschaftsprüfer und Steuerberater

Andreas Creutzmann

Wertvolle Soft Skills für Wirtschaftsprüfer und Steuerberater

Grundsätze, Aufgaben und Werkzeuge erfolgreicher Professionals

IDW

IDW VERLAG GMBH

1. Auflage

Die IDW Verlag GmbH ist ein Unternehmen des IDW.

Satz: Reemers Publishing Services GmbH, Krefeld
Druck und Bindung: C.H.Beck, Nördlingen
KN 11871/0/0

ISBN 978-3-8021-2453-2

Bibliografische Information der Deutschen Bibliothek
Die Deutsche Bibliothek verzeichnet diese Publikation in der Deutschen Nationalbibliografie; detaillierte bibliografische Daten sind im Internet über http://www.d-nb.de abrufbar.

Coverfoto: www.istock.com/alengo

www.idw-verlag.de

Für Nicole

sowie

Alisa, Julian, Nicolas und Shannon
für ein glückliches und erfolgreiches Leben

Vorwort

Die fachliche Kompetenz wird bei Wirtschaftsprüfern und Steuerberatern vorausgesetzt. Die hohen Anforderungen zum Bestehen der Berufsexamina dokumentieren die fachliche Qualifikation von Wirtschaftsprüfern und Steuerberatern. Auf dem Weg zum Wirtschaftsprüfer und Steuerberater und im weiteren Berufsleben dominiert das Fachwissen. Dem Berufsbild immanent ist ein lebenslanges Lernen. Qualifikation und Kompetenz sind wichtige Voraussetzungen für ein erfolgreiches Berufsleben. Dies gilt nicht nur für Wirtschaftsprüfer und Steuerberater, sondern auch für Rechtsanwälte, Ärzte und andere Berufsgruppen. Bereits zu Beginn meines Studiums habe ich mir eine Frage gestellt, die mich bis heute begleitet: *„Warum sind manche Menschen erfolgreich und warum andere nicht?“* Dabei haben mich stets die Menschen interessiert, die aus eigener Kraft erfolgreich wurden und nicht über ihre Herkunft als Erbe auf dem Erfolg vorheriger Generationen aufgebaut haben.

Auf der Suche danach, was erfolgreiche Menschen von weniger erfolgreichen Menschen unterscheidet, begann ich eine Vielzahl von Büchern zu lesen und Seminare zu besuchen. Bei diesen Büchern und Seminaren ging es um die Themen Erfolg, Persönlichkeitsentwicklung, Marketing und Verkauf, Rhetorik, Psychologie, Management sowie Selbstmanagement und persönliche Produktivität. Bis heute habe ich zu diesen Themengebieten mehrere 100 Bücher mit mehreren hunderttausend Seiten gelesen und eine Vielzahl von Seminaren besucht.

Die meisten Menschen denken bei dem Wort Erfolg in erster Linie an beruflichen und schlussendlich finanziellen Erfolg. Diese Sichtweise zum Thema Erfolg ist mir bis heute zu einseitig. Ein erfolgreiches Leben zeichnet sich sowohl durch ein erfolgreiches Berufsleben als auch durch ein erfolgreiches Privatleben aus. In einer vernetzten Welt, in der jeder Mensch nahezu zu jeder Zeit an fast jedem beliebigen Ort der Welt mit einem Smartphone erreichbar ist, verschwimmen die Grenzen zwischen Berufsleben und Privatleben. Die beiden Lebensbereiche stehen in einer engen Verbindung zueinander. Wer kein intaktes Privatleben hat, wird selten beruflich erfolgreich sein. Wer ausschließlich den beruflichen Erfolg sucht, darf sich nicht wundern, wenn sein Privatleben Defizite ausweist. Mir wurde beim Lesen der Bücher und Besuchen der Seminare sehr schnell klar, dass für den persönlichen Erfolg die sogenannten Soft Skills eines Menschen ausschlaggebend sind.

Das vorliegende Buch fasst meine theoretischen und vor allem praktischen Erkenntnisse zum Thema Soft Skills aus mehr als 30 Jahren Erfahrung zusammen. Eine strikte Trennung zwischen Berufsleben und Privatleben erscheint mir nicht einschlägig. Die nachfolgenden Soft Skills gelten größtenteils sowohl für das Berufsleben als auch für das Privatleben. Das Buch wurde von einem Wirtschaftsprüfer und Steuerberater für seine Berufskollegen geschrieben. Aus diesem Grund beziehen sich die Beispiele und Praxishinweise auf den Berufsstand der Wirtschaftsprüfer und Steuerberater. In den meisten Fällen ist jedoch der Transfer auf andere Berufsgruppen sehr leicht herstellbar. Insofern richtet sich das Buch nicht nur an Wirtschaftsprüfer und Steuerberater sowie ihre Mitarbeiter. Auch wenn Wirtschaftsprüfer und Steuerberater oft Individualisten sind und dazu neigen, sich gerade wegen der hohen fachlichen Qualifikation als etwas ganz Besonderes zu sehen, handelt es sich bei den nachfolgenden Soft Skills weit überwiegend um Erfolgsfaktoren, die universell gelten. Da es sich außerdem um eine Auswahl wesentlicher und wichtiger Soft Skills handelt, hat der Buchtitel außerdem den Zusatz „wertvolle Soft Skills" erhalten. Die einzelnen Kapitel in den Gliederungspunkten Grundsätze erfolgreicher Professionals, Aufgaben und Werkzeuge können grundsätzlich unabhängig voneinander gelesen werden. Das bedeutet, dass die einzelnen Kapitel in sich abgeschlossen sind und weit überwiegend nicht aufeinander aufbauen. Das erste Kapitel „Wirtschaftsprüfer und Steuerberater in einer digitalen Welt" setzt den Rahmen und gibt wertvolle Hinweise zur Nutzung des Buches. Insofern sollte dieses Kapitel in jedem Fall vor allen anderen Kapiteln gelesen werden.

„Führt ein erfolgreiches Leben auch zu einem glücklichen Leben?" Es wäre naheliegend zu behaupten, dass ein erfolgreiches Leben auch zu einem glücklichen Leben führt. Wer die einzelnen Kapitel des Buches liest und nicht gleich zu Beginn den Ausblick liest, bekommt am Ende des Buchs auch die Antwort auf diese Frage. Ich wünsche Ihnen viel Spaß beim Lesen und freue mich über Ihr Feedback.

Andreas Creutzmann

Speyer, Oktober 2019

Inhaltsverzeichnis

1 Wirtschaftsprüfer und Steuerberater in einer digitalen Welt

Die Digitalisierung verändert die Unternehmen unserer Mandanten und unsere Wirtschaftsprüfer- und Steuerberater-Praxen. Disruption kann dazu führen, dass die Geschäftsmodelle unserer Mandanten in der Zukunft nicht mehr funktionieren werden. Aber auch unsere eigenen Geschäftsmodelle stehen auf dem Prüfstand. Wie können wir unsere Mandanten in Zukunft mit unseren Dienstleistungen unterstützen? Sind wir Wegbereiter und Motor in eine erfolgreiche Zukunft unserer Mandanten oder blockieren wir mit unseren Beratungsleistungen wichtige Veränderungsprozesse bei unseren Mandanten? Was tun wir in unseren WP/StB-Praxen, um die Digitalisierung erfolgreich zu meistern? Auf diese und viele weitere Fragen gilt es die richtigen Antworten zu finden.

Künstliche Intelligenz, Kryptowährungen, Social Media, virtuelle Welten sowie Smartphones und die damit verbundene Möglichkeit, nahezu an jedem Ort der Welt Informationen abrufen zu können und jederzeit Entscheidungen treffen zu können, haben zu einer Komplexität geführt, die nicht nur für jeden Wirtschaftsprüfer und Steuerberater eine besondere Herausforderung ist. Berufsleben und Privatleben sind häufig untrennbar miteinander verbunden. Berufliche Informationen werden durch ein Smartphone an alle vernetzten Orte der Welt transportiert. Andererseits bekommen Wirtschaftsprüfer und Steuerberater an fast jedem Ort ihrer beruflichen Tätigkeit Informationen über Schulnoten der Kinder, Probleme des Lebenspartners oder andere private Angelegenheiten mitgeteilt. Beim Work-Life-Blending verschmilzt die Berufswelt mit dem Privatleben und die Welten werden untrennbar miteinander verbunden. Es gibt also neben einer Vielzahl an beruflichen Informationen auch reichlich Ablenkung im Alltag eines Wirtschaftsprüfers und Steuerberaters.

Die Komplexität hat auf allen Ebenen zugenommen, und diese gilt es zu meistern. Wir leben in einer VUKA-Arbeitswelt (englisch VUCA). VUKA ist ein Akronym für die englischen Begriffe volatility, uncertainty, complexity und ambiguity. Mit Volatilität sind Zustände gemeint, die instabil, unberechenbar und damit nicht vorhersehbar sind. Niemand weiß, wann sich ein Zustand in welche Richtung bewegen wird, und welche Ereignisse kommen werden. Unsicherheit bezeichnet einen Zustand, der mit einem unbekannten Risiko behaftet ist. Wir haben immer weniger Sicherheit darüber, was als Nächstes passiert. Bekanntes, bisherige Paradigmen gelten nicht mehr und es ist unklar, was nun gilt. Vorhersagen und Prognosen sind immer öfter unzuverlässig. Ambiguität bedeutet Mehr- oder Doppeldeutigkeit eines Sachverhalts.

Wirtschaftsprüfer und Steuerberater haben seit jeher eine besonders vertrauensvolle und verantwortungsvolle Rolle bei ihren Mandanten. Um diesem Vertrauen gerecht zu werden, steht auch das Leistungsportfolio des Berufsstandes in einer sich verändernden Welt auf dem Prüfstand. WP/StB-Praxen befinden sich auch wegen der Digitalisierung im Umbruch. Welche Auswirkungen hat das für das Management der Kanzlei und das Selbstmanagement? **Erfordern die andauernd zunehmende Komplexität des Alltags in einer VUKA-Welt und das digitale Zeitalter neue Grundsätze, Aufgaben und Werkzeuge von Wirtschaftsprüfern und Steuerberatern, um erfolgreich zu sein?**

In diesem Buch werden die Grundsätze, Aufgaben und Werkzeuge von Wirtschaftsprüfern und Steuerberatern dargestellt, die notwendig sind, um die zunehmende Komplexität im Alltag und die VUKA-Welt zu meistern. Wirksames Selbstmanagement und effektives Management von Teams sind heute wichtiger denn je.

Aus Gründen der besseren Lesbarkeit wird im Text nur die männliche Form verwendet – alle Angaben beziehen sich selbstverständlich auf Angehörige beider Geschlechter. Im Folgenden werden Wirtschaftsprüfer und Steuerberater auch einheitlich als Professionals bezeichnet.

Das Buch demonstriert beispielhaft an der Berufsgruppe der Wirtschaftsprüfer und Steuerberater, welche Soft Skills notwendig sind, um erfolgreich zu sein. Die Grundsätze, Aufgaben und Werkzeuge gelten darüber hinaus weit überwiegend auch für andere Berufsgruppen, Manager und Unternehmer. Erfolgreiche Professionals zeichnen sich durch exzellentes Fachwissen in ihrem Tätigkeitsgebiet aus. Zusätzlich verfügen sie über ein bestimmtes Mindset und bestimmte Soft Skills. Wirksames Selbstmanagement sowie effektives Management von Teams sind für den unternehmerischen Erfolg unabdingbar. Nur wer sich selbst effektiv und effizient führen kann, hat eine wesentliche Voraussetzung erfüllt, um auch Mitarbeiter und Teams wirksam zu führen.

Hinweis:
Die im Folgenden dargestellten Grundsätze, Aufgaben und Werkzeuge sind die Basis für die Meisterung der Komplexität in einem digitalisierten Berufs- und Privatleben und in einer VUKA-Welt.

Wer die folgenden Grundsätze, Aufgaben und Werkzeuge anwendet, wird sowohl beruflich als auch privat erfolgreicher.

Grundsätze	Aufgaben	Werkzeuge
Prinzipien, die bei der Erfüllung von Aufgaben und bei der Anwendung von Werkzeugen eingehalten werden sollten	Schlüsselaufgaben im Zusammenhang mit dem Selbstmanagement und dem Management von Mitarbeitern	Werkzeuge, die bei der Erfüllung der Aufgaben eingesetzt werden

Tab. 1 Grundsätze, Aufgaben und Werkzeuge

Grundsätze sind dabei Prinzipien, die bei der Erfüllung von Aufgaben und bei der Anwendung von Werkzeugen eingehalten werden sollten. Für die Einhaltung der Grundsätze benötigt man regelmäßig ein gewisses Maß an Disziplin. Die Grundsätze können mehr oder weniger leicht erlernt werden. Da die Anwendung dieser Grundsätze mit Verhaltensänderungen verbunden ist, bedarf es zunächst der Einsicht eines jeden einzelnen, dass sie wichtig sind, um erfolgreicher zu sein. Mangelt es an dieser Einsicht, werden die Aufgaben meist nur unbefriedigend erfüllt. Sie bilden gleichzeitig den Rahmen für die Aufgaben und dienen als Orientierung zum Einsatz der Werkzeuge. Die Grundsätze gelten nicht nur für ein erfolgreiches Berufsleben von Wirtschaftsprüfern und Steuerberatern, sondern auch für Rechtsanwälte, andere Berufsgruppen sowie Manager und Unternehmer. Sie haben demnach einen universellen Charakter. Diese Grundsätze sind die wichtigsten und wertvollsten Soft Skills einer erfolgreichen Persönlichkeit. Wer diese Grundsätze einhält, unterscheidet sich wesentlich von anderen. Sie gelten weit überwiegend auch für das Privatleben und dienen deshalb als Basis für funktionierende Beziehungen.

Der Beruf eines Wirtschaftsprüfers und Steuerberaters ist durch besondere Aufgaben charakterisiert. Insbesondere die Wirtschaftsprüferordnung und das Steuerberatergesetz regeln darüber hinaus bestimmte Pflichten. Im Folgenden sind mit den Aufgaben nicht die beruflichen Aufgaben eines Wirtschaftsprüfers und Steuerberaters gemeint, die hinlänglich bekannt sind. Es geht dabei demnach nicht um die Aufgaben im Zusammenhang mit der fachlichen Tätigkeit eines Wirtschaftsprüfers und Steuerberaters. Das sind u.a. die sogenannten Fachaufgaben eines Wirtschaftsprüfers und Steuerberaters. Diese sind ausführlich in IDW Standards, WP-Handbüchern, Gesetzen, Steuererlassen etc. im Zusammenhang mit Prüfungs- und Beratungsleistungen konkretisiert. Es handelt sich vielmehr weit überwiegend um die **Aufgaben** im Zusammenhang mit dem eigenen Management und dem Management von Mitarbeitern. In diesem Sinn sind es Schlüsselaufgaben, die gleichzeitig auch kritische Erfolgsfaktoren sind. Wer diese Aufgaben schlecht erfüllt, wird als Professional nicht erfolgreich sein. Im Kern befasst sich das Buch mit den beruflichen Aufgaben für ein erfolgreiches Selbstmanagement und Management der Mitarbeiter. Der Transfer auf das Privatleben ist bei einigen Aufgaben möglich. Bei der Aufgabe „Ziele setzen" gilt das sowohl für das Berufs- als auch für das Privatleben. Erfolgreiche Professionals können Wesentliches vom Unwesentlichen unterscheiden. Sie kennen ihre Schlüsselaufgaben und erfüllen diese überdurchschnittlich gut.

Das dritte Element sind die **Werkzeuge**, die bei der Erfüllung der Aufgaben eingesetzt werden. Der eingedeutschte Begriff „Tools" wird inzwischen bei Wirtschaftsprüfern und Steuerberatern oft häufiger verwendet als der deutsche Begriff Werkzeug. Bei dem Begriff Werkzeug denken vermutlich die meisten Menschen an Handwerker, die Hammer, Schraubenzieher, Bohrmaschinen etc. bei ihrer täglichen Arbeit als Hilfsmittel verwenden. Professionals erwarten beim Lesen des Begriffs Werkzeug eher technische Hilfsmittel in diesem Kapitel des Buchs. Eng verbunden mit dem Begriff Tools sind Apps. Ein weiterer eingedeutschter Begriff, der durch die Einführung des Smartphones jedem hinlänglich bekannt ist. Um Erwartungslücken bereits hier vorzubeugen: Es geht in dem Kapitel Werkzeuge im Kern nicht um technische Hilfsmittel. Technische Hilfsmittel können die Erfüllung der zuvor beschriebenen Aufgaben erleichtern. Im Zeitalter der Digitalisierung gibt es eine Vielzahl von Apps, die Tools im technischen Sinn darstellen. Bei den hier dargestellten Werkzeugen werden technische Hilfsmittel nur am Rand erwähnt. Vielmehr geht es jedoch in dem Kapitel Werkzeuge um Werkzeuge, die teilweise schon lange vor dem Zeitalter der Digitalisierung von Wirtschaftsprüfern und Steuerberatern genutzt wurden. Werkzeuge, die auch andere Berufsgruppen, Manager und Unternehmer bei ihrer täglichen Arbeit eingesetzt haben. Erfolgreiche Professionals, Manager und Unternehmer setzen diese Werkzeuge gekonnt und richtig ein. Da es sich bei den von mir vorgestellten Werkzeuge um eine Auswahl wertvoller Soft Skills handelt, standen diese niemals auf einem Lehrplan in der Ausbildung, im Studium oder bei einem Berufsexamen. Die hier dargestellten Werkzeuge sind der Schlüssel für ein erfolgreiches Berufsleben und glückliches Privatleben.

Für das Beherrschen dieser Werkzeuge bedarf es jedoch der Bereitschaft des Lernens. Sicher ist den meisten bekannt, dass das Leben aus einem lebenslangen Lernprozess besteht. Und insbesondere der Berufsstand der Wirtschaftsprüfer und Steuerberater ist durch regelmäßige Fortbildung gewohnt dazu zu lernen. Bei den Werkzeugen handelt es sich jedoch um Soft Skills, die nicht in der Vorbereitung zu den Berufsexamen als Steuerberater und Wirtschaftsprüfer geschult und geprüft werden. Hier kann es sein, dass das Lernen dem Erlernen einer neuen Sprache gleicht.

Die Werkzeuge helfen die Aufgaben zu erfüllen und die Grundsätze erfolgreicher Wirtschaftsprüfer und Steuerberater einzuhalten.

Hinweis:
Im Übrigen sollte sich jeder Professional bei den folgenden Grundsätzen, Aufgaben und Werkzeugen fragen, ob sie nützlich sind. Bevor ein Gedanke abgelehnt wird, sollte jeder Professional prüfen, ob er bei der Erreichung von beruflichen und privaten Zielen helfen könnte. Immer dann, wenn ein innerer Widerstand gegen eine Aussage entsteht, könnte dies ein Moment in Ihrem Leben sein, der Sie weiterbringt. Analysieren Sie genau, weshalb Sie den Gedanken ablehnen. Alles, was zu einer positiven Veränderung in Ihrem Leben führt, was zu Ihrer persönlichen Weiterentwicklung beiträgt, ist nützlich. Und nur das Kriterium der Nützlichkeit sollte Gradmesser dafür sein, ob Sie die in diesem Buch dargestellten Soft Skills ablehnen oder zum Teil Ihres Lebens machen.

Die nachfolgenden Grundsätze, Aufgaben und Werkzeuge gehen teilweise auf Managementvordenker wie Peter F. Drucker und Fredmund Malik zurück. Insbesondere bei den Werkzeugen, aber auch bei einzelnen Grundsätzen und Aufgaben wurden diese jedoch aufgrund meiner Erfahrungen ergänzt, erweitert und auf die Berufsgruppe der Wirtschaftsprüfer und Steuerberater adaptiert.

Dieses Buch entstand aus der Erkenntnis, dass insbesondere Wirtschaftsprüfer und Steuerberater über eine hervorragende fachliche Ausbildung verfügen. Dies gilt übrigens gleichermaßen für Rechtsanwälte. Diese Berufsgruppen arbeiten sehr strukturiert und analytisch. Von der Ausbildung bis zum Berufsexamen bzw. der Zulassung als Anwalt geht es stets um Fachwissen. Die Fachkenntnis und die Hardfacts werden im Studium und im Examen geprüft. Die Persönlichkeit spielt dabei nicht die entscheidende Rolle. Wer intelligent und fleißig ist, hat eine große Chance die Berufsexamen zu bestehen. Wer jedoch als Wirtschaftsprüfer, Steuerberater oder Rechtsanwalt mehrere Jahre tätig ist, der weiß, dass für den beruflichen (und privaten) Erfolg andere Faktoren entscheidend sind. Regelmäßig entscheiden hier die Soft Skills über Erfolg und Misserfolg.

Der Begriff „Soft Skills“ ist seit vielen Jahren eingedeutscht. Darunter werden die „weichen Kompetenzen“ verstanden, die regelmäßig notwendig sind, um beruflich und privat erfolgreich zu sein. Und diese Kompetenzen können Professionals durch Training erlernen bzw. verbessern. Wer in Google den Begriff „Soft Skills“ eingibt, erhält mehr als 514.000.000 Verweise. Damit wird einerseits deutlich, dass dieser Begriff weltweit eine große Bedeutung hat. Andererseits zeigt das Suchergebnis auch, wie wichtig es ist, die

„richtigen“ Soft Skills zu haben, um erfolgreich zu sein. Dieses Buch beschränkt sich auf die wesentlichen wertvollen Soft Skills, die Professionals haben sollten, wenn sie beruflich und privat erfolgreich sein wollen.

Der Begriff Soft Skills ist abzugrenzen von den Begriffen Talent und Begabung, die synonym im Folgenden verwendet werden. Talente und Begabungen sind nach meinem Verständnis angeboren. Soft Skills und das dazugehörige Wissen können jedoch erlernt werden. Talente und Begabungen stehen demnach für das angeborene Potenzial und können nicht erlernt werden. Soft Skills hingegen sind Gewusst-wie-Muster eines Verhaltens oder einer Aktivität. Das Fach- und Faktenwissen eines Wirtschaftsprüfers und Steuerberaters ist erlernt. Die hohe Fachkompetenz ist dokumentiert durch die bestandenen Examina zum Wirtschaftsprüfer und Steuerberater. Eine herausragende Performance eines Wirtschaftsprüfers und Steuerberaters kommt jedoch erst dann zustande, wenn Talent mit Wissen und Soft Skills so kombiniert werden, dass außergewöhnliche Leistungen erbracht werden. Hierzu bedarf es auch einer entsprechenden Berufserfahrung, die junge Professionals erst im Verlauf ihres Berufslebens erwerben können. Das Fach- und Faktenwissen von jungen Professionals kann hoch sein. Das Vertrauen, das Mandanten jedoch älteren Berufskollegen aufgrund ihrer Seniorität entgegenbringen, hängt oft mit deren Soft Skills zusammen, die sie sich in ihrem langen Berufsleben erworben haben. Aus diesem Grund kann es durchaus sein, dass ein Mandant den Empfehlungen eines älteren Berufskollegen folgt, obwohl die Sachargumente des jungen Wirtschaftsprüfers und Steuerberaters für Sachkundige überzeugender sind.

Das Buch zeigt einerseits die für Wirtschaftsprüfer und Steuerberater entscheidenden und wesentlichen Soft Skills auf und andererseits, wie diese Soft Skills erlernt und trainiert werden können. Denn das Wissen, welche Soft Skills besonders relevant sind, bedeutet nicht automatisch auch, dass diese nach einmaligem Lesen des Buches auch erfolgreich in der Praxis angewendet werden können. Die Wirtschaftsprüfer und Steuerberater, die eine Sportart betreiben oder irgendwann einmal betrieben haben, wissen genau, dass erst regelmäßiges Training die gewünschten Erfolge bringt. Meisterschaft erlangt ein Sportler nur durch Training. Deswegen soll dieses Buch Sie ermutigen, das erlernte Wissen auch im Alltag anzuwenden. Um es mit den Worten Erich Kästners zu sagen: *„Es gibt nichts Gutes, außer man tut es.“*

In engem Zusammenhang mit Soft Skills stehen auch Kenntnisse aus der Psychologie. Dies ist sicher ein Fachgebiet, mit dem sich gerade Professionals regelmäßig nicht auseinandersetzen, weil das Fach- und Faktenwissen omnipräsent ist. Das Buch beschäftigt sich deshalb an mehreren Stellen auch mit der Psychologie des Erfolgs. Psychologische Kenntnisse sind wichtig, wenn man erfolgreich sein will. Das hier dargestellte psychologische Basiswissen hat jedoch nichts mit Esoterik zu tun. Es soll helfen zu verstehen, weshalb Menschen erfolgreich sind und weshalb andere scheitern. Wer die nachfolgend dargestellten Soft Skills erlernt und anwendet, wird beruflich und privat erfolgreich.

In diesem Buch geht es also um Erfolg. Erfolg ist das Erreichen persönlicher Ziele. Dies können sowohl berufliche als auch private Ziele sein. Sowohl im Berufsleben als auch im Privatleben sind Soft Skills der Schlüssel zum Erfolg und zum privaten Glück.

Teilweise sind die Soft Skills, die Ihrem Privatleben zuzuordnen sind, die Basis für den beruflichen Erfolg. Andererseits gibt es berufliche Soft Skills, deren Anwendung auch im Privatleben helfen glücklich und erfolgreich zu sein. Berufliche und private Soft Skills gehen manchmal ineinander über. Es gibt dann keine messerscharfe Trennung zwischen einem beruflichen und privaten Soft Skill. Aus diesem Grund gibt es Kapitel in diesem Buch, die zunächst einen Soft Skill aus der privaten Perspektive beschreiben. Das ist beispielsweise bei der Aufgabe „Ziele setzen“ der Fall. Der Transfer von den privaten Zielen auf berufliche bzw. unternehmerische Ziele ist jedoch leicht ersichtlich. In diesem Sinn sind es **wertvolle Soft Skills**, die in diesem Buch behandelt werden.

2 Grundsätze erfolgreicher Professionals

2.1 Selbstverantwortung

Der Grundsatz der Selbstverantwortung wird in einer Zeit, in der regelmäßig andere schuld sind, immer wichtiger. Sowohl im Berufsleben als auch im Privatleben gibt es regelmäßig Situationen, bei denen andere schuld für Fehler sind.

Beispiel
Insbesondere Wirtschaftsprüfer sind es von Berufs wegen gewohnt, die Schuld bei anderen zu suchen und zu finden. Denn die zentrale Frage bei der Beurteilung von internen Kontrollsystemen ist: „Was könnte schieflaufen und wer kontrolliert was?“ Und selbst, wenn es kein Vier-Augen-Prinzip gibt, sondern nur maschinelle Kontrollen, gibt es Menschen, die für die Programmierung verantwortlich sind. Also gibt es immer einen „Schuldigen“, wenn etwas bei einem Mandanten beim internen Kontrollsystem (IKS) schiefläuft. Und das ist regelmäßig nicht der Wirtschaftsprüfer und seine Mitarbeiter. Da die Rechnungslegung und das IKS des Unternehmens Gegenstand der Prüfung sind, sind also stets die „Anderen“ schuld bei Fehlern. Die Mitarbeiter des Mandanten werden dann zur Verantwortung gezogen. Sofern jedoch der Wirtschaftsprüfer und seine Mitarbeiter nicht erkennen, dass ein Kontrollsystem unwirksam ist, verliert man sich schnell in Ausreden. Wer gibt schon gerne Versäumnisse bei einem Mandanten zu?

In jedem Unternehmen trägt eine Person oder wenige Personen die Verantwortung. Für Unternehmer sollte es selbstverständlich sein, dass sie für jedes Projektergebnis verantwortlich sind. Je größer die Unternehmen, desto wahrscheinlicher ist es jedoch, dass es bei nicht erfolgreichen Projekten am Ende nur darum geht, seinen Kopf zu retten. Der Partner einer Gesellschaft macht seine Manager oder auch Kunden (?) für den Misserfolg verantwortlich, ohne zu erkennen, dass er vielleicht das falsche Team zusammengestellt hatte, die Aufgaben nicht sachgerecht verteilt wurden oder die Projektkontrolle nicht funktionierte.

Viel schlimmer ist jedoch häufig das Jammern auf allen Ebenen im Unternehmen und im Privatleben und die Verkündung der eigenen Hilflosigkeit.

Hinweis:
Wer sagt *„Ich kann nicht“,* der will nicht. Denn Sie können alles tun. Nur hat eben auch alles Konsequenzen. Sie können täglich neu wählen! Und sich nicht zu entscheiden, ist auch eine Wahl. Dem Punkt, an dem Sie heute stehen, liegen frühere Entscheidungen und abgelehnte Alternativen zugrunde. Alles was im Augenblick geschieht, ist die Folge von Entscheidungen in der Vergangenheit. Und alles was Sie tun, tun Sie freiwillig. Jedoch hat alles seinen Preis und nicht jeder ist bereit, den Preis für eine bestimmte Entscheidung zu „bezahlen“.

Der Mitarbeiter, der gegenüber seinem Vorgesetzten rebelliert, muss damit rechnen im Rahmen der nächsten Karriererunde nicht berücksichtigt zu werden. Der Partner, der alle Aufträge durch einen Niedrigpreiswettbewerb gewinnt, darf sich über negative Deckungsbeiträge und gegebenenfalls niedrigere Partnervergütungen nicht wundern. Der Partner, der keine Zeit mit seinem Lebenspartner und seinen Kindern verbringt, darf sich nicht wundern, wenn diese Menschen sich von ihm distanzieren.

Hinweis:
„Keine Zeit" heißt: Anderes ist mir wichtiger. Alles im Leben ist eine Frage der Priorität: Was Sie wirklich wollen, das tun Sie! Die spannende Frage jedoch ist: Warum tun Sie gerade das, was Sie gerade tun?

Das gilt sowohl für das Berufsleben als auch für das Privatleben. Die Antworten auf diese Fragen sind in jeder Phase des Lebens wichtig.

Als Berufsanfänger empfängt man üblicherweise die meiste Zeit Anweisungen von anderen. Mit zunehmendem Karrierefortschrift wird man dann vom Empfänger von Anweisungen selbst zu der Person, die Anweisungen erteilt. Wer an der Unternehmensspitze steht, erteilt nur noch Anweisungen und empfängt meistens keine mehr von Kollegen. Die meisten Menschen durchlaufen diese Berufsphasen häufig nicht mit dem Bewusstsein, das notwendig wäre, um sich und andere erfolgreich zu führen. Zu oft werden unbewusst Verhaltensmuster und Rollenbilder von Vorgesetzten übernommen und der Professional erkennt nicht, dass er an der Spitze seiner beruflichen Laufbahn häufig nur ein Abbild seiner ehemaligen Vorgesetzten ist.

Deshalb ist die psychologische Kenntnis der nachfolgenden Gesetzmäßigkeiten sehr wichtig.

Gesetz von Ursache und Wirkung

Alles hat einen Grund und jede Wirkung hat ihre spezifische Ursache. Aristoteles meinte, dass wir in einer Welt leben, die von Gesetzmäßigkeiten und nicht vom Zufall bestimmt wird. Er erklärte, dass es für alles einen Grund gäbe, ob er uns nun bekannt sei oder nicht. Es gibt für jede Wirkung eine oder mehrere Ursachen. Jede Ursache oder Handlung hat irgendeine Auswirkung. Nicht immer erkennen wir die Ursache.

Erfolg ist demnach kein Zufall! Erfolg hat auch nichts mit Glück zu tun. Alles hat einen Grund. Dieser Grund ist jedoch nicht immer für jeden ersichtlich. *„Was du säst, wirst du ernten"*, ist ein bekannter Bibelspruch. Das dritte Newtonsche Gesetz, das als auch Wechselwirkungsprinzip, Gegenwirkungsprinzip oder Reaktionsprinzip („actio gleich reactio") bekannt ist, besagt, dass für jede Aktion eine gleiche und eine entgegengesetzte Reaktion existiert.

Gedanken sind Ursachen und Umstände sind Wirkungen. Indem Sie Ihre Denkweise ändern, ändern Sie Ihr Leben. Hierzu bedarf es lediglich einer Entscheidung. Sie *werden* das, was Sie die meiste Zeit *denken*. Was Sie fühlen und wie Sie reagieren, wird nicht durch das bestimmt, was geschieht, sondern davon, wie Sie darüber denken. Es ist Ihre Innenwelt, die für die Bedingungen Ihres Lebens verantwortlich ist. Sie selbst bestimmen Ihre Gefühle und Verhaltensweisen durch die Art und Weise, wie Sie Ihre Umwelt betrachten und wie Sie über die Dinge denken, die Ihnen zustoßen.

Hinweis:
Kein Ereignis hat irgendeine Macht über mich, außer der, die ich ihm in meinen Gedanken gebe!

Für Wirtschaftsprüfer und Steuerberater ist das Gesetz von Ursache und Wirkung einschlägig. Wenn ein IKS nicht funktioniert, besteht das Risiko, dass Dinge im Unternehmen schieflaufen und dann auch fehlerhaft in der Rechnungslegung abgebildet werden. Steuerberater wissen, dass Fristversäumnisse zur Ablehnung von Bescheiden oder Säumniszuschlägen führen. Das Gesetz von Ursache und Wirkung gilt jedoch nicht nur bei diesen leicht einsichtigen Sachverhalten. Es gilt gleichermaßen beim eigenen Management und dem Management anderer sowie im Privatleben.

Praxistipp:
Achten Sie auf Ihre Gedanken! Sie werden das, was Sie die meiste Zeit denken. Gedanken sind Ursachen und Wirkungen sind Umstände. Wenn Sie Ihre Gedanken kontrollieren, können Sie Ihr Leben verändern. Dies gilt sowohl für Ihr Berufsleben als auch für Ihr Privatleben. Sie können die Ereignisse in Ihrem Leben nicht immer selbst beeinflussen. Insbesondere Schicksalsschläge oder Dinge, die Sie nicht verursacht haben, können einen erheblichen negativen Einfluss auf Ihr Leben haben. Sie können diese Dinge nicht ändern. Das Einzige, was Sie beeinflussen können, ist, wie Sie über diese Dinge denken, die Ihnen zustoßen. Ihre Interpretation der Ereignisse hat unmittelbare Auswirkungen auf Ihre Gefühle. Denken Sie an das Gelassenheitsgebet des US-amerikanischen Theologen Reinhold Niebuhr: *„Gott, gib mir die Gelassenheit, Dinge hinzunehmen, die ich nicht ändern kann, den Mut, Dinge zu ändern, die ich ändern kann, und die Weisheit, das eine vom anderen zu unterscheiden."*

Analysieren Sie regelmäßig bestimmte Ereignisse daraufhin, ob Sie Verursacher waren oder andere die Verursacher sind. Seien Sie ehrlich mit sich selbst und übernehmen Sie nur da Verantwortung, wo Sie tatsächlich Verursacher des Ereignisses waren. Das wird in vielen Fällen der Fall sein, aber nicht in allen. Sie stehen in Ihrem Leben jetzt genau da, wo Sie sind, weil Sie in der Vergangenheit Entscheidungen getroffen haben oder sich nicht entschieden haben. Sich nicht zu entscheiden, ist auch eine Entscheidung. Sie sind Verursacher Ihres Lebens. Übernehmen Sie Verantwortung für die Entscheidungen der Vergangenheit und treffen Sie bessere Entscheidungen in der Zukunft. Ihre Gedanken sind dabei der Schlüssel zu einer glücklichen und erfolgreichen Zukunft.

Gesetz des Glaubens

Was Sie tief in Ihrem Herzen glauben, wird Wirklichkeit. Sie glauben nicht, was Sie sehen, sondern das, was Sie ohnehin bereits glauben. Informationen, die Ihrer bereits feststehenden Meinung widersprechen, weisen Sie zurück, ganz gleich, ob Ihre Überzeugungen – oder auch Vorurteile – auf Fakten oder auf Fantasie beruhen.

Henry Ford sagte einmal: *„Sie haben recht, ganz gleich, ob Sie glauben, Sie können etwas oder nicht."*

Jeder von uns hat bestimmte Glaubens- oder Überzeugungssysteme, die eng mit unseren persönlichen Werten verknüpft sind. Diese Glaubenssysteme bestehen dabei regelmäßig aus mehreren Glaubenssätzen. Ein Glaubenssatz ist, was wir über uns, die Realität oder die Welt denken. Sie bestimmen unsere Erwartungen. Sie zeigen das, was wir für wahr halten und was wir glauben, erreichen zu können. Es sind unsere inneren Überzeugungen.

Viele unsere Gedanken, die wir denken, sind Glaubenssätze. Wenn wir Selbstgespräche führen, verwenden wir regelmäßig Glaubenssätze. Oft sind wir uns dessen nicht bewusst. Häufig entspringt das, was wir über uns selbst denken und über das Leben glauben, unseren gewohnheitsmäßigen Denkmustern. Wir kommen jedoch nicht mit diesen Glaubenssätzen und Denkmustern auf die Welt. Diese Glaubenssätze entstehen häufig in der Kindheit und bleiben uns ein Leben lang erhalten, wenn wir sie nicht durch andere ersetzen. Es kann sich dabei gleichermaßen um positive wie negative Glaubenssätze handeln. Negative Glaubenssätze schränken uns jedoch häufig ein, lassen uns an uns zweifeln und verhindern Erfolg. Positive Glaubenssätze hingegen können Ihnen Energie und Motivation geben. Sie können Ihnen helfen, Herausforderungen zu meistern und ihre Ziele zu erreichen. Glaubenssätze entstehen durch Erziehung sowie durch unsere Beobachtungen und Erfahrungen.

Beispiel

Wenn ein Wirtschaftsprüfer ausschließlich mit Unterschlagungsprüfungen befasst oder im Wesentlichen mit Cyber Crime beschäftigt ist, wird er vermutlich nur noch selten das Gute im Menschen sehen. Wenn ein Steuerberater ausschließlich mit Mandanten zu tun hat, die Steuern hinterziehen, prägt das sein Menschenbild, seine Denkmuster und seine Glaubenssätze. Die Wirtschaftsprüfer und Steuerberater, die weit überwiegend mit negativen Ereignissen konfrontiert werden, werden selten positive Glaubenssätze entwickeln können. Das liegt auf der Hand. Besonders kritisch wird es, wenn dann dieser Personenkreis das Berufsleben in das Privatleben überträgt.

Die Wirkung von Glaubenssätzen hat bereits der französische Apotheker Emile Coué zu Beginn des 20. Jahrhunderts herausgefunden. Er sagte seinen Patienten, dass sie mit diesem Medikament sicher ganz schnell wieder gesund würden. Seine Patienten sollten zudem täglich folgenden Satz jeweils morgens, mittags und abends 25 Mal vorsagen: *„Es geht mir Tag für Tag und in jeder Hinsicht immer besser und besser."*

Hieraus entwickelte Coué die Lehre der Autosuggestion. Nikolaus B. Enkelmann entwickelte 14 Grundgesetze der Lebensentfaltung. Bei diesen Grundgesetzen stehen der Glaube und positive Gedanken im Mittelpunkt der Persönlichkeitsentwicklung. Enkelmann perfektionierte die Lehre der Autosuggestion und erweiterte sie um das mentale Training. Das vierte Grundgesetz der Lebensentfaltung lautet: „Das Unterbewusstsein – die Baustelle des Lebens und der Arbeitsraum der Seele – hat die Tendenz, jeden Gedanken zu realisieren."

Jeder Gedanke hat die Tendenz, zur Realität zu werden. Glaubenssätze bestimmen unser tägliches Leben, weil sie unsere Überzeugungen, Einstellungen und unseren Glauben widerspiegeln. Wir denken tagtäglich unzählige Gedanken. Davon sind regelmäßig nur wenige Gedanken positiv und aufbauend. Weit mehr negative Gedanken gehen durch unser Gehirn, die oft über eine negative Medienberichterstattung zusätzlich Gewicht bekommen. Darüber hinaus haben wir eine Vielzahl unbedeutender, neutraler und flüchtiger Gedanken. Wenn wir uns Gedanken einprägen, kann das weitreichende Konsequenzen haben. Zunächst wird uns ein immer wiederkehrender Gedanke vertraut, bis er dann zu einer inneren Überzeugung wird. Hieraus kann positives und negatives Handeln entstehen.

Beispiel

Die nachfolgende Liste zeigt beispielhaft einige negative Glaubenssätze:

- Ich habe nie Erfolg
- Ich kann das nicht
- Ich habe das schon immer so gemacht
- Ich mache immer alles falsch
- Ich bin unwichtig
- Andere werden immer bevorzugt
- Ich bin zu dick, zu dünn, zu lang, ...
- Ich bin nicht intelligent
- Ich bin immer zu spät
- Ich bin hilflos
- Ich verdiene keine Beachtung
- Meine Geschwister werden immer bevorzugt
- ...

Eine Studie der Universität in Harvard fand heraus, dass jeder Jugendliche bis zu seinem 18. Lebensjahr ca. 180.000 solcher negativen Suggestionen hört. Diese Suggestionen können durch ihre häufigen Wiederholungen zu Glaubenssätzen werden. Insofern ist es stets wichtig, was und wie wir etwas sagen. Dies gilt sowohl bei unseren Mitarbeitern als auch bei unseren Familienmitgliedern und Freunden. Wenn Sie Ihren Mitmenschen etwas Gutes tun wollen, dann suggerieren Sie Ihnen stets positive Glaubenssätze.

Praxistipp:
Ein positiver Glaubenssatz ist kurz und prägnant und in der Gegenwart formuliert. Er ist stets positiv formuliert. Er richtet sich an das Unterbewusstsein. Wirtschaftsprüfer und Steuerberater haben die Möglichkeit, ihren Mitarbeitern gegenüber tagtäglich eine Vielzahl positiver Glaubenssätze auszusprechen. Die folgende Liste zeigt beispielhaft positive Suggestionen, die bei ständiger Wiederholung zu Glaubenssätzen werden:

- Sie schaffen das
- Sie können das
- Sie halten den Termin ein
- Sie können das IKS prüfen
- Sie schaffen die Prüfung zum Berufsexamen
- Sie sind intelligent
- Sie sind gewissenhaft
- Sie sind fleißig
- Sie sind lernbereit
- Sie sind ein hilfsbereiter Kollege
- ...

Beim Werkzeug des mentalen Trainings wird das Thema Glaubenssätze noch eingehender behandelt.

Gesetz der Erwartungen

Was immer Sie mit Bestimmtheit erwarten, wird zu Ihrer selbsterfüllenden Prophezeiung. Sie haben in Ihrem Leben immer die Funktion eines Wahrsagers. Die Dinge werden so, wie Sie über Sie denken und sprechen. Wenn Sie überzeugt davon sind, dass gute Dinge passieren werden, wird dies im Normalfall auch so sein. Wenn Sie aber mit Negativem rechnen, ist die Wahrscheinlichkeit groß, dass Sie auch in diesem Fall Recht behalten werden.

Sie beeinflussen jedoch mit Ihren Erwartungen nicht nur sich, sondern auch Ihre Mitmenschen in Ihrer Umgebung. Ihre Einstellung zu Menschen und zu bestimmten Situationen ist wesentlich davon geprägt, was Sie erwarten. In den Sechzigerjahren des letzten Jahrhunderts haben Robert Rosenthal und Leonore Jacobson im Rahmen eines Forschungsprojektes den Pygmalion-Effekt entdeckt. In diesem Experiment wurden zwei Schulklassen willkürlich mit Schülern zusammengesetzt. Der einen Lehrkraft wurde zu Beginn des Schuljahres mitgeteilt, dass in seiner Klasse nur hochbegabte Schüler seien. Der anderen Lehrkraft wurde mitgeteilt, dass in dieser Klasse nur Schüler seien, die weniger begabt sind. Am Ende des Jahres konnte festgestellt werden, dass die Klasse mit den angeblich hochbegabten Schülern signifikant besser abschnitt als die Klasse mit den weniger begabten. Auch wenn es inzwischen zahlreiche Studien gibt, die Einschränkungen dahingehend machen, wie alt die Kinder in der jeweiligen Klasse sind und welche pädagogischen Fähigkeiten die Lehrer jeweils haben, gilt der Pygmalion-Effekt als anerkannt und etabliert. Demnach spielt die Erwartung des Lehrers an die Fähigkeiten der Schüler eine entscheidende Rolle für deren Lernerfolg. Sicherlich erinnern wir uns alle an bestimmte Lehrer, die den Pygmalion-Effekt entweder nicht kannten oder ihn grob missachteten.

Wie sieht es jedoch mit unseren Erwartungen gegenüber Mitarbeitern oder uns nahestehenden Personen aus? Erwarten Sie stets das Beste von Menschen oder bestimmten Situationen? Es bedarf nicht eines Psychologiestudiums, um zu erkennen, dass es in jedem Leben eines Menschen oft mehrere selbsterfüllende Prophezeiungen in der Vergangenheit gab. Meistens hört man dann im Nachhinein Sätze, wie „ich habe es geahnt", „ich wusste, dass das passiert" oder „hätte ich auf mein Gefühl/Bauch gehört". Der als „self-fulfilling prophecy" bekannte Grundsatz ist mithin vielen bekannt, jedoch handeln die wenigsten Menschen danach.

Praxistipp:
Ein Wirtschaftsprüfer hat von Berufs wegen eine kritische Grundhaltung einzunehmen. Diese kritische Grundhaltung kann dazu führen, dass er in allem nur Negatives und Schlechtes sieht. Der Fokus ist auf den Fehler gerichtet. Es ist sicherlich nicht empfehlenswert, wenn ein Wirtschaftsprüfer im Rahmen von Jahresabschlussprüfungen stets davon ausgeht, dass alle Kontrollen wirksam sind und die Ordnungsmäßigkeit der Rechnungslegung immer gewährleistet ist. Die Jahresabschlussprüfung sucht Fehler in Systemen, Prozessen oder bei den Menschen. Wer jedoch immer nur den Fehler sucht, hat die Tendenz in allem und jeden einen Fehler zu sehen. Wer dann sein Berufsleben in das Privatleben überträgt, darf sich nicht wundern, wenn Menschen sich abwenden. Insbesondere für Wirtschaftsprüfer ist es ratsam, wenn sie ihre kritische Grundhaltung ausschließlich gegenüber internen Kontrollsystemen und hinsichtlich der Ordnungsmäßigkeit der Rechnungslegung einnehmen. Für andere Lebenssituationen sowie den Umgang mit Mitarbeitern und anderen Menschen ist es empfehlenswert, wenn Sie stets nur das Beste erwarten. Erwarten Sie auch nur das Beste von sich selbst. Geben Sie Ihren Mitarbeitern positives Feedback, wenn es einen Grund dafür gibt. Sagen Sie Ihren Mitarbeitern, dass Sie an sie glauben und dass Sie stolz auf sie sind. Das gleiche gilt für Ihren Lebenspartner und Ihre Kinder. Sagen Sie ihnen so oft wie möglich, dass Sie an sie glauben, dass Sie sie lieben und dass Sie stolz auf sie sind.

Gesetz der Anziehung

Sie sind ein lebender Magnet. Das heißt, dass Sie in Ihrem Leben unweigerlich jene Menschen, Situationen und Umstände anziehen, die zu Ihren vorherrschenden Gedanken passen. Alles, was Sie in Ihrem Leben haben, ziehen Sie durch Ihre Denkweise und Ihre Persönlichkeit selbst an. Sie können Ihr Leben ändern, indem Sie Ihre Denkweise ändern. Vermutlich kennen Sie das Sprichwort: „Gleich und gleich gesellt sich gern." Wenn sich alljährlich die Wirtschaftsprüfer zu einer Arbeitstagung treffen, kann man diesen Berufsstand schon am äußeren Erscheinungsbild deutlich erkennen. Obwohl es sich um eine Fortbildungsveranstaltung handelt, ist die weit überwiegende Mehrheit der Wirtschaftsprüfer in dunklen Anzügen und mit einer Krawatte bekleidet, die Wirtschaftsprüferinnen tragen ein Kostüm oder einen Hosenanzug. Ihre Körpersprache und Sprechweise sind ähnlich und ein Beobachter würde den Berufsstand als konservativ und distinguiert beschreiben. Ein ähnliches Bild würde sich bei einer Veranstaltung mit Steuerberatern ergeben.

Das Gesetz der Anziehung zeigt sich jedoch auch in einer ganz anderen Form. Haben Sie schon einmal intensiv an eine Person gedacht und wenige Minuten später hat diese Person angerufen oder Sie sind ihr begegnet? Oder ist es Ihnen schon einmal passiert, dass Ihr Gegenüber gähnt und Sie mussten automatisch auch gähnen. Oder jemand lächelt Sie an und Sie lächeln ohne nachzudenken zurück? Die Forschung der Spiegelneuronen erklärt solches Verhalten. Spiegelneuronen sind ein Resonanzsystem im Gehirn, das Gefühle und Stimmungen anderer Menschen beim Empfänger zum Erklingen bringt. Das Einmalige an den Nervenzellen ist, dass sie bereits Signale aussenden, wenn jemand eine Handlung nur beobachtet. Die Nervenzellen reagieren genau so, als ob man das Gesehene selbst ausgeführt hätte. Am besten ist ein Vergleich aus der Musik: Wenn wir eine Gitarrensaite zupfen, bringen wir die anderen Saiten des Instruments auch zum Schwingen, wir erzeugen eine Resonanz. Mitgefühl, Freude, aber auch Schmerzen zu empfinden, ist auf diese Weise erst möglich.

Gedanken sind Kräfte. Sie ziehen das in Ihr Leben, worüber Sie die meiste Zeit nachdenken. Wenn Sie erfolgreich werden wollen, umgeben Sie sich am besten mit erfolgreichen Menschen.

Praxistipp:
Beobachten Sie in Zukunft aufmerksam Ihre Umgebung. Dies gilt sowohl im Berufs- als auch im Privatleben. Wenn Menschen in Resonanz sind, ähnelt sich ihre Körperhaltung und ihre Sprechweise. Das Neurolinguistische Programmieren (NLP) bezeichnet dieses Resonanzverhalten als Pacing. Damit ist gemeint, dass sich die Körpersprache von zwei Menschen spiegelt.

Im Profifußball gehört es deshalb schon lange zur Praxis, dass die Spieler nach Gegentoren der anderen Mannschaft bewusst eine positive und selbstbewusste Körpersprache einnehmen. Denn eine negative Körpersprache wirkt sich unmittelbar auf das Unterbewusstsein aus und erschwert dann das Erzielen eines Ausgleichstreffers.

Für Wirtschaftsprüfer und Steuerberater bedeutet dies in der täglichen Praxis, dass sie bewusst eine positive Körpersprache und Ausdrucksweise haben sollten.

Gesetz der Entsprechung

Ihre äußere Welt ist ein Spiegelbild Ihrer inneren Welt und entspricht Ihren vorherrschenden Denkmustern. Da unsere äußere Welt in jeder Weise ein Spiegelbild unserer inneren Welt ist, stößt uns oft nur das zu, was unseren innersten Überzeugungen entspricht.

Hinweis:
Die Wahrnehmung Ihrer Außenwelt ist nur ein Spiegelbild Ihrer Innenwelt.

Wenn wir uns ändern wollen, müssen wir im Inneren unseres Denkens beginnen. Unsere Beziehungen spiegeln stets die Persönlichkeit wider, die wir in unserem Inneren sind. Unsere Einstellungen, unsere Gesundheit, unsere materiellen Bedingungen sind ein Abbild unserer Denkweise in diesen Bereichen. „Nichts ändert sich, außer ich ändere mich“, sagte Nikolaus B. Enkelmann in seinen Seminaren. Es gibt nur eine einzige Sache auf der Welt, die Sie wirklich kontrollieren können: Das ist Ihr eigenes Denken. Indem Sie die Kontrolle über Ihr Denken übernehmen, bekommen Sie auch alle anderen Aspekte Ihres Lebens unter Kontrolle. Indem Sie nur über die Dinge nachdenken und nur von den Dingen sprechen, die Sie wollen, und indem Sie sich weigern, über Dinge zu sprechen oder nachzudenken, die Sie nicht wollen, werden Sie zum Architekten Ihres eigenen Schicksals.

Praxistipp:
Indem Sie die Qualität Ihres Denkens verändern, verändern Sie die Qualität Ihres Lebens. Wenn Sie denken, stellen Sie sich in einem inneren Dialog Fragen, die Sie selbst beantworten. Ausgangspunkt sind dabei die Fragen, die Sie sich täglich stellen. Die Qualität Ihrer Fragen und die Qualität der Antworten bestimmen Ihre Lebensqualität. Sie sind die Ursache dafür, ob Sie ein erfolgreiches Leben führen oder nicht. Sie sind ebenfalls der Ausgangspunkt für Ihr Lebensglück.

Jeder kann täglich neu wählen und sein Verhalten ändern. Sich nicht zu entscheiden, ist wie gesagt auch eine Entscheidung und alles was im Augenblick geschieht, ist die Folge von Entscheidungen, die Sie in der Vergangenheit einmal getroffen haben. Wer diese Erkenntnis gewonnen hat, kann täglich neu wählen. Wer wählt, was er tut, tut immer das, was er gewählt hat. Deshalb ist die bewusste Wahlentscheidung so wichtig, denn alles was Sie tun, tun Sie freiwillig. Wer eine helfende Hand sucht, findet sie immer am Ende seiner Arme. Selbstverantwortliches Handeln zeichnet erfolgreiche Professionals besonders aus.

Es gibt **zwei zentrale Lebensentscheidungen** eines jeden Menschen. Es sind meines Erachtens die wichtigsten Entscheidungen, die Sie in Ihrem Leben treffen werden:

1. Die Wahl des Berufs.
2. Die Wahl des Lebenspartners.

Beide Entscheidungen werden Ihr Leben nachhaltig beeinflussen und sind nicht leicht reversibel. Bei der Wahl des Berufes haben sich die Leser dieses Buches weit überwiegend schon entschieden. Vielleicht sind Sie Wirtschaftsprüfer oder Steuerberater oder Sie sind auf den Weg zum Wirtschaftsprüfer und Steuerberater. Diese Entscheidung war vor dem Hintergrund der Schwierigkeit der Berufsexamina vermutlich wohlüberlegt. Einige Wirtschaftsprüfer wechseln nach dem bestandenen Berufsexamen in ein Industrie- oder Dienstleistungsunternehmen oder zu einer Bank bzw. zu einer Versicherung. Dann war das Berufsexamen Mittel zum Zweck und die Berufe Wirtschaftsprüfer und Steuerberater keine Berufung. Hinsichtlich der zweiten wichtigen Lebensentscheidung, der Wahl des Lebenspartners, werde ich ein wertvolles Instrument im Kapitel 4.5 bei den Werkzeugen vorstellen.

Nahezu jede Entscheidung ist mit mehr oder weniger großen Risiken verbunden. Der Grundsatz der Selbstverantwortung soll Ihnen auch bewusst machen, dass nahezu mit jeder Entscheidung für etwas auch Entscheidungen zugunsten von Alternativen möglich gewesen wären. Wenn Sie sich also *für* etwas entschieden haben, haben Sie damit auch immanent die Alternativen abgelehnt.

Ich plädiere dafür, den Grundsatz der Selbstverantwortung zu einer Lebensmaxime zu erheben. Dies gilt sowohl für das Berufsleben als auch für das Privatleben. Ich meine damit nicht, dass Sie in eine Opferrolle schlüpfen sollen. Übernehmen Sie nur für das Verantwortung, wofür Sie auch verantwortlich sind. Im Zeitablauf wird jedoch oft verkannt, dass Sie an einem bestimmten Punkt in Ihrem Leben nur deshalb dort stehen, weil Sie zuvor „richtige" oder „falsche" Entscheidungen getroffen haben. Warren Buffett sagte einmal: **„Man muss nur sehr wenige Dinge im Leben richtig machen, solange man nicht zu viele falsch macht."**

2.2 Ergebnisorientierung

Was im Sport allgemein anerkannt ist, findet im beruflichen Alltag nicht immer Beachtung. Beim Fußball, Tennis, in der Formel 1 oder beim Golf zählt schlussendlich nur das Ergebnis. Wer schön spielt und verliert, kann in aller Regel mit dem Hinweis auf das „schöne Spiel" nicht allzu viel anfangen. Wer eine außergewöhnliche Präsentation abliefert und den Auftrag nicht erhält oder seine Vorgesetzten nicht überzeugt, hat verloren. Deshalb ist der **Grundsatz der Ergebnisorientierung** so wichtig. Erfolgreiche Menschen richten ihr Denken und Handeln immer auf die Ergebnisse aus. Sie haben schon am Anfang das Ende im Sinn.

Es gibt eine Vielzahl von Parallelen zwischen Spitzensportlern und Beratern, weshalb der Spitzensport als Erfolgsmodell für Professionals dienen kann. Insbesondere wenn es darum geht, den Grundsatz der Ergebnisorientierung zu verstehen und in den Berufsalltag eines Professionals zu integrieren.

Praxistipp:
Wirksame Professionals richten zu Beginn eines Projektes die gesamte Projektplanung auf das Ergebnis aus. Das Ergebnis kann eine Präsentation, ein Prüfungsbericht, ein Gutachten, ein Einspruch oder eine andere schriftliche Stellungnahme sein. Nur das Ergebnis bleibt beim Auftraggeber hängen. Sie können alles richtig gemacht haben, die Motivation im Team kann hervorragend gewesen sein, wenn der Mandant am Ende des Projektes nicht von Ihnen begeistert ist, war alle Mühe vergebens. Deshalb ist es für Professionals besonders wichtig, dass nicht nur die materielle Form der Berichterstattung perfekt ist, sondern auch formelle Aspekte die Qualität der Dienstleistung widerspiegeln. Wie in einem Restaurant bei einem guten Essen, wo ebenfalls „das

Auge mitisst", ist es für Professionals wichtig, dass das äußere Erscheinungsbild der Berichterstattung keine Fehler aufweist. Wer Rechtschreibfehler und eine fehlerhafte Zeichensetzung in seinen Texten hat, Tabellen fehlerhaft formatiert, Grafiken schlecht aufbaut, darf sich nicht wundern, wenn Mandanten dann Rückschlüsse auf die Qualität der Dienstleistung ziehen. Deshalb ist es empfehlenswert nicht nur materiell herausragend zu arbeiten, sondern auch formell ein perfektes Erscheinungsbild abzugeben.

Sicher werden Sie jetzt einwenden, dass die Ergebnisse nicht immer den Erwartungen Ihres Mandanten entsprechen werden. Was nützt dann der Grundsatz der Ergebnisorientierung? Gerade dann ist dieser besonders wichtig! Sie haben nämlich in diesem Fall schon bei der Auftragserteilung die Aufgabe darüber nachzudenken, wie Sie ein „unerwünschtes" Ergebnis positiv „verkaufen" können. Wer erst kurz vor der Präsentation anfängt darüber nachzudenken, wie der Mandant auf das Ergebnis seiner Tätigkeit reagieren könnte, hat wertvolle Zeit der Vorbereitung verloren.

Herausragende Erfolge von Spitzensportlern bei olympischen Spielen, einer Fußball-Europameisterschaft oder einer Handball-Weltmeisterschaft werden von der Öffentlichkeit gebührend gefeiert. Es findet eine ausführliche Berichterstattung in den Medien statt. Oft werden von den Journalisten die Erfolgsfaktoren für diese außergewöhnlichen Leistungen der Sportler hinterfragt und analysiert. Zur täglichen Anwendung des Grundsatzes der Ergebnisorientierung bietet es sich an in einem *ersten Schritt* zunächst Gemeinsamkeiten zwischen Spitzensportlern und Professionals aufzuzeigen. In einem *zweiten Schritt* werden dann wesentliche Charakterzüge und Eigenschaften von erfolgreichen Spitzensportlern dargestellt. In einem *dritten Schritt* werden schließlich wesentliche Erfolgsfaktoren von Spitzensportlern aufgezeigt, die für erfolgreiche Professionals ebenfalls Geltung besitzen.

Gemeinsamkeiten zwischen Spitzensportlern und Professionals

Sportler durchlaufen bei Weltmeisterschaften, Olympiaden oder anderen sportlichen Ereignissen einen Prozess, der typischerweise drei Phasen umfasst. Abbildung 1 zeigt den Prozess und führt wesentliche Aktivitäten auf:

Abb. 1 Prozesse im Spitzensport und wesentliche Aktivitäten

Die Übertragbarkeit auf die Prozesse von Professionals fällt unmittelbar ins Auge. Prüfungs- und Beratungsprojekte gilt es vorzubereiten, Aufträge werden durchgeführt und schließlich sollten auf den Abschluss von Projekten neue Beratungsaufträge folgen.

Aber auch die Fähigkeit Erfolge wie Niederlagen zutreffend zu analysieren und daraus die richtigen Schlüsse für die Zukunft zu ziehen, ist eine weitere zentrale Gemeinsamkeit zwischen erfolgreichen Spitzensportlern und erfolgreichen Professionals.

Hinweis:
Niederlagen gehören sowohl bei Sportlern als auch bei Professionals mit zum „Spiel". Fast alle, die oben stehen und Erfolge feiern, haben auf ihrem Weg dorthin einige Niederlagen erlitten. Und sie haben daraus ihre Schlüsse gezogen, denn sonst wären sie nicht in ihre jetzigen Positionen gelangt. Es zeugt von Souveränität, eigene Fehler zuzugeben, statt Fehlschläge einer Verkettung unglücklicher Umstände zuzuschieben.

Wer Erklärungen und nicht Entschuldigungen sucht, der hat außerdem bereits den ersten Schritt in Richtung Neuanfang getan. Für Torwart-Legende Oliver Kahn ist eine Niederlage ein Einzelbild des Erfolgs. Die Gelegenheit, alles noch einmal zu durchdenken, zu überprüfen und möglicherweise alles noch einmal neu auszurichten. Für ihn gibt der Rückschlag wichtige Hinweise, wo man nachbessern muss oder was man vielleicht sogar ganz anders machen sollte. Damit schafft der Rückschlag die Voraussetzung dafür, richtig durchstarten zu können. Sowohl für Spitzensportler als auch für Professionals sollte dabei das Prinzip der Selbstverantwortung gelten.

Im Sport wie im Wirtschaftsleben gibt es Spielregeln zu beachten. Fairplay gewinnt. Die meisten Weltklassesportler haben diesen wichtigen Grundsatz bei Wettkämpfen beachtet. Wer die Spielregeln beachtet und sich im Umgang mit seinen Konkurrenten fair verhält, gewinnt doppelt. Fairness zahlt sich aus. Fairplay und Höchstleistung müssen keine Gegensätze sein. Respekt und Ehrlichkeit sind eine bessere Basis für den Erfolg.

Charakterzüge und Eigenschaften von erfolgreichen Spitzensportlern

Es gibt sicher eine Vielzahl von Charakterzügen und Eigenschaften, die Spitzensportler auszeichnen. Die folgenden Charakterzüge und Eigenschaften können bei Weltklassesportlern in den unterschiedlichsten Sportarten beobachtet werden.

- Leidenschaft und Begeisterung
- Ausdauer und Disziplin
- Eigenschaft „Kämpfen" zu können
- Selbstvertrauen und Selbstbewusstsein
- Siegermentalität und Konzentration

Die Biografien erfolgreicher Sportler zeigen, dass für sie **Leidenschaft und Begeisterung** eine wichtige Energiequelle war. Spitzenleistungen sind kein Zufall. Am Anfang stand meist die Leidenschaft und Begeisterung für ein bestimmtes Ziel. Oliver Kahn sagt, dass es die Liebe zu einer Sache ist, die Intensität, mit der wir uns der Sache widmen, und der Grad wie sehr wir uns mit dem identifizieren, was wir tun, der uns erfolgreich werden lässt. Darüber hinaus steckt Leidenschaft und Begeisterung an. Wie will jemand andere begeistern, wenn er selbst nicht begeistert ist?

Außerdem sind Leidenschaft und Begeisterung eine wesentliche Triebfeder, die nötige **Ausdauer und Disziplin** für das Erreichen bestimmter Ziele mitzubringen. Wer eine Goldmedaille gewinnen will oder Weltmeister werden will, benötigt Ausdauer und Disziplin. Er muss Hindernisse überwinden und diszipliniert auf das Ziel hintrainieren können.

Eng verbunden mit der Fähigkeit Ausdauer und Disziplin aufbringen zu können, ist die Bereitschaft eines Spitzensportlers zu **kämpfen**. Mit Kampfkraft können Hürden und Krisen überwunden werden. Oft werden im Fußball von Sportkommentatoren Siege damit begründet, dass die Mannschaft in erster Linie ihrer Kampfkraft den Sieg zu verdanken hat. Kampfstarke Sportler kennzeichnen sich dadurch aus, dass sie eine hohe Frustrationstoleranz und Geduld aufweisen. Wer kämpft, handelt. Handeln macht selbstbewusst, was wiederum die Erfolgschancen erhöht. Oft kämpfen diese Sportler um jeden Punkt.

Selbstvertrauen und Selbstbewusstsein sind wichtige Eigenschaften von erfolgreichen Spitzensportlern. Wer nicht an sich selbst glaubt, hat schon verloren. Erfolgreiche Spitzensportler glauben an sich, auch wenn sie mit dem Rücken zur Wand stehen. Selbstvertrauen und Selbstbewusstsein gehen einher mit sportlichen Erfolgen in der Vergangenheit. Schwierige Situationen bereits im Training oder anderen Wettkämpfen erfolgreich gemeistert zu haben, ist die Basis für das nötige Selbstvertrauen für kritische Wettkampfsituationen.

Die erfolgreichsten Sportler haben eine **Siegermentalität** und verfügen über die **Fähigkeit sich** in bestimmten Situationen ganz auf den Augenblick **zu konzentrieren**. Sie haben die Fähigkeit zum sogenannten „Tunnelblick". Es geht darum, sich völlig der Situation zu überlassen und intuitiv aus der Situation heraus zu handeln. Das ist der Zustand des „Flows". Der Flow ist die höchste Stufe der Konzentration auf die eigene Leistungsfähigkeit. Es ist ein tranceähnlicher, meditativer Zustand, das Resultat des richtigen Umgangs mit seiner eigenen Gefühls- und Gedankenwelt. Oliver Kahn beschreibt diesen Zustand im Endspiel des Champions League Finale 2001 beim Elfmeter schießen wie folgt: *„Ich nahm außer dem Ball und dem Schützen nichts mehr wahr. Ich befand mich wie in einem leeren, stillen Raum. Von den 80.000 Zuschauern im Stadion bekam ich nichts mehr mit. Ich überließ alles nur noch meiner Intuition. Ich war vollständig im Flow."* Professionals, die über die gleichen Charakterzüge und Eigenschaften wie Sportler verfügen, sind erfolgreicher als andere, die diese Eigenschaften nicht besitzen. Dabei handelt es sich um Eigenschaften, die auch erlernbar bzw. trainierbar sind.

Erfolgsfaktoren erfolgreicher Spitzensportler und Professionals

Sechs zentrale Faktoren setzen Spitzensportler ein, um erfolgreich zu sein. Die Abbildung zeigt im Überblick diese sechs Erfolgsfaktoren sowie die Prinzipien und Techniken, die sich dahinter verbergen:

Im Folgenden werden diese sechs wichtigen Erfolgsfaktoren von Spitzensportlern näher erläutert und gezeigt, wie Professionals sie ebenfalls für sich gewinnbringend einsetzen können.

1. Zielklarheit und Willensstärke
- Kenntnis über Motive und Motivation
- Setzen von Zielen
- Willen zur Zielerreichung

2. Training
- Übung macht den Meister
- Im Training den Wettkampf simulieren

3. Starkes Team
- Coach als wichtiger Erfolgsfaktor
- Hochleistungsteams erbringen außergewöhnliche Leistungen
- Ein starkes Umfeld stützt und schützt

4. Mentale Stärke
- Visualisieren
- Autosuggestionen
- Einsatz von Musik und Suggestionen

5. Physische Stärke (Fitness)
- Bewegung
- Ernährung
- Schlaf

6. Einhalten von Regenationsphasen
- Anspannung
- Entspannung

Abb. 2 Erfolgsfaktoren erfolgreicher Spitzensportler und Professionals

Zielklarheit und Willensstärke

Zielklarheit und Willensstärke ist der erste Erfolgsfaktor besonders erfolgreicher Spitzensportler und Professionals. Oliver Kahn wollte schon als Jugendlicher später einmal der weltbeste Torhüter sein. Auch Boris Becker wusste schon als Kind, dass er einmal Wimbledon gewinnen will. Mit einem unerschütterlichen Willen arbeiteten beide auf die Erreichung ihrer Ziele hin. Sowohl Spitzensportler als auch Professionals sollten klar wissen, welche Ziele sie erreichen wollen. Je klarer das Ziel, desto leichter hilft das Unterbewusstsein diese Ziele zu erreichen.

Als Kind oder Jugendlicher sind sich Sportler über Motive und Motivation ihres Tuns meist nicht bewusst. Oft ist es Spaß, Leidenschaft und Begeisterung für eine bestimmte Sportart sowie das für den Erfolg notwendige Talent, die Kinder bereits in frühen Jahren zu Spitzenleistungen führen. Erst im Erwachsenenalter werden dann dem einen oder anderen Sportler im Rahmen eines Selbstfindungsprozesses seine Motive und Motivation klar. Nachhaltig erfolgreiche Professionals sollten auf jeden Fall Kenntnis über ihre Motive und die Motivation ihrer Beratungstätigkeit haben. Wer nicht weiß, weshalb er als Wirtschaftsprüfer und Steuerberater tätig ist oder dies nur aus monetären Aspekten tut, darf sich nicht wundern, wenn früher oder später „burn-out" Syndrome in Erscheinung treten.

Training

Das Sprichwort „Übung macht den Meister“ kommt aus dem Sport und besitzt für erfolgreiche Professionals gleichermaßen Gültigkeit. Wer einmal im Jahr eine bestimmte Beratungstätigkeit (z.B. Unternehmensbewertungen) durchführt, darf sich nicht wundern, wenn das Ergebnis vergleichbar ist mit dem eines Hobbysportlers, der einmal im Jahr Golf oder Tennis spielt. Erfolgreiche Weltklassesportler haben sich auf eine bestimmte Sportart spezialisiert und trainieren diese bis zur Weltmeisterschaft. Kein Spitzensportler käme auf den Gedanken, im Tennis Wimbledon gewinnen zu wollen und gleichzeitig Formel 1-Weltmeister werden zu wollen. Dies gilt im Kern gleichermaßen für alle Sportler in allen Klassen. Insofern sollten sich alle Generalisten in den beratenden Berufen die Frage stellen, ob sie auf vielen Gebieten jeweils ein wenig oder in einem Spezialgebiet überdurchschnittlich viel wissen wollen. Wer würde sich von einem Allgemeinmediziner am Herz operieren lassen wollen? Wohl keiner. Jeder würde den Herzspezialisten, der ausschließlich Herzoperationen durchführt, bei solchen Operationen vorziehen. Wer jedoch als Professional auf allen Gebieten seinem Kunden auch noch glaubhaft vermittelt, dass er über das notwendige Spezialwissen auf diesen Gebieten verfügt, ist ein exzellenter Verkäufer, aber nicht wirklich ein guter Berater.

Praxistipp:
Wie könnten jedoch die Trainingspläne für Professional aussehen, um überdurchschnittlich erfolgreiche Beratungsleistungen zu erbringen? Der bereits spezialisierte Berater weiß, dass er mit jedem abgewickelten Auftrag an Erfahrung gewonnen hat und quasi durch die Praxis eine wettkampfähnliche Situation wie bei Sportlern absolviert hat. Wesentlicher Bestandteil des Trainings eines Spezialisten ist demnach die Praxis. Für den noch nicht spezialisierten Berater gilt es, sich das erforderliche Spezialwissen durch entsprechende Fort- und Ausbildungen anzueignen. Aber auch der Spezialist muss stets weiter trainieren, d.h. sich durch Selbststudium und Seminare fortbilden. Nur die ständige Wiederholung von Theorie und Praxis führt zur Meisterschaft bei Beratern. Nur permanentes Training und die Teilnahme an Wettkämpfen führen zu Weltklasseleistungen bei Sportlern. Dabei gilt gleichermaßen für Sportler und für Professionals, dass sie schon im Training den Wettkampf simulieren sollten.

Starkes Team

Wenn Spitzensportler nach den Gründen ihrer Erfolge befragt werden, verweisen diese oft auf ihr Team. Sowohl bei Individualsportarten als auch bei Mannschaftssportarten sind eng mit den Erfolgen der Sportler die Leistungen des gesamten Teams verbunden. Schlussendlich gehören zum Team nach meiner Auffassung jedoch nicht nur Trainer, Ärzte, Physiologen und Psychologen, sondern auch das familiäre und private Umfeld. Ein intaktes Umfeld in der Familie ist eine wesentliche Basis für den sportlichen Erfolg. Das private Umfeld stützt und schützt in Krisensituationen.

Auch im Beratungsumfeld werden heute regelmäßig außergewöhnliche Leistungen durch Hochleistungsteams erbracht. Bei nahezu jedem größeren Beratungsauftrag werden die

Leistungen durch Beraterteams erbracht. Hier gilt es das richtige „Mix“ an Beratern für das Projekt auszuwählen. Der als „Einzelkämpfer“ arbeitende Professional stößt dabei schnell an seine Grenzen. Er kann nicht auf Ideen, die kreative Teams erarbeiten, zurückgreifen, sondern ist stets auf sich allein gestellt. Ebenfalls kann er auch nicht die Gruppendynamik sowie das Feedback anderer Projektmitglieder während des Beratungsprojektes nutzbringend für seine Kunden verwerten. Schließlich fehlen ihm wichtige Ressourcen, die Hochleistungsteams haben.

Mentale Stärke

Das mentale Training ist nicht nur ein wichtiges Werkzeug für Spitzensportler, sondern auch für Professionals, weshalb wir dieses Werkzeug im 4. Kapitel ausführlich besprechen werden. Ziel des mentalen Trainings ist es, dass Sie mental stark werden. Für Spitzensportler ist es das entscheidende Werkzeug zur Ergebnisorientierung. Inzwischen haben viele erfolgreiche Sportler bzw. Mannschaften Mentaltrainer engagiert. Immer wieder werden Sportler und Trainer zitiert, dass Spiele oder Wettkämpfe im Kopf gewonnen oder verloren werden. Ständig senden wir Gedanken aus unserem Unterbewusstsein an unser Bewusstsein. Dabei handelt es sich nicht immer um konstruktive Gedanken. Negative Glaubenssätze und Denkmuster haben einen entscheidenden Einfluss auf den Erfolg. Nur wer wirklich an den Erfolg glaubt, wird Erfolg haben. Dabei wirkt sich alles, was wir von der Zeugung über die Geburt bis heute in uns aufgenommen haben, unbewusst auf unser Handeln aus. Dazu gehören beispielsweise die Erziehung, unsere biografischen Erlebnisse (Erfolge wie Misserfolge) und unsere Überzeugungen und Glaubensmuster. Deshalb ist die Fähigkeit seine Gedanken zu kontrollieren und sich in einen Zustand zu versetzen, der von tiefer Überzeugung und Zuversicht geprägt ist, so wichtig. An dieser Stelle setzt das mentale Training an, das unter den Werkzeugen später ausführlich besprochen wird.

Visualisierungstechniken werden dabei im Spitzensport am häufigsten eingesetzt. Es geht dabei darum, dass optimale Bewegungsabläufe oder Spielsituationen in Gedanken so oft wie möglich vorweggenommen werden, sodass diese in Wettkampfsituationen abgerufen werden können und die gewünschten Resultate herbeigeführt werden. Der Erfolg soll tief in das Unterbewusstsein des Sportlers programmiert werden. Ziel ist es, den gewünschten Sieg oder Erfolg immer wieder intensiv zu visualisieren. Unser Gehirn kann nicht zwischen nur Vorgestelltem und tatsächlich Erlebtem unterscheiden, weil beides durch dieselben Hirnareale aktiviert wird. Auch dieses Thema werden wir beim mentalen Training vertiefen.

i

Hinweis:
Der konservative Professional, der traditionell in seiner Ausbildung sein analytisches Denkvermögen geschult hat, wird sich jetzt fragen, ob er solche Techniken auch in seiner Beratungstätigkeit einsetzen kann und soll. Die Fähigkeit, im entscheidenden Moment alle Aufmerksamkeit auf einen Punkt zu bündeln, alles Störende auszublenden und damit alle Kräfte willentlich zu fokussieren, ist jedoch auch für Professionals wichtig. Die Fähigkeit zur Konzentration ist ein ganz entscheidender Faktor, um in wichtigen Momenten sein ganzes Potenzial abrufen zu können.

Je länger und intensiver Sie sich konzentrieren können, desto konstanter und höher wird Ihre Leistungsfähigkeit sein. Konzentrationsmängel entstehen immer dann, wenn Ihre Gedanken von dem abschweifen, um was es wirklich geht. Nur durch absolute Konzentration werden auch Professionals in kritischen Situationen dem Druck standhalten können. Dabei hat die körperliche Fitness einen erheblichen Einfluss auf die Konzentrationsfähigkeit.

Physische Stärke (Fitness)

Dass erfolgreiche Spitzensportler physisch stark sein müssen, um erfolgreich zu sein, liegt auf der Hand. Tiger Woods, der weltbeste Golfer, hat aber in seinen erfolgreichsten Zeiten gezeigt, welche hohe Bedeutung die zuvor dargestellte mentale Stärke hat. Obwohl ihm die Ärzte vom Start bei den US-Open im Sommer 2008 abgeraten hatten, spielte er fünf Tage mit einem Ermüdungsbruch und gerissenem Kreuzband das wohl härteste Golfturnier der Welt. Tiger Woods sagte vor dem Turnier: *„Ich werde spielen und ich werde gewinnen."* Obwohl sich die Verletzung während des Turniers noch verschlimmerte, gab Tiger Woods nicht auf. Die Zeitschrift Golf-Journal würdigte diese Leistung wie folgt: *„Die Möglichkeit, ein Turnier aufzugeben, liegt offenbar außerhalb seines Vorstellungsbereichs."*

Es ist sicher nicht die Regel, dass ein nicht gesunder Sportler außergewöhnliche Leistungen erbringt. Fitness wird bei Sportlern vorausgesetzt. Sind aber auch alle Professionals körperlich fit? Viele sind beruflich so aktiv, dass sie meinen für Aktivitäten, die zu physischer Stärke, d.h. körperlicher Fitness führen, keine Zeit zu haben. Da jedoch die Wochenzeit mit 7 Tagen zu je 24 Stunden für alle Professionals gleich ist, ist es offensichtlich eine Frage der Priorität. Es gibt 3 Ansatzpunkte, die körperliche Fitness und damit auch die Konzentrationsfähigkeit von Beratern wesentlich zu stärken:

- Bewegung
- Gesunde Ernährung
- Ausreichend Schlaf

Wer regelmäßig Sport treibt, lernt abzuschalten und hat währenddessen oder danach oft die besten Ideen. Es sollte sich dabei um aerobe Sportarten (Laufen, Rad fahren etc.) handeln, die mit einer Herzfrequenz im aeroben Bereich durchgeführt werden. Die regelmäßige Bewegung und die damit verbundene körperliche Fitness beugen Krankheiten vor und schaffen Kraftreserven und Energie für den beruflichen Alltag.

Aber auch der sonstige Lebenswandel ist wichtig für die körperliche Fitness. Hierzu gehören eine gesunde Ernährung sowie ausreichend Schlaf. Leistungsfähigkeit braucht unbedingt Pausen und Ruhe, sagt Oliver Kahn. In diesem Punkt sei der Sport definitiv weiter als die Wirtschaft, so seine Auffassung. Er hat den Eindruck, dass der Hinweis wie wenig jemand schlafen würde, als Synonym für den Erfolg verwendet würde. Das sei absurd. Die Fitness, der Schlaf und die richtige Ernährung sind seiner Meinung nach die Grundlagen der Konzentrationsfähigkeit.

Regenerationsphasen

Sowohl Top-Athleten als auch Top-Berater können nicht ohne jede Pause ihre Tätigkeit ausführen. Die inneren Akkus, sowohl die physischen als auch die psychischen, müssen sie von Zeit zu Zeit wieder aufladen. Dazu sind eine regelmäßige Regeneration an jedem Arbeitstag sowie eine Urlaubsphase nach anstrengenden Monaten intensiven Schaffens nötig. Ganz oben steht nur, wer seinen Beruf mit hundertprozentigem Einsatz von Körper und Geist verrichtet. Dieser totalen Anspannung muss eine ebenso totale Entspannung folgen, um eine Regeneration und damit Neuentstehung (lateinisch „regeneratio") zu erreichen. Dabei gilt: Wer physisch in einem guten Zustand ist, der erholt sich schneller. Im Spitzensport bildet der Rhythmus von Aktivität und aktiver Ruhe den Kern aller Trainingsmethoden weltweit. Periodische statt linearer Belastungen ermöglichen hier den Erfolg.

Energie muss im gleichen Maße wiedergewonnen werden, wie sie verbraucht wird. Hier hilft die richtige Work-Life-Balance entscheidend weiter, die später unter den Werkzeugen dargestellt ist. Der Unterschied zwischen erfolgreichen Beratern und weniger erfolgreichen Beratern besteht in deren Effektivität und Effizienz. Bei den Top-Beratern stimmt sowohl das Verhältnis zwischen Input und Output als auch die Qualität der Ergebnisse. Extrem lange Arbeitszeiten von Beratern sind kein Nachweis überdurchschnittlicher Leistung und können oft sogar auf Erschöpfung hindeuten.

Conclusio zum Grundsatz der Ergebnisorientierung

Der Grundsatz der Ergebnisorientierung ist im Sport anerkannt und das dominante Prinzip. Das Gewinnen steht an erster Stelle. Die Vorbereitung, der Wettkampf während des Spiels und die Regeneration nach dem Spiel zur Vorbereitung auf das nächste Spiel orientieren sich immer am Ergebnis. Das Handeln ist auf die Ergebnisse ausgerichtet. Insofern dient der Spitzensport als Erfolgsmodell für erfolgreiche Professionals. Die Gemeinsamkeiten zwischen erfolgreichen Spitzensportlern und Professionals wurden aufgezeigt. Sowohl die Charakterzüge und Eigenschaften als auch zentrale Erfolgsfaktoren gelten gleichermaßen für erfolgreiche Sportler wie auch für Top-Berater.

Inzwischen schauen Personalverantwortliche immer häufiger bei Bewerbungen darauf, ob der Bewerber sportlich aktiv war oder ist. Hierbei werden dann besonders erfolgreiche Sportler bei gleichem Qualifikationsprofil anderen Bewerbern gegenüber bevorzugt eingestellt. In den Personalabteilungen weiß man inzwischen, dass bei Sportlern bestimmte Eigenschaften bereits vorhanden sind und nicht erst entwickelt werden müssen. Viele Top-Manager waren auch außergewöhnlich gute Sportler. Zittelmann hat im Rahmen seiner Dissertation zum Thema „Psychologie der Superreichen" herausgefunden, dass es keinen Zusammenhang zwischen den Leistungen in der Schule und an der Universität und dem Grad ihres finanziellen Erfolgs gab. Bis auf wenige Ausnahmen waren jedoch alle Interviewpartner entweder weit überdurchschnittlich ambitionierte Breiten- oder gar Leistungssportler. *„Als Sportler lernten sie, mit Siegen und Niederlagen umzugehen und sich gegen Konkurrenten durchzusetzen, sie erwarben eine Frustrationstoleranz, entwickelten Selbstvertrauen in die eigene Leistungsfähigkeit. Die Mannschaftssportler lernten Teamfähigkeit. Aber die meisten Interviewpartner waren keine Mannschaftssportler, sondern Einzelkämpfer."*

Malik und Drucker sehen den Grundsatz der Resultatorientierung ebenfalls als zentralen Faktor erfolgreicher respektive wirksamer Manager. In seiner erweiterten Neuausgabe „Führen, Leisten, Leben" sagt Malik: *„Ein durchgängiges Muster im Denken und Handeln kompetenter Manager ist ihre Ausrichtung auf Ergebnisse. Sie sind vorwiegend – gelegentlich ausschließlich – an Resultaten interessiert. Alles andere ist für sie zweitrangig oder interessiert sie gar nicht."* Malik sagt darüber hinaus auch: *„Management ist der Beruf des Resultate-Erzielens oder Resultate-Erwirkens. Der Prüfstein ist die Erreichung von Zielen und die Erfüllung von Aufgaben."*

Praxistipp:
Wirtschaftsprüfer und Steuerberater sollten ihr Handeln am Grundsatz der Ergebnisorientierung ausrichten. Die Erkenntnisse aus dem Spitzensport können dabei als Erfolgsmodell dienen. Zu Beginn einer jeden Tätigkeit sollten Prüfungspläne und Projektpläne daraufhin auch untersucht werden, ob sie den Grundsatz der Ergebnisorientierung beachtet haben. Die Ergebnisse von Professionals werden weit überwiegend im Rahmen einer schriftlichen Berichterstattung in den Mandanten übergeben. Daneben erfolgt häufig zusätzlich eine mündliche Präsentation der Ergebnisse. Auch wenn die Ergebnisse, die ein Professional erarbeitet hat, nicht im Sinn des Mandanten sind, gilt es diese Ergebnisse professionell zu verkaufen. Die Art und Weise der Berichterstattung werden dem Mandanten in Erinnerung bleiben. Eine materiell qualitativ hochwertige Arbeit ist von einem qualifizierten Berufsträger zu erwarten. Darüber hinaus bleibt jedoch auch die äußere Form in Erinnerung. Wenn ein Professional formelle Fehler in seiner Berichterstattung hat, werden daraus häufig Rückschlüsse auf die Qualität der materiellen Ergebnisse geschlossen.

Beispielsweise verliert eine Jahresabschlussprüfung deutlich an Wert aus Sicht eines Mandanten, wenn ein Prüfungsbericht eine Vielzahl formeller Fehler aufweist. Ein Wirtschaftsprüfer und sein Team können sämtliche Qualitätssicherungsinstrumente im Rahmen der Jahresabschlussprüfung beachtet haben und materiell zu den richtigen Ergebnissen kommen, wenn jedoch formelle Fehler im Prüfungsbericht oder im Bestätigungsvermerk sind, konterkariert dies die gesamte Arbeit des Prüfungsteams.

2.3 Fokussierung

Fokussierung ist der zentrale Schlüssel zum beruflichen und privaten Erfolg. Es kommt darauf an, sich auf Weniges, dafür Wesentliches zu konzentrieren. Konzentration ist der Schlüssel zum Ergebnis und schlussendlich zum Erfolg. Man kann sich mit vielem gleichzeitig beschäftigen, aber man kann nicht auf vielen Gebieten gleichzeitig erfolgreich sein. Reduzieren Sie in Ihrem Berufsleben und in ihrem Privatleben alles auf das Wesentliche. Dabei bedeutet reduzieren, dass Sie alle die Sachen ignorieren, die Sie tun könnten, und stattdessen nur das tun, was Sie tun sollten. Der Grundsatz der Fokussierung bedeutet, dass Sie erkennen, dass nicht alle Dinge gleich wichtig sind. Sie müssen die Dinge identifizieren, die am wichtigsten sind. Die Sachen, die die oberste Priorität haben.

Hinweis:
Die Anwendung des Grundsatzes der Fokussierung entscheidet über Erfolg und Misserfolg. Der Schlüssel zum beruflichen Erfolg eines Professionals ist die Kenntnis seiner Schlüsselaufgaben. Jeder Professional muss seine Schlüsselaufgaben kennen und sollte nur an diesen arbeiten.

Im 3. Kapitel geht es um die Aufgaben erfolgreicher Professionals. Wir werden uns dort ausführlich mit den Aufgaben von Wirtschaftsprüfern und Steuerberatern beschäftigen, die nicht fachbezogen sind. Es sind die Aufgaben, die jedoch gut gemacht werden müssen, wenn ein Professional erfolgreich sein will. Die Kenntnis der Schlüsselaufgaben eines Professionals allein reicht jedoch nicht aus, um erfolgreich zu sein. Erst die Fokussierung auf die richtigen Dinge bei den einzelnen Schlüsselaufgaben führt zum Erfolg.

Deshalb ist der Grundsatz der Fokussierung so wichtig. Wer nicht fokussiert ist, wird sich verzetteln. Wer Wesentliches nicht vom Unwesentlichen unterschieden kann, wird weder sich selbst noch andere gut managen können. Die Ergebnisse werden von Spitzenleistungen weit entfernt sein. Ein Professional, der nicht genau weiß, was die wesentlichen Dinge sind, die zu tun sind, ist kein Professional, sondern ein Amateur.

Praxistipp:
Als Hidden Champions, heimliche Gewinner oder unbekannte Weltmarktführer, werden relativ unbekannte Unternehmen bezeichnet, die in ihrer Branche Marktführer sind. Sie zeichnet regelmäßig aus, dass sie in einer Nische tätig sind und sich spezialisiert haben. Wirtschaftsprüfer und Steuerberater haben ein sehr breites Tätigkeitsgebiet bei ihren beruflichen Aufgaben. Von der Abschlussprüfung, über die Jahresabschlusserstellung, der Deklarationsberatung, über die gestaltende Steuerberatung zur betriebswirtschaftlichen Beratung, IT-Beratung usw. gibt es eine Vielzahl an Dienstleistungen, die der Berufsstand seinen Mandanten anbieten kann. Insbesondere kleinere WP/StB-Praxen stoßen hier jedoch schnell an ihre Grenzen, da eine qualifizierte Beratung in den einzelnen Tätigkeitsgebieten mit entsprechendem Know-how verbunden ist. Hinzu kommt der Trend zu immer größeren WP/StB-Praxen. Das bedeutet jedoch nicht unmittelbar, dass zwingend mit der Größe einer WP/StB-Praxis auch Spezialkenntnisse der Berufsträger einhergehen.

Deshalb ist die Spezialisierung – insbesondere für mittelständische Unternehmen – die wichtigste Differenzierungsstrategie gegenüber Wettbewerbern. In vielen größeren Unternehmen gibt es Spezialisten. Doch zu viele Professionals in mittelständisch geprägten WP/StB-Praxen glauben immer noch, dass es besser ist, ein möglichst breites Wissen anzuhäufen. *Der Allrounder, der scheinbar auf jede Frage eine Antwort weiß, kann sich vielleicht gegenüber seinen Mandanten gut verkaufen. Der Spezialist weiß, dass es hier allzu häufig an Substanz mangelt.*

Eine Spezialisierung und fundiertes Expertenwissen in einem eng umrissenen Tätigkeitsgebiet bedeutet im Umkehrschluss nicht, dass alle Generalisten unter den Professionals in Zukunft nicht mehr gebraucht werden. Die Generalisten unter den Professionals benötigen jedoch hochspezialisierte Experten unter ihren Berufskollegen oder zumindest ein sehr gutes Netzwerk, um qualifizierte Beratungsleistungen erbringen zu können. Auch hier hilft der Grundsatz der Fokussierung. Je kleiner eine WP/StB-Praxis ist, desto spezialisierter sollte sie sein. Mit zunehmender Größe sollten mittelständische WP/StB-Praxen im Rahmen einer strategischen Unternehmensplanung weitere Beratungsfelder mit ausgewiesenen Experten besetzen.

Wie kann jetzt der Grundsatz der Fokussierung im Selbst- und Fremdmanagement systematisch erlernt werden? Diese Frage ist insbesondere für alle Professionals wichtig, die sich bisher verzettelt haben. Ein Instrument, das hilft den Grundsatz der Fokussierung im Alltag anzuwenden, ist die Pareto-Regel. Sie geht auf Vilfredo Pareto (1848 – 1923) zurück, ein italienischer Ingenieur, Ökonom und Soziologe, der die Pareto-Verteilung im Rahmen seiner Forschungen erkannt hat. Pareto untersuchte die Verteilung des Grundbesitzes in Italien und fand heraus, dass ca. 20% der Bevölkerung ca. 80% des Bodens besaßen. Darüber hinaus hat er sich mit der Verteilung von Einkommen und Vermögen der Menschen beschäftigt. Auch hier konnte er ein wiederkehrendes mathematisches Verhältnis identifizieren. Daraus leitet sich das Pareto-Prinzip ab. Es besagt grundsätzlich, dass mit einem Mitteleinsatz von ca. 20% rund 80% Output erzeugt werden kann. Die Pareto-Regel wird auch 80/20-Regel genannt.

Beispiel

Im Rahmen der Analyse von Kunden- und Lieferantenbeziehungen werden regelmäßig die Umsatzahlen näher untersucht, die auf einzelne Kunden und Lieferanten entfallen. Wenn in diesem Zusammenhang der kumulierte Umsatz der 20 größten Kunden und Lieferanten analysiert wird, stellen Wirtschaftsprüfer und Steuerberater häufig fest, dass hierauf kumuliert rund 80% der Verkaufs- und Einkaufsumsätze entfallen. Diese Verteilung kann auch mal 70/30 oder 90/10 sein. Diese Abweichungen von der 80/20-Regel sind jedoch verhältnismäßig gering und bestätigen das Grundprinzip. Es sind regelmäßig nur die großen Kunden und Lieferanten, die einen Großteil der Umsätze ausmachen. Sofern ein Wirtschaftsprüfer nicht mathematische Stichprobenverfahren bei seinen ergebnisorientierten Prüfungshandlungen vornimmt, sondern eine bewusste Auswahl trifft, nutzt er diese Erkenntnis regelmäßig bei seinen Prüfungshandlungen.

Die Pareto-Regel ist ein wirksames Instrument zur Konzentration auf die wenigen wesentlichen Dinge sowohl im Berufsleben als auch im Privatleben. Die Pareto-Regel besagt im Management, dass ca. 20% der Aktivitäten rund 80% der Ergebnisse liefern. Wer an dieses Prinzip glaubt, weiß, dass 20% der wesentlichen Aktivitäten zu 80% des Projekterfolgs beitragen. Die folgende Abbildung zeigt das Pareto-Prinzip.

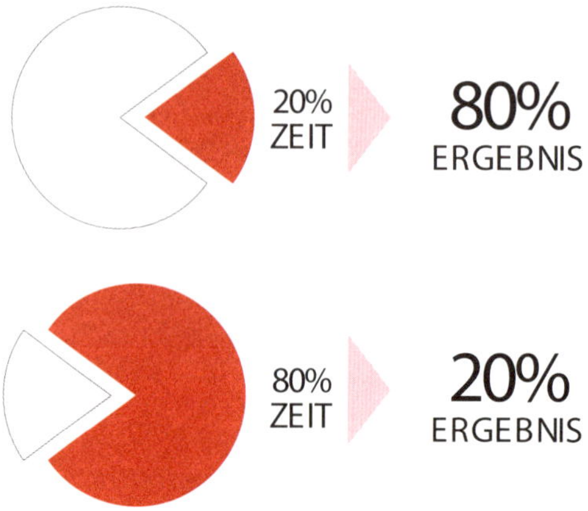

Abb. 3 Pareto-Prinzip

Wenn demnach 80% der Ergebnisse als Folge von 20% des zeitlichen Einsatzes typisch ist, dann muss man zwangsläufig auch akzeptieren, dass 80%, also die überwiegende Mehrheit der Zeit, nur 20% der Ergebnisse liefern. Das heißt aber nicht, dass die anderen 80% generell verzichtbar wären. In jedem Beruf gibt es Tätigkeiten, die erledigt werden müssen, jedoch oft nicht sonderlich produktiv sind. Hierzu gehört beispielsweise oft die Beantwortung von E-Mails. Darauf zu verzichten und sich nur noch auf die anderen 20% zu konzentrieren, ist nicht praktikabel. Allerdings lässt sich die Organisation und der Zeiteinsatz solcher Aufgaben zumindest soweit optimieren, dass der Anteil des Arbeitseinsatzes dafür unter 80% sinkt.

Es geht also bei der 80/20-Regel darum, dass Sie sich auf die wesentlichen Dinge konzentrieren, um beispielsweise Ihre Produktivität zu verbessern. Im Kern geht es also um die Frage, wie jeder die richtigen Aktivitäten in seinen unterschiedlichen Lebensbereichen auswählt, sodass schrittweise ein erfolgreiches Leben entsteht. Der Grundsatz der Fokussierung konkretisiert insoweit den zuvor dargestellten Grundsatz der Ergebnisorientierung, weil er einem Professional zeigt, dass er sich auf Weniges, aber dafür Wesentliches, konzentrieren muss, wenn er erfolgreich sein will.

Die Digitalisierung führt zu einer zunehmenden Komplexität des beruflichen und des privaten Alltags. In dem Maße, wie die Komplexität zunimmt, besteht jedoch immer mehr die Gefahr sich zu verzetteln. Die Ablenkung im beruflichen Alltag ist immens.

Beispiel

Für Wirtschaftsprüfer und Steuerberater ist es üblich, dass sie Zeiten für konzentriertes Lesen benötigen. Dies können Prüfungsberichte, gutachtliche Stellungnahmen, Schriftsätze, Fachaufsätze usw. sein. In vielen Fällen werden auf dem Schreibtisch oder in unmittelbarer Nähe zu dem Schreibtisch ein Festnetz-Telefon, ein Smartphone, ein Tablett oder ein PC/Notebook stehen. Die Ablenkungsgefahr durch Anrufe, eingehende Mails, SMS oder Kollegen, die ins Büro kommen, ist immens. Wer sich durch solche Störungen ablenken lässt, weiß, dass die Einarbeitungszeit danach sehr groß ist. Damit einher geht ein enormer Produktivitätsverlust.

Ein russisches Sprichwort besagt: *„Wenn du zwei Hasen gleichzeitig jagst, gehen dir beide durch die Lappen.“* Multitasking ist eine Gelegenheit, mehrere Dinge gleichzeitig fehlerhaft zu machen. Die Fähigkeit und die Intention, mehr als eine Aufgabe gleichzeitig zu erledigen, ist uns tief ins Unterbewusstsein eingeprägt, weil sie höchstwahrscheinlich schon in der frühesten Menschheitsgeschichte eine Überlebensnotwendigkeit war. Viele Menschen können zwar zwei und mehrere Dinge gleichzeitig tun, aber sie können sich nicht effektiv auf zwei Dinge gleichzeitig konzentrieren. Ablenkungen sind natürlich. Lassen Sie sich nicht ablenken. Multitasking fordert seinen Preis. Wenn Sie versuchen, zu viel auf einmal zu erledigen, machen Sie am Ende nichts richtig. Finden Sie heraus, welche Dinge gerade am wichtigsten sind und widmen Sie ihnen Ihre ungeteilte Aufmerksamkeit. Mit Multitasking erreichen Sie nicht mehr. Zu glauben mit Multitasking mehr zu erreichen, ist falsch.

Nicht alles ist gleich wichtig. Viele Professionals nutzen To-Do-Listen für ihre Planung. Dort finden sich eine Vielzahl von beruflichen und privaten Aktivitäten. Nicht alle Aktivitäten sind jedoch gleichermaßen wichtig für ihren Erfolg. Erfolgreiche Menschen können auch bei einer To-Do-Liste Wesentliches von Unwesentlichem unterscheiden. Oft stehen jedoch die Aktivitäten einer To-Do-Liste in keinem Zusammenhang mit Produktivität und Erfolg, sodass wir am Ende weder produktiv noch erfolgreich sind. Damit werden To-Do-Listen zu reinen Überlebenslisten, die Sie durch den Tag und durch das Leben bringen. Sie machen jedoch nicht jeden einzelnen Tag zu einem Meilenstein für den nächsten Meilenstein in ihrem Leben, so dass daraus schrittweise ein erfolgreiches Leben entsteht.

Praxistipp:

Aus diesem Grund sollten aus To-Do-Listen sogenannte Erfolgslisten werden. Im Gegensatz zu einer To-Do-Liste, die oft eine Vielzahl von Aktivitäten aufweist, sind Erfolgslisten kurz. Erfolgreiche Menschen kennen ihre Prioritäten, die zum Erfolg führen. Dies setzt jedoch die richtigen Entscheidungen voraus. To-Do-Listen enthalten sowohl Aktivitäten, die man tun **könnte** als auch Aktivitäten, die man tun **sollte**. Die Herausforderung für jeden einzelnen besteht nun darin, ausschließlich die Dinge zu tun, die man tun **sollte**, um seine beruflichen und privaten Ziele zu erreichen.

Während das Pareto-Prinzip besagt, dass rund 20% der Aktivitäten ca. 80% der Ergebnisse liefern, stellt das **„Extrem-Pareto-Prinzip“** darauf ab, die **EINE Sache** (**„The ONE Thing“**) zu finden, die zum Erfolg führt. Gary Keller und Jay Papasan haben die überraschend einfache Wahrheit über außergewöhnliche Erfolge in einem Buch mit dem Titel „THE ONE THING“ zusammengefasst. Demnach führt zu außergewöhnlichem Erfolg, wer aus dem ersten Schritt des Pareto-Prinzips auf die verbleibenden 20% der Aktivitäten wieder das Pareto-Prinzip anwendet, bis er schließlich bei der EINEN Sache landet, die zum Erfolg führt. Die folgende Abbildung zeigte die Vorgehensweise.

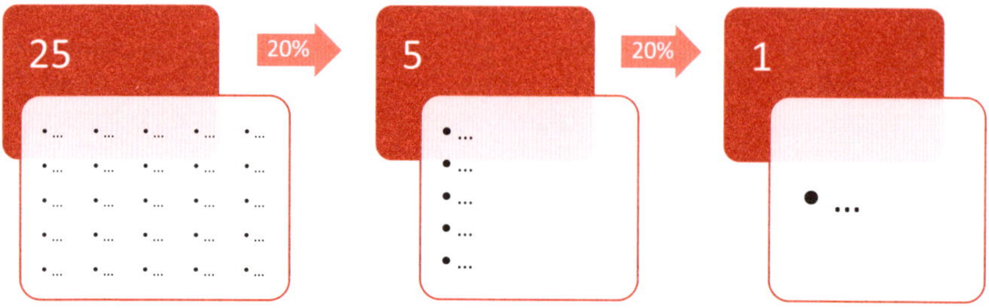

Abb. 4 Extrem-Pareto-Prinzip

Dabei bleibt das Pareto-Prinzip der Ausgangspunkt zur Identifikation der EINEN Sache, die zum Erfolg führt. Während das Pareto-Prinzip besagt, dass rund 20% der Aktivitäten ca. 80% der Ergebnisse liefern, stellt das „Extrem-Pareto-Prinzip“ darauf ab, die EINE Sache (The ONE Thing) zu finden, die zum Erfolg führt. Demnach führt zu außergewöhnlichem Erfolg, wer aus dem ersten Schritt des Pareto-Prinzips auf die verbleibenden 20% der Aktivitäten wieder das Pareto-Prinzip anwendet, bis er schließlich bei der EINEN Sache landet, die den entscheidenden Beitrag zum Erfolg liefert. Der zentrale Gedanke des Buches ist das stetige Reduzieren auf die EINE Sache. Das Konzept von The ONE Thing basiert im Wesentlichen auf einer fokussierenden Frage sowie drei Erfolgsgewohnheiten.

Die Fokus-Frage

Die Qualität Ihres Lebens wird bestimmt von der Qualität der Fragen, die Sie sich stellen, und der Qualität der Antworten auf diese Fragen, die Sie sich geben. Wenn Sie die falschen Fragen stellen, bekommen Sie die falschen Antworten. Großartige Fragen sind der beste Weg zu großartigen Antworten. Wer außergewöhnlich erfolgreich sein will, muss sich in allen Lebensbereichen nur eine einzige Frage stellen und diese richtig beantworten. Die zentrale fokussierende Frage, die zu außergewöhnlichen Erfolgen führt, lautet:

Was ist die EINE Sache, die ich tun kann, sodass, wenn ich diese Sache tue, alles andere leichter oder überflüssig wird?

Außergewöhnliche Erfolge hängen von den Entscheidungen ab, die wir treffen, und den Aktivitäten, die zur Erreichung der Ziele notwendig sind. Die Antwort auf diese Frage ist nicht immer leicht. Die Frage impliziert mehrere Punkte, die es bei der Suche nach der richtigen Antwort zu beachten gilt.

1. Die Frage zielt auf die **EINE Sache** ab. Nicht auf zwei oder drei Sachen, sondern auf EINE Sache.
2. Es geht darum, **was ich tun kann**. Nicht darum, was ich tun sollte oder mir wünschen würde, tun zu können, sondern was ich konkret tun kann.
3. Ziel ist es, dass die EINE Sache einen **Dominoeffekt** auslöst, sodass alles andere leichter oder überflüssig wird.
4. Mit dem Begriff „*alles andere*" wird ein **möglichst großer Dominoeffekt** gesucht. Idealerweise der Dominoeffekt, der alles andere überflüssig macht.
5. Die Frage nach der EINEN Sache impliziert sowohl eine ***„big-picture map"*** als auch einen ***„small-focus compass"***.

Die Frage nach der EINEN Sache zielt darauf ab, das Große und Ganze im Auge zu haben. Das „big picture". Auf der anderen Seite können Sie täglich fokussiert bleiben, wenn Sie danach fragen: „Was ist die EINE Sache, die ich **gerade jetzt tun** kann, sodass alles andere einfacher oder überflüssig wird." Die Frage nach dem „gerade jetzt" führt dazu, dass Sie sich immer in der Gegenwart auf die wichtigste Tätigkeit fokussieren. Die folgenden drei Punkte bilden die Basis für ein fokussiertes Denken hinsichtlich der EINEN Sache:

- **Nicht alles ist gleichermaßen wichtig**. Es gibt immer eine Sache, die wichtiger als alles andere ist.
- **Erfolge sind sequenziell und nicht simultan.** Die Semantik des Wortes Erfolg deutet dies an. Etwas muss erfolgen respektive vorausgegangen sein, um erfolgreich zu sein. Sie beginnen damit, das Richtige zu tun, und das führt dazu, dass Ihre nachfolgende Entscheidung ebenfalls richtig ist."
- **Stellen Sie großartige Fragen, finden Sie großartige Antworten und handeln Sie danach.**

Die Erfolgsgewohnheit

„*Success is simple. Do what's right, the right way, at the right time*", sagt Arnold H. Glasow, ein amerikanischer Geschäftsmann und Verleger. Die Frage nach der EINEN Sache, die ich tun kann, sodass, wenn ich diese Sache tue, alles andere leichter oder überflüssig wird, gilt für alle Lebensbereiche.

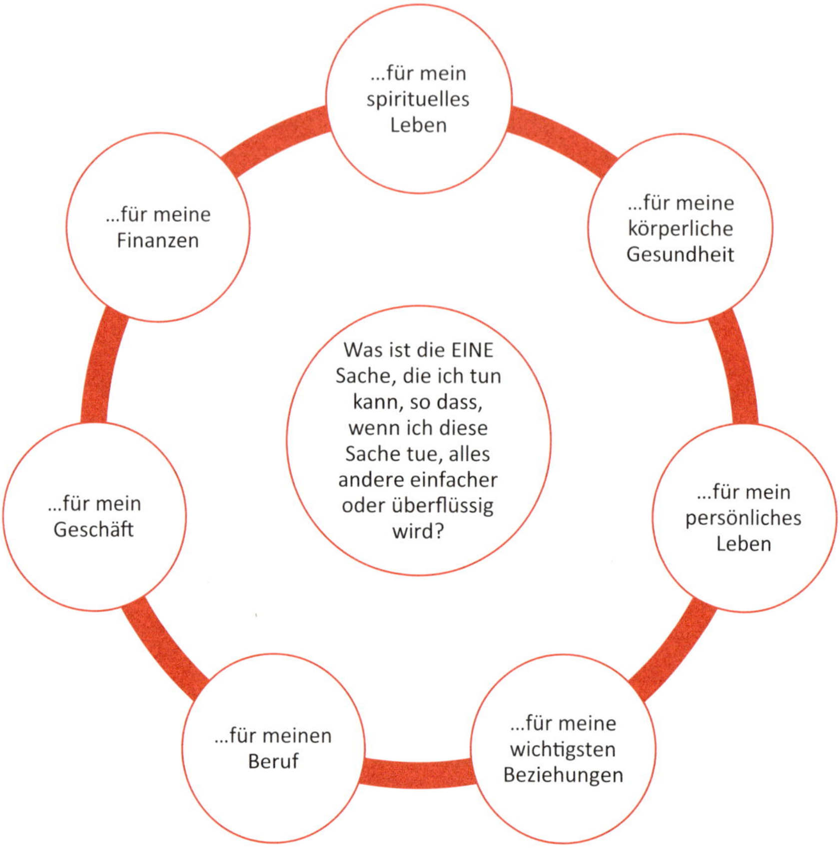

Abb. 5 Fokus-Frage für die einzelnen Lebensbereiche

Gehen Sie bei der Frage nach der EINEN Sache und der Antwort in den verschiedenen Lebensbereichen hierauf im Uhrzeigersinn beginnend ab 12.00 Uhr vor. Denn Ihr spirituelles Leben und Ihre körperliche Gesundheit sind die Basis für ein glückliches persönliches Leben. Ohne gute Beziehungen zu den wichtigen Menschen in Ihrem Leben werden Sie nur schwer berufliche und geschäftliche Erfolge erzielen, die wiederum Basis für Ihr finanzielles Wohlbefinden sind. Machen Sie die Suche nach der EINEN Sache zu einer täglichen Gewohnheit. Verstehen Sie das Konzept und wenden Sie es an. Nach 66 Tagen ist es eine Routine in Ihrem Leben geworden und wird Sie zu außergewöhnlichen Erfolgen führen. Wir werden in dem Kapitel Werkzeuge das mentale Training behandeln. Da lernen Sie, wie Sie das Unterbewusstsein zur Programmierung von Erfolgsgewohnheiten nutzen können.

Der Weg zu großartigen Antworten

„People do not decide their futures, they decide their habits and their habits decide their futures“, sagt F.M. Alexander, ein australischer Autor und Redner. Großartige Fragen sind wie großartige Ziele. Sie sind groß und spezifisch. Außergewöhnliche Erfolge erfordern großartige Fragen und Antworten.

Abb. 6 Der Weg zu großartigen Antworten

Großartige und außergewöhnliche Fragen führen zu großartigen und außergewöhnlichen Antworten. Die Qualität Ihres Lebens wird bestimmt durch die Qualität der Fragen, die Sie sich täglich stellen. Wer den Prozess des Denkens einmal näher untersucht, wird feststellen, dass Denken nichts anderes ist als das ständige Stellen von Fragen und Geben von Antworten. Wenn Sie über etwas nachdenken, stellen Sie sich zu diesem ganz bestimmten Punkt eine Frage und geben sich in Ihren Gedanken darauf selbst eine Antwort. Wer sich also die „richtigen“ Fragen stellt und darauf die „richtigen“ Antworten gibt, wird erfolgreicher. Besonders erfolgreiche Menschen stellen qualitativ besonders gute Fragen und finden besonders gute Antworten auf diese Fragen.

Praxistipp:
Prüfen Sie in allen zuvor dargestellten Lebensbereichen, welche Fragen Sie sich dort gestellt haben und zu welchen Antworten Sie gekommen sind. Für Ihre WP/StB-Praxis bedeutet dies ausgehend von einer Situationsanalyse zu untersuchen, welche unternehmerischen Fragen Sie sich in der Vergangenheit bis heute gestellt haben, und welche Antworten Sie gefunden haben. Die Fragen sollten sowohl Ihr Dienstleistungsangebot umfassen als auch Ihre Beziehungen zu Ihren Mandanten und Ihren Mitarbeitern. Schreiben Sie die Fragen und Antworten auf und lassen Sie diese auf sich wirken. Seien Sie ehrlich hinsichtlich der Antworten.

Ausgangspunkt für Ihre Fragen und Antworten sind Ihre Ziele. Diese sollten ambitioniert und spezifisch sein. Denken Sie daran, was möglich ist. Wenn Sie sich ein machbares Ziel setzen, ist das so als würden Sie eine weitere Aufgabe auf Ihrer To-Do-Liste schreiben, die Sie einfach abhaken können. Ein anspruchsvolles Ziel stellt jedoch eine größere Herausforderung dar, weil Sie sich anstrengen müssen, um es zu erreichen. Denken Sie dabei an Menschen und Unternehmen, die sich vollkommen neu erfunden haben. Dann haben Sie gute Beispiele für außergewöhnliche Erfolge. Ein Beispiel für eine großartige und spezifische Frage im geschäftlichen Umfeld könnte sein: „Was kann ich heute tun, um die Umsatzerlöse in einem bestimmten Tätigkeitsfeld innerhalb von 6 Monaten zu verdoppeln?“

2.4 Stärken nutzen

Überdurchschnittlich gute Wirtschaftsprüfer und Steuerberater verfügen über besondere Talente. Wir hatten zu Beginn Talent und Begabung als angeborenes Potenzial definiert und von den Dingen abgegrenzt, die wir lernen können. Fachwissen können wir gleichermaßen wie Soft Skills lernen. Unsere Talente hingegen sind uns angeboren. Deshalb ist es so wichtig, dass wir unsere eigenen Talente genau kennen. Wir werden später auf das hier dargestellte Basiswissen zurückkommen, wenn wir uns im 3. Kapitel, Aufgaben erfolgreicher Professionals, mit der Entwicklung von Mitarbeitern intensiver auseinandersetzen. Denn wenn wir unsere eigenen Talente nicht kennen, wie sollen wir dann die Talente unserer Mitarbeiter identifizieren? Selbsterkenntnis ist hier Voraussetzung für eine erfolgreiche Personalentwicklung.

Denn es geht bei dem Grundsatz „Stärken nutzen" darum, dass wir unsere eigenen Stärken gezielt für unseren Beruf nutzen, um gute, besser noch sehr gute bzw. außergewöhnlich gute, Ergebnisse zu erzielen. Der Grundsatz „Stärken nutzen" zielt auf die Nutzung bereits vorhandener Stärken und Talente. Bedauerlicherweise sind viele Führungskräfte schwächenorientiert. Es werden die Schwächen der Mitarbeiter gesucht und kontinuierlich auf sie hingewiesen. Das dabei die Motivation auf der Strecke bleibt, sollte eigentlich einleuchten. Warum sind viele Menschen schwächenorientiert?

Sie haben ihre Prägung aus der Schulzeit mit ins Berufsleben übernommen. Unser Schulsystem zielt meist darauf ab, Fehler von Schülern zu identifizieren. Ergo ist das größte Ziel eines Schülers Fehler zu vermeiden. Das gleiche gilt meist auch in der Erziehung. Eltern bestrafen ihre Kinder bei „Fehlverhalten". Also werden „Fehler" von Kindern vermieden. Das Prinzip „Belohnung und Bestrafung" funktioniert auch bei Tieren. Hunde werden für bestimmtes Verhalten mit einem Leckerli belohnt. Diese Pawlowsche Konditionierung führt zwar unter Umständen zu dem gewünschten Verhalten, es verkennt jedoch, dass sich so hinter manchem vermeintlichen Fehlverhalten eines Menschen eine Stärke auf einem ganz anderen Gebiet versteckt. Satt diese Stärke zu fördern, wird sie jedoch vernachlässigt und nicht ausgebaut.

Im Übrigen ist die Fehlervermeidung oft ein Grund, warum viele Menschen nicht ins Handeln kommen respektive nicht handlungsorientiert sind. Wer nicht handelt, macht keine Fehler. So einfach ist das. Analysieren wir die Genies der letzten Epochen: Was haben *Goethe, Mozart, Picasso* und andere erfolgreiche Personen der Weltgeschichte gemeinsam? Sie haben sich allesamt auf ihre Stärken konzentriert. Sie wurden Meister auf einem Gebiet. Sie haben ihre Stärken optimal genutzt. Nicht in der Vielseitigkeit liegt der Erfolg, sondern in der Konzentration auf die Stärken. Woran aber erkennt man seine Stärken? Unser Schulsystem ist darauf ausgerichtet, bei Schülern deren sprachliche Intelligenz und die logisch-mathematische Intelligenz zu benoten. Howard Gardner hat jedoch festgestellt, dass es insgesamt 8 verschiedene Grundintelligenzen gibt. Für viele Berufe ist die Kombination von verschiedenen Intelligenzen notwendig, um sie überdurchschnittlich erfolgreich auszuüben. Talent ist nach Alexander Christiani und Frank Scheelen die Kombination von 10 Grundintelligenzen und ggf. auch anderer Persönlichkeitsmerkmale, die Menschen dazu befähigen, auf einem bestimmten Tätigkeitsgebiet hervorragende Leistungen zu erbringen. Sie haben sich in ihrem Buch *„Stärken stärken – Talente entdecken,* *entwickeln und einsetzen"* intensiv mit dem Thema Stärken nutzen auseinandergesetzt. Bezugnehmend auf die 8 Grundintelligenzen von Howard Gardner werden bei Scheelen und Christiani insgesamt 10 Intelligenzen tabellarisch zusammengefasst. Dabei haben sie beispielhaft die zentralen Eigenschaften, typische Berufsgruppen und prominente Vertreter genannt. Die nachfolgende Tabelle ist an Scheelen und Christiani angelehnt und zeigt übersichtlich 10 verschiedene Grundintelligenzen von Menschen.

Intelligenz	**Eigenschaften**	**Berufsgruppen**	**Herausragende Vertreter**
Sprachliche Intelligenz	Sensibilität für geschriebene und gesprochene Sprache Fähigkeit zum zweckbestimmten Einsatz Fähigkeit zum Sprachen lernen	Rechtsanwälte, Wirtschaftsprüfer, Steuerberater Schriftsteller Dichter Journalisten	William Shakespeare Johann Wolfgang von Goethe
Logisch-mathematische Intelligenz	Probleme logisch analysieren können Durchführung mathematischer Operationen Wissenschaftliche Untersuchungen von Fragestellungen	Naturwissenschaftler Mathematiker Programmierer Betriebswirte	Euklid Gottfried Wilhelm Leibniz Aristoteles Albert Einstein
Assoziativ-kreative Intelligenz	Verbinden von Gedanken in beliebiger Weise (nicht logisch und nicht kausal) Bedeutung geben (Sachverhalte mit Werten assoziieren) Entdecken, kreieren Etiketten-freies Beobachten	Erfinder, Entdecker Konstruktions- und Entwicklungsingenieure	Walt Disney Salvador Dali Thomas Alva Edison
Räumliche Intelligenz	Der theoretische und praktische Sinn für große und kleine Räume	Seefahrer Piloten Architekten Bildhauer Grafiker	Leonardo da Vinci Michelangelo Vincent van Gogh Picasso
Musikalische Intelligenz	Begabung zum Musizieren, Komponieren und Sinn für musikalische Prinzipien	Musiker Sänger Komponisten	Bach Mozart Beethoven

Intelligenz	Eigenschaften	Berufsgruppen	Herausragende Vertreter
Körperlich-kinästhetische Intelligenz	Die Fähigkeit einzelne Körperteile oder den ganzen Körper für Bewegungsabläufe präzise einzusetzen	Tänzer Sportler Schauspieler Chirurgen Handwerker Mechaniker	Michael Jackson Michael Schumacher Charlie Chaplin Christian Barnard
Naturkundliche Intelligenz	Die Fähigkeit, die Umwelt zu erkennen und zu klassifizieren	Naturwissenschaftler Biologen Marketing-Experten Trendforscher	Charles Darwin Isaac Newton Albert Einstein
Intrapersonale Intelligenz	Die Fähigkeit, sich selbst zu verstehen, ein realitätsnahes Bild der eigenen Person – mit ihren Wünschen, Ängsten und Fähigkeiten – zu entwickeln und dieses Wissen im Alltag zu nutzen	Alle, die sich im Grenzbereich ihrer eigenen Leistungen bewegen Spitzensportler Einzelkämpfer bei Militär	Thomas von Aquin Jesus Buddha Arnold Schwarzenegger Usain Bolt
Interpersonale Intelligenz	Die Fähigkeit, die Absichten, Wünsche und Motive anderer Menschen zu verstehen und in der Lage zu sein, mit ihnen erfolgreich zu kooperieren	Alle, die Führungsaufgaben wahrnehmen Manager Lehrer Politiker	Mahatma Gandhi Mutter Teresa Martin Luther King John F. Kennedy
Spirituelle Intelligenz	Die Fähigkeit, Dinge zu erkennen und zu verstehen, die sich hinter den Erkenntnisgrenzen unserer Welt befinden	Priester Schamanen Heiler Weisheitslehrer	Jesus Buddha Päpste

Tab. 2 Grundintelligenzen in Anlehnung an Howard Gardner

Die spirituelle Intelligenz oder auch existenzielle Intelligenz wurde von Gardner zwar gesehen, aber zu seinen ursprünglich 7 Intelligenzen hat Gardner lediglich die naturkundliche Intelligenz später hinzugefügt. Die assoziativ-kreative Intelligenz geht nicht auf Gardner zurück.

Wirtschaftsprüfer und Steuerberater haben unstrittig ihre Talente bei den sprachlichen Intelligenzen und den mathematisch-logischen Intelligenzen.

Beispiel
Aufgrund meiner Berufserfahrung als ein auf Unternehmensbewertungen spezialisierter Wirtschaftsprüfer habe ich festgestellt, dass bei vielen Mitarbeitern die sprachliche Intelligenz und die mathematisch-logische Intelligenz nicht gleichermaßen stark ausgeprägt sind. Häufig sind Mitarbeiter, die besonders stark im Financial Modelling sind, weniger stark bei der schriftlichen Abfassung der Bewertungsgutachten. Ein Mitarbeiter mit einer besonders hohen mathematisch-logischen Intelligenz tut sich leicht in der Erstellung von komplexen Bewertungsmodellen. Für ihn sind auch die komplexesten Excel-Modelle leicht zu entwickeln. Dem gleichen Mitarbeiter fällt jedoch die textliche Darstellung der Bewertungsergebnisse in einer gutachtlichen Stellungnahme deutlich schwerer. Das Formulieren von Texten geht diesem Mitarbeitertypus nicht so leicht von der Hand. Ganz selten gibt es Mitarbeiter, die beides gleichermaßen gut können.

In der Vergangenheit war es wichtig, dass Wirtschaftsprüfer und Steuerberater sowie ihre Mitarbeiter sowohl über sprachliche als auch mathematisch-logische Intelligenzen verfügten. Im Zeitalter der Digitalisierung und Disruption ist dies m.E. jedoch nur eine notwendige, aber keine hinreichende Bedingung, wenn wir mit unseren WP- und StB-Praxen auch in Zukunft erfolgreich sein wollen. Die assoziativ-kreative Intelligenz hat eine wichtige Bedeutung, um die Komplexität einer sich verändernden Umwelt erfolgreich zu meistern. Die assoziativ-kreative Intelligenz war bislang in einer anhand von Checklisten sehr strukturierten Arbeitswelt eines Wirtschaftsprüfers eher verpönt. Ein Mitarbeiter einer WP-Praxis machte keine Karriere, wenn er ein kreativer Querdenker war. Regelmäßig waren die angepassten Mitarbeiter, die im Sinn der WP-Praxis handelten, erfolgreich. In einem Arbeitsalltag, der von Checklisten und strukturieren Arbeitsabläufen dominiert war, war assoziatives Denken nicht an erster Stelle gefragt. Die meisten Wirtschaftsprüfer und Steuerberater gehören auch nicht zu den kreativen Menschen. Sie verlassen ungern bekannte Denkmuster und tun sich mit Veränderungen schwer. In einer sich immer schneller verändernden Umwelt, ist Resilienz jedoch eine wichtige Eigenschaft. Und resiliente Menschen sind häufig auch assoziativ-kreative Menschen.

Die assoziativ-kreative Intelligenz umfasst nach Scheelen und Christiani drei Elemente:

1. Die Fähigkeit, frei zu assoziieren und neue Verbindungen herzustellen, ohne Bezug auf Kausalität, Ordnung oder Sinn.
2. Die Fähigkeit, zu assoziieren und zu verbinden und in verschiedener Weise und mit unterschiedlichen Mitteln neuartige Kompositionen herzustellen.
3. Die Fähigkeit, Konzepte, Label und Schlussfolgerungen auszublenden, um in die Welt der direkten Wahrnehmung zu gelangen.

Unser Bildungssystem hat bis heute nicht erkannt, dass die assoziativ-kreative Intelligenz vermutlich die wichtigste Intelligenz ist, um die Herausforderungen der Zukunft und der Digitalisierung zu meistern. Hier wäre ein wichtiger Ansatzpunkt für eine umfassende Bildungsreform in unserem Schulsystem. Was in den Schulen nicht gefordert und gefördert wird, müssen die Unternehmen ersetzen. Think Tanks und andere Einrichtungen zielen gerade darauf ab, dass Mitarbeiter assoziativ und kreativ tätig werden.

Praxistipp:
Die WP- und StB-Praxen müssen in einem ersten Schritt die Mitarbeiter identifizieren, die über eine ausgeprägte assoziativ-kreative Intelligenz verfügen. Vermutlich wird dieser Mitarbeitertypus eher selten in einer WP- oder StB-Praxis anzutreffen sein, da diese Intelligenz nicht notwendig ist, um akademische Hürden zu nehmen und die Berufsexamen zu bestehen. Erfahrungsgemäß werden darüber hinaus auch Young Professionals keine hinreichende Akzeptanz bei den Partnern eine WP/StB-Praxis haben, um eine möglicherweise vorhandene assoziativ-kreative Intelligenz einzubringen. Es bleibt dann häufig nur ein externer Rat. Entweder von Berufskollegen, die über eine assoziativ-kreative Intelligenz verfügen oder von Beratern außerhalb des Berufsstandes. Hier könnte es jedoch an einer angeborenen Akzeptanz mangeln. Denn Wirtschaftsprüfer und Steuerberater nehmen eher ungern „Rat" von anderen an. Sind sie es doch regelmäßig gewohnt selbst Rat zu geben.

In einem Zeitalter der Digitalisierung, in der Informationen immer weniger zum Engpass werden, wird die Fähigkeit, Daten innovativ zu sinnvollen Inhalten verknüpfen zu können, immer mehr zu einem kritischen Erfolgsfaktor. Data Analytics, Künstliche Intelligenz und Machine Learning werden hier zu Schlüsselfaktoren zukünftiger wirtschaftlicher Erfolge. Hinzu kommt jedoch die Fähigkeit zum Denken gegen bestehende Regeln. Dies ist für Wirtschaftsprüfer und Steuerberater besonders schwer, da gerade sie es gewohnt sind auf Basis von (gesetzlichen) Regeln zu denken und zu handeln.

Der Grundsatz der Stärkennutzung hat große Konsequenzen für uns selbst und für unsere Mitarbeiter. Das gilt für die Ausbildung, die Auswahl der Mitarbeiter, die Stellenbildung und Stellenbesetzung, für die Leistungsbeurteilung und Potenzialanalyse. Ausgangspunkt ist eine umfassende Analyse der Talente respektive unserer verschiedenen Intelligenzen. Es gibt inzwischen eine Vielzahl von verschiedenen Testverfahren, die es ermöglichen die eigenen Stärken und die unserer Mitarbeiter zu identifizieren. Dabei ist es sinnvoll, auf Testverfahren zurückzugreifen, die die zuvor genannten Intelligenzen identifizieren können.

Hinweis:
In vielen WP/StB-Praxen herrscht nach wie vor ein überholtes Verhalten im Umgang mit den Mitarbeitern. Es gilt dort nämlich der Grundsatz, dass bei Projekten, bei denen keine Kritik gegenüber einem Mitarbeiter geäußert wird, dieses Verhalten eines Vorgesetzten als Lob zu verstehen ist. Wer jedoch seinen Mitarbeitern ausschließlich mit negativer Kritik begegnet, sucht stets das Defizit im Handeln von Menschen. Das ist das Gegenteil von Stärken nutzen. Im Übrigen zeigt dieses Verhalten eigene Defizite als Führungskraft. Beobachten Sie Menschen vor dem Hintergrund ihrer Stärken, werden Sie schnell feststellen, dass nahezu jeder Mensch mindestens eine, oft mehrere, Stärken hat. Die wichtigste Aufgabe einer Führungskraft im Zusammenhang mit Mitarbeitern ist deshalb, die Mitarbeiter dort einzusetzen, wo sie ihre Stärken haben. In dem Maße, wo es Wirtschaftsprüfern und Steuerberatern gelingt, Stärken und Aufgaben bei Mitarbeitern zur Deckung zu bringen, werden diese bessere Ergebnisse erzielen und darüber hinaus regelmäßig auch sehr motiviert sein.

Bedeutet der Grundsatz der Stärkennutzung, dass Professionals die eigenen Schwächen oder die der Mitarbeiter ignorieren sollten? Die Antwort lautet ganz klar Nein! Sie müssen sowohl ihre eigenen Schwächen als auch die ihrer Mitarbeiter kennen, um sicher zu sein, dass Sie oder Ihre Mitarbeiter nicht überwiegend Tätigkeiten ausführen, bei denen es fatal wäre, wenn diese Schwäche zum Tragen kommt. Ziel muss es deshalb immer sein, dass Menschen dort eingesetzt werden, wo sie ihre Stärken einbringen können. Schwächen sollten so gemanagt werden, dass sie nicht zu einem Engpass werden.

Beispiel

Wenn beispielsweise ein Professional eine sehr ausgeprägte logisch-mathematische Intelligenz aufweist und weniger sprachlich begabt ist, könnte das bei international tätigen Unternehmen zu einem Engpass werden. Hier müssen die Fremdsprachenkenntnisse so entwickelt werden, dass sie nicht zum entscheidenden kritischen Erfolgsfaktor werden. Die fehlende Begabung auf dem Gebiet der sprachlichen Intelligenz bleibt zwar bestehen, aber sie wird nicht zum Engpass einer Tätigkeit.

Malik spricht sich auch in seiner Neuauflage „Führen Leisten Leben" eindeutig gegen eine Veränderung der Persönlichkeit von Menschen aus. Seine Begründung ist überzeugend: Spätestens in den Dreißigern, wenn viele Menschen in Führungsverantwortung sind, sind die Persönlichkeitsstrukturen so gefestigt, dass Veränderungen nur sehr selten stattfinden.

In der Psychologie wird der Begriff Persönlichkeit nicht einheitlich definiert. Oft wird darunter die Summe aller Verhaltensmerkmale eines Menschen verstanden. Die Wissenschaft unterscheidet darüber hinaus weitgehend unveränderbare Persönlichkeitsmerkmale (Traits = Charakterzug, Merkmale) sowie die veränderbaren Merkmale (States = Zustand). Die Traits eines Menschen weisen eine stabile Eigenschaft auf. Es handelt sich dabei um genetisch veranlagte, weitgehend unveränderbare Grundstrukturen, wie zum Beispiel die Ängstlichkeit eines Menschen. Bei den States handelt es sich um umweltbedingte, veränderbare Merkmale, die durch Sozialisation, Kultur und situative Gegebenheiten beeinflusst sind. Das sind vorübergehende Zustände, wie beispielsweise Angst.

Thomas Staller und Cornelia Kirschke schreiben in „*Die ID 37 Persönlichkeitsanalyse: Bedeutung und Wirkung von Lebensmotiven für effiziente Selbststeuerung*", dass wir uns treu bleiben, selbst wenn wir uns verändern. Sie behaupten, dass Menschen sich nur innerhalb ihrer Persönlichkeit verändern. Menschen, die glauben, dass sie sich in ihrer Persönlichkeit grundlegend verändert haben und behaupten, sie seien heute ein ganz anderer Mensch als früher, irren sich in der Regel. Christian E. Elger schreibt in seinem Buch „*Neuroleadership*" zur Stabilität und Veränderbarkeit der Persönlichkeit, dass genetische Eigenschaften den Charakter eines Menschen zu 30-60% beeinflussen. Der Rest wird sozial erworben und kann demnach auch wieder verändert werden.

Deshalb ist es so wichtig, in welchem Umfeld man sich weit überwiegend aufhält. Dies gilt sowohl beruflich als auch privat. Und das in jeder Lebensphase. Viele Persönlichkeitsmerkmale sind aufgrund des sozialen Umfelds in der Kindheit und in der Jugend bereits mit ca. 20 Jahren so entwickelt, dass eine Veränderung jedoch nur mit einem entsprechend großen eigenen Willen möglich ist. Damit ist nicht gemeint, dass sich Menschen jenseits der 20 nicht mehr in ihrem Verhalten ändern können. Denn Verhaltensänderungen zielen auf die veränderbaren Persönlichkeitsmerkmale. Persönlichkeitsmerkmale stehen jedoch in einem engen Zusammenhang mit bestimmten Verhaltensmustern eines Menschen. Und Verhaltensmuster wiederum werden stark beeinflusst von den Motiven eines Menschen, womit wir uns im Kapitel 2.6. Handlungsorientierung noch intensiver beschäftigen werden.

Verhaltensveränderungen werden nur dann stattfinden, wenn sich ein Mensch selbst entscheidet, dass er etwas in seinem Leben verändern will. Hier geht es im Kern um die eigene Persönlichkeitsentwicklung. Um es noch einmal mit den Worten von Nikolaus B. Enkelmann zu sagen: *„Nichts ändert sich, außer ich ändere mich.“* Und diese Verhaltensänderungen werden nur dann eintreten, wenn Sie selbst es wollen. Sicherlich kann diese Veränderung von einem externen Impuls ausgehen. Ereignisse oder Menschen können Sie beeinflussen. Jeder, der einmal abnehmen wollte oder aufhören wollte zu rauchen, weiß, dass dies überhaupt nur dann gelingen kann, wenn derjenige selbst es auch wirklich will. Eine extrinsische Motivation wird jedoch niemals zum Erfolg führen. Nur die intrinsische Motivation führt hier zum Erfolg.

Malik sagt, dass Menschen zu verändern, nicht die Aufgabe von Management ist: „Die Aufgabe von Management ist es, Menschen so zu nehmen, wie sie sind, ihre Stärken herauszufinden und ihnen durch entsprechende Gestaltung ihrer Aufgaben die Möglichkeit zu geben, dort tätig zu werden, wo sie mit ihren Stärken eine Leistung erbringen und Ergebnisse erzielen können.“

Demnach sieht Malik es nicht primär als Aufgabe von Unternehmen, dass diese ihre Mitarbeiter hinsichtlich ihrer Persönlichkeit weiter entwickeln sollten, sondern es sollten die Mitarbeiter entsprechend ihrer Stärken eingesetzt werden. Diesen Grundsatz teile ich im Kern. Jedoch ist das Wachstumsprinzip bereits in der Natur schon angelegt. Denken Sie an Bäume, die, wenn sie gesund sind, Jahr für Jahr wachsen. Wobei das Wachstum sowohl die Zweige als auch die Wurzeln in der Erde betrifft, die nicht sichtbar sind. Gleichermaßen sollten Menschen Jahr für Jahr sich in ihrer Persönlichkeit weiter entwickeln. Eine conditio sine qua non hierfür ist jedoch, dass der Professional dieses Persönlichkeitswachstum selbst will. Im Übrigen zielt dieses Buch genau auf den Aspekt der persönlichen Weiterentwicklung. Hier werden die für Professionals wertvollen Soft Skills im Zusammenhang mit dem eigenen Management und dem Management von Mitarbeitern dargestellt. Wenn es sich dabei um unveränderbare Persönlichkeitsmerkmale handeln würde, würde es wenig Sinn ergeben, diese Soft Skills darzustellen. Es handelt sich durchweg um Soft Skills, die mehr oder weniger leicht erlernbar bzw. antrainierbar sind. Erfolg ist schlussendlich auch eine Frage des Charakters bzw. der Persönlichkeit.

Der Masterplan für ein stärkenzentriertes Leben besteht darin, zunächst einmal seine eigenen Stärken genau zu kennen. Diese können Sie entweder über verschiedene Testverfahren ermitteln lassen oder über Selbstanalyse auch relativ leicht herausfinden. Analysieren Sie was Ihnen leicht fällt. Häufig sind dies die Dinge, die Sie besonders gut können und die zu Ihren Stärken gehören. Oft ist es jedoch so, dass das, was einem leicht fällt, einem nicht auffällt, eben weil es einem leicht fällt.

Der Grundsatz der Ergebnisorientierung und der Stärkennutzung stehen in einem engen Zusammenhang. Wer außergewöhnlich gute Ergebnisse erzielen will, muss seine Stärken optimal nutzen. Dabei muss er auch Schwächen in Kauf nehmen. Die Schwächen können regelmäßig nicht beseitigt werden, sie müssen jedoch gemanagt oder kompensiert werden. Seine Persönlichkeit von Jahr zu Jahr weiter entwickeln zu wollen, sollte Bestandteil eines lebenslangen Lernprozesses jedes Menschen sein. Ausgangspunkt ist dabei stets eine intrinsische Motivation. Niemals eine extrinsische Motivation.

2.5 Positiv denken

Die Wirtschaftsprüfer unter Ihnen werden jetzt sagen, dass es doch zu Ihrem Berufsethos gehört, während der gesamten Tätigkeit als Abschlussprüfer zumindest eine kritische Grundhaltung zu wahren (vgl. § 43 Abs. 4 WPO). Dazu gehört es, Angaben zu hinterfragen, auf Gegebenheiten zu achten, die auf eine falsche Darstellung hindeuten könnten, und die Prüfungsnachweise kritisch zu beurteilen. In dem gesamten § 43 WPO steht jedoch nirgends, dass ein Wirtschaftsprüfer nicht positiv denken darf.

Bevor wir uns mit dem Grundsatz des Positiven Denkens und seiner Anwendung in der Praxis beschäftigen, ergibt es Sinn einmal darüber nachzudenken, weshalb Menschen positiv oder negativ denken. Dabei ist es naheliegend zu hinterfragen, ob positives oder negatives Denken angeboren ist. Ist es von den Erbanlagen abhängig, ob Menschen positiv oder negativ denken? Und wenn Ja, welche Möglichkeiten hat ein Mensch, der genetisch bedingt dazu neigt, negativ zu denken, diese Verhaltensweisen zu verändern? Kann aus einem negativ denkenden Menschen gar ein positiv denkender Mensch werden oder ist man in seinen Erbanlagen gefangen?

Forscher der Universität in Kalifornien haben sich intensiv mit der Persönlichkeit von Menschen beschäftigt. Dabei haben sie herausgefunden, dass die Persönlichkeit eines Menschen sowohl von Erbanlagen als auch Umwelteinflüssen abhängt. Fünf psychologische Faktoren konnten dabei identifiziert werden, um individuelle Unterschiede in der Persönlichkeit zu messen:

- **Extraversion versus Introversion**: Merkmale sind Gesprächigkeit, Durchsetzungsvermögen und ein hohes Aktivitätsniveau;
- **Neurotizismus versus emotionale Stabilität**: Merkmale sind negativ denkend, eher ängstlich, depressiv;
- **Verträglichkeit versus Antagonismus, Feindseligkeit**: Merkmale sind kooperativ, mitfühlend;
- **Gewissenhaftigkeit versus Unzuverlässigkeit**: Merkmale sind fleißig, selbstdiszipliniert;
- **Offenheit gegenüber Erfahrungen versus Verschlossenheit**: Merkmale sind intellektuelle Wissbegierde und Kreativität.

In ihrer Studie analysierten die Forscher genetische Schwankungen unter den fünf Persönlichkeitsmerkmalen. Die Charakterzüge sind laut den Forschern genetisch größtenteils von psychiatrischen Störungen getrennt. Sie fanden u.a. heraus, dass es eine hohe genetische Korrelation zwischen Extraversion und dem Aufmerksamkeitsdefizit-Hyperaktivitätsstörung (ADHS) sowie zwischen Offenheit und Schizophrenie gibt. Neurotizismus war genetisch mit internalisierten Psychopathologien, wie Depression und Angststörungen, verknüpft. Die Forscher konnten aufgrund einer weiteren Analyse auch Aussagen hinsichtlich der genetischen Vererbung der fünf Persönlichkeitsfaktoren machen. Danach wird

- Extraversion zu 18%,
- Neurotizismus zu 11%,
- Offenheit gegenüber Erfahrungen zu 10%,
- Gewissenhaftigkeit zu 9%,
- Verträglichkeit zu 8%

genetisch vererbt.

Die Forscher schreiben, dass man grade erst beginnt, die Genetik der Persönlichkeit und ihre Beziehung zu psychischen Erkrankungen zu verstehen und dass weitere Studien folgen müssen.

Demnach wäre negatives Denken nur zu 11% genetisch vererbbar und weitestgehend von Umwelteinflüssen abhängig. Wie bereits im vorherigen Kapitel dargestellt, ist also Positives Denken vielmehr sozial geprägt als negatives Denken seine Ursache in Erbanlagen hat.

Beispiel

Ich kann das aufgrund eigener Erfahrungen in meiner Jugend bestätigen. Mein Vater war bereits seit seinem 20. Lebensjahr politisch aktiv. Viele Jahre war er ehrenamtlich tätig. Später dann auch als Berufspolitiker. Er wurde 1983 in den Landesvorstand seiner Partei gewählt und ist seitdem bis heute dort Landeschatzmeister. Die Partei flog vor seiner Wahl in den Landesvorstand bzw. als Schatzmeister damals aus dem Landtag und hatte keine stabile Basis mehr im Land. Die Partei war am Boden. Es war also Aufbauarbeit angesagt und mein Vater häufig in der Landeshauptstadt und selten bei seiner Familie. Immer, wenn er damals von Sitzungen der Landespartei wieder nach Hause kam, sagte er beim Eintritt in unser Haus: „Es geht aufwärts!" Diese (Auto-)Suggestion wurde nach wenigen Wochen bei uns in der Familie zum geflügelten Wort und er brauchte dann gar nichts mehr zu sagen, wenn er das Haus betrat, weil entweder einer aus der Familie oder wir alle im Chor sagten: „Es geht aufwärts!" Heute weiß ich, was ich als Jugendlicher noch nicht wusste:

1. Das war Positives Denken in Reinkultur und hat mich unbewusst damals wohl sehr geprägt, weil ich schon als Jugendlicher erkannte, dass auch wenn man am Boden liegt, es immer wieder aufwärts gehen wird und
2. Es war eine positive Autosuggestion, die nach dem Gesetz des Glaubens die Tendenz hatte Realität zu werden.

Übrigens wurde die Partei 1987 wieder in den Landtag gewählt. Sie trat in die Landesregierung ein und die Suggestion wurde Realität.

Prüfen Sie, ob Sie in einer Familie bzw. sozialen Umwelt aufgewachsen sind, die in ihrem Mindset das Positive Denken hatte. Dann ist die Wahrscheinlichkeit relativ groß, dass auch Sie eher ein positiv denkender Mensch sind. Umgekehrt bedeutet dies aber auch, dass Sie selbst, wenn Sie in einem negativ denkenden Umfeld aufgewachsen sind, heute die Möglichkeit haben zu einem Positiv denkenden Menschen zu werden. Und das auch dann, wenn Sie erblich bedingt dazu neigen negativ zu denken. Jeder sollte deshalb für sich selbst genau untersuchen, ob er sich in seiner Kindheit und Jugend, im Berufs- und Privatleben mit Menschen umgeben hat bzw. aktuell umgibt, die positiv denken oder eher negativ denken. In einem Umfeld voller negativ denkender Menschen fällt es bedeutend schwerer, wenn Sie positiv denken wollen.

Dabei haben Emotionen einen zentralen Einfluss auf unser Leben. Es gilt oft das hedonistische Prinzip des Vermeidens von Schmerz und die Suche nach Freude und Lust. Das Unterbewusstsein steuert in vielen Fällen Ihr Verhalten. Wer in seiner Kindheit oft gehört hat, dass er etwas nicht kann, nicht talentiert genug ist oder viele Niederlagen hinnehmen musste, darf sich nicht wundern, wenn sich negative Glaubenssätze tief in das Unterbewusstsein eingegraben haben und in den wichtigen Momenten im Leben das „falsche" Ergebnis produzieren. Ein positives Selbstbild sowie die „richtigen" Glaubenssätze sind also eine wesentliche Voraussetzung für Positives Denken.

Positives Denken können Sie sich antrainieren. Hierzu bedarf es Wissen und regelmäßigen Trainings. Um es mit den Worten von Robert H. Schuller (1926-2015), einem der weltweit bekanntesten Pfarrer zu sagen: Werden Sie zum Möglichkeitsdenker (Possibility Thinking). In seinem Buch *„If It's Going to Be, It's up to Me: The Eight Proven Principles of Possibility Thinking"* zeigt er, wie Sie Schritt für Schritt zu einem Möglichkeitsdenker werden. Wer seine folgenden 8 Prinzipien beachtet, wird zum Möglichkeitsdenker und praktiziert damit das Positive Denken:

1. Möglichkeiten abwägen
2. Prioritäten setzen
3. Pläne machen
4. Commitments machen
5. Preise bezahlen
6. Zeitpläne werden sich möglicherweise verspäten
7. Man muss den Kurs einhalten
8. Am Ende werden die Fanfaren gespielt

Die Übersetzung wurde hier sinngemäß vorgenommen und zeigt jedoch ganz deutlich einen zentralen Grundsatz von Schuller in diesem Buch:

Möglichkeiten + Selbstverantwortung = Erfolg

Die 8 Prinzipien des Möglichkeitsdenkens sind eine Anleitung zum Positiven Denken. Was hindert Menschen positiv zu denken? Oft sind es die bereits erwähnten Glaubenssätze, die tief im Unterbewusstsein verankert sind und in der Kindheit geprägt wurden. Wir haben uns bereits im Kapitel 2.1 beim Grundsatz der Selbstverantwortung mit Glaubenssätzen beschäftigt. Beim Grundsatz Positiv denken ergibt es Sinn, dass wir verstehen, wie wir diese Glaubenssätze neu programmieren können. Im Kapitel 3 werden wir uns bei den Werkzeugen mit dem mentalen Training befassen. Hierzu bedarf es zunächst jedoch einiges Basiswissens aus der Psychologie, das wir im Folgenden besprechen. Eine wichtige Erkenntnis ist, dass uns viele Glaubenssätze unbewusst daran hindern, positiv zu denken. Das folgende Bild zeigt den Zusammenhang zwischen dem Bewusstsein, dem Unterbewusstsein und dem Überbewusstsein.

Abb. 7 Bewusstsein – Unterbewusstsein – Urwissen

Bei einem Eisberg ist typischerweise lediglich ein Drittel sichtbar, wohingegen zwei Drittel des Eisbergs unter Wasser sind. Genauso verhält es sich mit unserem Bewusstsein sowie unserem Unterbewusstsein und dem Urwissen.

Unter **Bewusstsein** verstehen wir alles, was unsere Aufmerksamkeit gerade erfüllt. Dazu gehören das Vorhandensein und das Wahrnehmen von Gedanken, Sinneseindrücken, Gefühlen, Erinnerungen, Vorstellungen, Planungen, Bewertungen usw.

Demgegenüber ist das **Unterbewusstsein** der Bereich, der dem Bewusstsein nicht direkt zugänglich ist. Lediglich durch Träume, Trance oder Hypnose können Inhalte des Unterbewusstseins zum Bewusstsein aufsteigen und sichtbar werden. Im Unterbewusstsein sind alle Erfahrungen gespeichert, die ein Mensch ab dem Augenblick seiner Zeugung gemacht hat. Das Unterbewusstsein beginnt nicht erst mit der Geburt. Das Unterbewusstsein ist vergleichbar mit einer nicht bespielten Festplatte. Von der Zeugung an werden alle Gefühle und Erfahrungen im Unterbewusstsein aufgezeichnet. Schon ein ungeborenes

Kind spürt im Mutterleib, ob es geliebt wird oder nicht. Es erkennt die Stimme der Mutter und kann sie von anderen Stimmen nach der Geburt unterscheiden. Es fließen auch Informationen, die man bewusst gar nicht beachtet, in das Unterbewusstsein. Deshalb kann dort auch alles abgerufen werden, was wir unbewusst „aufgenommen" haben. Somit sind alle guten und schlechten Erfahrungen, Freuden und Leiden im Unterbewusstsein eines Menschen gespeichert. Dass das Unterbewusstsein einen starken Einfluss auf unser Denken und Handeln hat, ist allgemein anerkannt und kommt umgangssprachlich in Sätzen wie „das habe ich unbewusst getan" zum Ausdruck. Das persönliche Unterbewusstsein eines Menschen umfasst demnach alle individuellen Erfahrungen eines Menschen und die im Unterbewusstsein gespeicherten Elemente.

Das Unterbewusstsein ist ein ausführendes Organ. Es wertet nicht. Es ist ihm egal, wer ihm einen Befehl gibt. Es führt lediglich jeden Befehl ordnungsgemäß aus. Deshalb ist es entscheidend für einen Mensch in seinem Leben, welche geistige und seelische „Nahrung" er zu sich nimmt und von wem diese „Nahrung" stammt. Da das Unterbewusstsein alle positiven und negativen Informationen gleichermaßen aufnimmt, ist es für das Positive Denken besonders wichtig, dass Sie möglichst viele positive Informationen tagtäglich aufnehmen.

Praxistipp:
Manche Menschen schotten sich ganz bewusst von allen negativen Informationen ab, indem sie weder Nachrichtensendungen im Radio hören noch fernsehen. Auch suchen diese Menschen keine Zeitungen oder andere Medien, die negative Informationen verbreiten. Wer die Philosophie des Yin und Yang kennt, weiß jedoch, dass das Leben bipolar ist. Die Gegensätze, wie beispielsweise hell und dunkel, gesund und krank, Krieg und Frieden, Erfolg und Misserfolg usw. gehören zum Leben dazu. Insofern erscheint mir eine totale Abschottung zu allen negativen Informationen als Ignoranz gegenüber der Realität des Lebens. Die Idee, jedoch bewusst die Dosierung der negativen Informationen, die sie tagtäglich oder wöchentlich auf sich einströmen lassen, zu steuern, finde ich nicht nur überlegenswert, sondern praktiziere dies seit vielen Jahren. Entscheiden Sie bewusst, welche negativen Informationen Sie täglich aufnehmen und wann Sie diese aufnehmen. Vor dem Schlafengehen sollten Sie niemals negative Informationen aufnehmen. Nehmen Sie möglichst immer positive Gedanken mit in den Schlaf. Ihnen fällt an bestimmten Tagen nichts Positives ein? Dann sind Sie vor dem Einschlafen dankbar. Es gibt immer etwas wofür Sie dankbar sein können. Suchen Sie danach.

Das **Urwissen,** das auch kollektives Unterbewusstsein oder Überbewusstsein genannt wird, ist aus der Geschichte der Menschheit entstanden und wegen seiner evolutionären Wichtigkeit gespeichert. Deshalb wird es auch als Evolutionserfahrung bezeichnet. Das kollektive Unterbewusstsein entwickelt sich nicht individuell, sondern wird geerbt. Es handelt sich demnach um alle Erfahrungen, alles Wissen der gesamten Menschheit aus allen Zeiten. Bei Tieren nennen wir dies oft Instinkt.

Menschen erklären häufig Entscheidungen, die aus dem Bauch heraus getroffen werden, als Intuition. Dabei handelt es sich oft um Entscheidungen, die sie nicht begründen können. Ihr Verstand gibt ihnen keine logische Erklärung.

Beispiel
Wirtschaftsprüfer und Steuerberater, die wie bereits dargestellt ein sehr ausgeprägtes analytisches Denkvermögen besitzen und ihren Verstand bei ihrer täglichen Arbeit zwingend einsetzen müssen, tun sich häufig sehr schwer sich auf ihre Intuition zu verlassen. Wer jedoch schon einige Berufsjahre hinter sich hat, wird schon einmal im Nachhinein festgestellt haben, dass er sich im Zusammenhang mit bestimmten Mandanten oder bei der Einstellung von Mitarbeitern besser auf seine Intuition verlassen hätte. Aber gerade Wirtschaftsprüfer und Steuerberater sind von ihrer intellektuellen Überlegenheit oft so überzeugt, dass sie dabei den Glauben an ihr Urwissen längst zerstört haben.

Hier ist es wichtig, dass Sie sich mental so programmieren können, dass Sie Ihr kollektives Unterbewusstsein nutzen können. Wenn wir unser kollektives Unterbewusstsein anzapfen, dann setzten wir unsere Kreativität frei. Unsere Intuition entwickelt sich und wir haben oft ausgezeichnete Einfälle. Wenn wir jedoch den Zugang zu unserem Urwissen nicht nutzen, dann können wir uns noch so sehr anstrengen, die zündende Idee werden wir nicht haben.

Die entscheidende Frage lautet nun, wie können wir dieses Wissen nutzen, um den Grundsatz des Positiven Denkens tagtäglich zu praktizieren? Wenn Sie sich die Abbildung 6 anschauen, dann fällt Ihnen auf, dass die Linien zwischen den Bereichen lediglich gestrichelt sind. Die Grenzen zwischen den einzelnen Bewusstseinsebenen sind also durchlässig. In einem Zustand der Entspannung können wir diese Grenzen überwinden. Je entspannter wir sind, desto leichter können wir mit all unseren Bewusstseinsebenen arbeiten.

Die wenigsten meiner Berufskollegen klagen über zu wenig Arbeit und wegen der hohen Arbeitsbelastung befinden sich nur wenige Professionals oft in einem entspannten Zustand. Häufig nehmen Wirtschaftsprüfer und Steuerberater ihre Arbeit sogar mit in den Urlaub, sodass es auch hier an einer dringend notwendigen Entspannung mangelt. Mithilfe eines Elektroenzephalogramms (EEG) kann man den Rhythmus der Hirnströme bzw. die Gehirnwellen messen. Wissenschaftler und Ärzte können so erkennen, in welchem Zustand ein Mensch sich gerade befindet. Es werden dabei grundsätzlich vier verschiedene Hirnfrequenzen unterschieden, wobei die fünfte Gehirnwelle nahezu unerforscht ist. Die folgende Abbildung zeigt die verschiedenen Gehirnwellen.

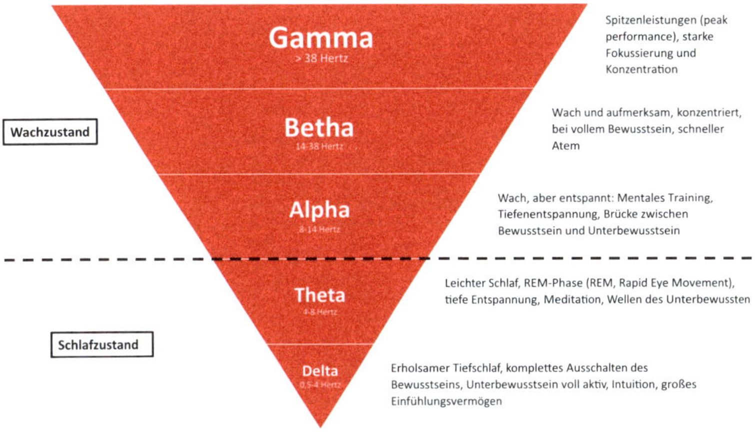

Abb. 8 Gehirnwellen und Bewusstseinszustände

Im **Delta- und Theta-Zustand** befinden wir uns im Schlaf. Der Körper regeneriert sich im traumlosen und tiefen Schlaf im Delta-Zustand am besten. Der Delta Zustand wird bis 4 Hertz gemessen. Der Körper ist hier am entspanntesten. Delta-Hirnwellen entsprechen dem Unbewussten. Man findet sie während des Tiefschlafs, wenn alle anderen Hirnwellen nicht mehr nachweisbar sind. Delta begleitet den erholsamen Teil des Tiefschlafes. Menschen, die Delta-Wellen von hoher Amplitude haben, sind oft intuitiv und haben durch Versuch und Irrtum gelernt, ihrem sechsten Sinn zu vertrauen. Delta ist oft mit einem großen Einfühlungsvermögen verbunden. Bei 4 bis 8 Hertz ist man in einer leichten Schlafphase und nicht mehr ganz so tief entspannt. Wir schlafen oder meditieren. Dieser Zustand wird Theta genannt. Theta-Gehirnwellen sind aktiv im Traumschlaf und in tiefer Meditation und Entspannung. Sie können als das Unterbewusste verstanden werden, als der Teil Ihres Bewusstseins, der eine Ebene zwischen dem Bewussten und dem Unterbewussten darstellt. Theta enthält eine Menge an Erinnerungen, Wahrnehmungen und Gefühlen. Auch wenn diese Erfahrungen dem Bewusstsein nicht zugänglich sind, können sie dennoch Ihre Einstellungen, Erwartungen und Ihr Verhalten beeinflussen oder sogar bestimmen. Intuition und Kreativität können sich in diesem Zustand der Hirnaktivität jedoch sehr gut entfalten.

Bei einer Wellenlänge von 8 bis 14 Hertz befinden wir uns im **Alpha-Zustand**. In dieser Phase sind wir zwar geistig wach, aber völlig entspannt. Alpha-Wellen treten beim Tagträumen, Phantasieren und Visualisieren auf. Der Alpha-Zustand ist die Brücke zwischen Bewusstsein und Unterbewusstsein. Wenn Alpha fehlt, ist die Verbindung zum Unterbewusstsein unterbrochen. Unsere Gedanken sind ruhig, wir atmen tief und gleichmäßig und fühlen uns wohl. In diesem Zustand können wir gut Probleme lösen. Wir sehen aus verschiedenen Perspektiven und können ganzheitliche und umfassende Lösungen entwickeln. Auch im Alpha-Zustand ist unsere Intuition aktiv und wir können assoziativ und kreativ sein. In diesem Zustand fällt Positives Denken deutlich leichter. Das Tor zum Unterbewusstsein und zum kollektiven Unterbewusstsein ist offen.

Wenn unsere Hirnfrequenz jedoch Werte von 14 übersteigt, befinden wir uns im sogenannten **Beta-Zustand**. Der Beta-Zustand ist gleichbedeutend mit Hektik, Stress, Aggression bis hin zum Kampf. Ihr Herz klopft, die Schläfen pulsieren, der Atem geht schnell und Sie können nicht klar denken. Ihr Denken scheint außer Kontrolle und Ihre Beta-Hirnwellen befinden sich in Aufruhr. Wir sind wach und aufmerksam, bei vollem Bewusstsein. innerlich und äußerlich oft angespannt. Häufig sind wir innerlich verkrampft und verbittert. Eine einseitige Sichtweise ist ein besonderes Merkmal von Beta. Wenn Sie sich in einem Beta-Zustand befinden, werden Sie keine optimalen Lösungen finden. Positives Denken wird hier nur schwer möglich sein. Mit dem Beta-Zustand einher gehen häufig gesundheitliche Beschwerden, wie Muskelverspannungen, Kopfschmerzen, Migräne und Magenkrämpfe.

Der **Gamma-Zustand** ist noch weitestgehend unerforscht. Die Gehirnwellen im Gamma-Zustand werden ab 38 bis 100 Hertz gemessen. Sie werden mit Spitzenleistungen (peak performance), starker Fokussierung und Konzentration, hohem Informationsfluss und Integration von neuem Wissen sowie mystischen und transzendenten Erfahrungen in Verbindung gebracht. Es werden geistige Höchstleistungen vollbracht.

In den siebziger Jahren waren die Wissenschaftler davon überzeugt, dass nur der Alpha-Zustand der Schlüssel zu einem höheren Bewusstseinszustand enthielt. In den neunziger Jahren kamen Theta und Delta stärker ins Blickfeld. Manche behaupteten, dass Theta und Delta viel wichtiger sind als Beta und Alpha. Anna Wise sagt in ihrem Buch *„Awakened Mind Training“*, dass keine Hirnwellenart besser als eine andere ist, sondern alle auf verschiedenste Weise miteinander zusammenarbeiten und so die ganze Bandbreite unserer mentalen, emotionalen und spirituellen Bewusstseinszustände schaffen.

Die Ansicht, dass die linke Gehirnhälfte der logische oder denkende Teil des Gehirns ist, während die rechte Gehirnhälfte für Kreativität und künstlerische Aktivitäten zuständig ist, und dass wir meist nur eine der beiden Seiten in Anspruch nehmen, ist weit verbreitet. Tatsächlich ist unser Gehirn ein integriertes Ganzes, in dem beide Seiten ständig aktiv sind. Mentales Training und Hirnwellentraining können die Nutzung des Gehirns verbessern.

Je häufiger sich ein Mensch im Beta-Zustand befindet, desto nervöser und folglich verspannter ist er. Das zeigt sich regelmäßig in seinem Verhalten und seinen Aktionen und Reaktionen. Die Stimme ist meist hoch. Die Atmung sehr schnell. Das Gehirn wird meist nicht mehr mit genügend Sauerstoff versorgt und kann daher nicht mehr optimal arbeiten. Das Tor zum Unterbewusstsein ist geschlossen und Lösungen können nur sehr schwer erarbeitet werden. Positives Denken ist in diesem Zustand nahezu unmöglich.

Positives Denken heißt konstruktives Denken. Ein positiv denkender Mensch denkt an die Lösungen und nicht permanent an das Problem. In jedem Projekt gibt es kleinere und größere Probleme. Oft wird in Teams nur über die Probleme diskutiert und zu selten die Energie in die Problemlösung gesteckt. Hier wird wertvolle Zeit verloren. Wer gelernt hat konsequent nur in Lösungskategorien zu denken, wird Projekte – egal ob er sie allein oder im Team bearbeitet – erfolgreicher abwickeln.

Praxistipp:
Es gibt eine einfache Methode das lösungsorientierte und Positive Denken zu lernen. Sie heißt **Mindstorming**. Formulieren Sie Ihr Problem bzw. Ihre Aufgabe als Frage. Notieren Sie dann mindestens 20 Antworten auf diese Frage. Verlassen Sie Ihren Arbeitsplatz erst, nachdem Sie 20 Antworten auf die Frage gefunden haben. Wer diese Methode konsequent anwendet, lernt in kurzer Zeit das lösungsorientierte Denken. Die beste Tageszeit zur Anwendung dieser Methode ist morgens kurz nach dem Aufstehen. Denn dann hat das Unterbewusstsein über Nacht die Möglichkeit nach Lösungen zu suchen. Die Frage sollte deshalb idealerweise schon abends zuvor formuliert sein.

Wer die Methode des Mindstorming erstmals praktiziert, insbesondere wenn er als Wirtschaftsprüfer und Steuerberater gewohnt ist, mit seiner linken Gehirnhälfte weit überwiegend analytisch zu denken, wird feststellen, dass er unter Umständen an diesem Abend schlecht einschlafen kann, weil er sofort Lösungen finden will. Das deutet jedoch ganz klar darauf hin, dass Sie dann erst einmal daran arbeiten sollten, wie Sie auf „Knopfdruck" entspannen können. Wie das geht, erfahren Sie beim mentalen Training. Wer trotz dieser Aufgabestellung gut einschlafen kann, wird am nächsten Morgen feststellen, dass einige Lösungen sehr schnell kommen werden. Aber die Zahl 20 scheint am Anfang unerreichbar. Ich möchte Sie hier ermutigen, trotzdem den Arbeitsplatz nicht zu verlassen, bevor Sie 20 Lösungen haben. Das wird Ihnen vermutlich nur gelingen, wenn Sie bereit sind, die abstrusesten Lösungen aufzuschreiben. Hierzu bedarf es Mut. Viele der Lösungen werden Sie niemals in die Praxis umsetzen und wieder verwerfen. Sie lernen jedoch so Ihre rechte Gehirnhälfte zu nutzen. Ihre Kreativität nimmt von Übung zu Übung zu. Ihr Assoziationsvermögen wird immer besser. Wer die Methode des Mindstorming regelmäßig praktiziert, wird so nicht nur zu einem Menschen, der stets nach Lösungen bei Problemen sucht, sondern er wird zu einem Möglichkeitsdenker und zu einem positiv denkenden Menschen, der eine Faszination auf andere ausüben wird.

Die meisten Menschen sehen nur das Problem und denken in Problemen. Insbesondere, wenn sie als Wirtschaftsprüfer und Steuerberater tätig sind. Denn sie werden für das Identifizieren von Problemen bezahlt. Viel wichtiger ist jedoch, dass wir auch die Probleme unserer Mandanten lösen können. Ein Professional, der das verstanden hat und die Methode des Mindstormings praktiziert, sieht die Welt mit anderen Augen. Probleme sind für ihn ein Geschenk. Denn er weiß, dass Menschen in erster Linie die Aufgabe haben Probleme zu lösen und möglichst keine zu verursachen. Unternehmen bezahlen Professionals dafür, dass sie Probleme lösen. Mandanten bezahlen Wirtschaftsprüfer und Steuerberater für Problemlösungen. Deshalb sollten Professionals immer mit dem Bewusstsein eines Problemlösers ausgestattet sein. Oft ist es in der Praxis jedoch genau umgekehrt. Wirtschaftsprüfer und Steuerberater weisen ihre Mandanten auf Probleme hin. Sie zeigen Risiken und Probleme im Zusammenhang mit internen Kontrollsystemen, Unterschlagungen und Cyber Security auf. Sie weisen auf Steuerrisiken hin und klären über Geschäftsrisiken auf. Oft werden die Probleme und Risiken überbetont, statt den Schwerpunkt auf die Problemlösung zu legen.

Hinweis:

Ich habe es in meinen Unternehmen vor vielen Jahren zur Gewohnheit gemacht, dass Mitarbeiter stets Lösungsvorschläge schon selbst entwickelt haben müssen, wenn sie mit mir Probleme besprechen wollen. Das führt stets zu effektiven Besprechungen. Das Problem ist zunächst genau zu beschreiben und erste Lösungsalternativen kommen vom Mitarbeiter selbst. Wer seine WP/StB-Praxis anders organisiert, wird häufig das aus der Kindheit bewährte Muster bei Problemen auch in seinem Unternehmen wiederfinden. War es in der Kindheit nicht oft so, dass ein Kind bei Problemen zu den Eltern kommt, die dann das Problem für das Kind lösen sollten? Das können Hausaufgaben oder andere Sachen sein. Wenn Eltern Kinder so erzogen haben, dass die Kinder immer ihre Probleme von den Eltern gelöst bekamen, dürfen sich Menschen in Unternehmen nicht wundern, wenn dieses Verhaltensmuster auch im späteren Berufsleben erhalten bleibt. Dann sind es nicht die Eltern, sondern der Vorgesetzte. Positives Denken beginnt also immer zuerst bei Ihnen selbst. Und Positives Denken heißt lösungsorientiertes Denken.

Übrigens gibt es nicht wenige Menschen, die lieber den Begriff Herausforderungen statt Probleme verwenden. Ihnen ist der Begriff „Problem" zu negativ besetzt. Jedes Problem ist auch eine Herausforderung. Das liegt auf der Hand. Für ein Problem besteht die Herausforderung, eine sachgerechte und zweckadäquate Lösung zu finden. Deswegen das Wort „Problem" nicht zu verwenden und von Herausforderungen zu sprechen, ändert nichts an der Tatsache, dass stets Lösungen gesucht sind. Ich bevorzuge eine klare Sprache und keine Schönfärberei. Das gleiche gilt, wenn ein Optimist sagt, dass das Glas halb voll sei, wohingegen der Pessimist behauptet, dass das Glas halb leer sei. Als Wirtschaftsprüfer sage ich dann immer, dass für mich das Glas zu 50% gefüllt ist.

Zu Positivem Denken gehört nach meinem Verständnis auch ein hohes Maß an Realitätssinn. Jack Welch, der frühere CEO von General Electric, hat von seinen Mitarbeitern Realitätssinn gefordert. Er wollte in einem Markt entweder der Marktführer oder mindestens der Zweite sein. Hierzu gehörte zunächst einmal die vorhandene Realität so zu akzeptieren, wie sie ist. Realitätssinn ist eine wichtige Fähigkeit eines Professionals. Sie ist noch wichtiger, wenn Sie als Führungskraft arbeiten. In Unternehmen und oft auch in privaten Beziehungen werden Dinge schöngeredet. **Realitätssinn bedeutet jedoch, dass man die Dinge so sieht, wie sie tatsächlich sind. Nicht schlechter, aber auch nicht besser.** Jetzt wird vermutlich schnell eingewendet, dass doch alles sehr subjektiv sei und hier auch der Blickwinkel eines jeden Betrachters zu berücksichtigen sei.

Beispiel

Wenn also interne Kontrollsysteme nicht wirksam sind, darf sich ein Wirtschaftsprüfer nicht wundern, wenn Unregelmäßigkeiten in der Rechnungslegung auftauchen. Seine Aufgabe besteht darin, auf diese Unregelmäßigkeiten hinzuweisen und darauf zu drängen, dass diese beseitigt werden. Realitätssinn und Positives Denken sind mithin kein Widerspruch. Das gleiche gilt für die finanzielle Situation bei Unternehmenskrisen. Oft sehen die Manager von Unternehmen in der Krise die Dinge sehr viel besser als sie sind. Wenn Wirtschaftsprüfer dann darauf hinweisen, dass eine Insolvenz droht oder das Unternehmen bereits insolvent ist, wollen das die Manager oft nicht so sehen und akzeptieren. Das ist dann eine Realitätsverweigerung.

Zum Realitätssinn gehört es jedoch auch, zu erkennen, ob eine realistische Chance für das Erreichen eines Ziels besteht. Wer beispielsweise mit 30 Jahren erst darüber nachdenkt, Fußball, Golf- oder Tennisprofi zu werden, verfügt vermutlich über wenig Realitätssinn. Auch wenn hier vielleicht Talent vorhanden sein sollten, ist der richtige Zeitpunkt für den Start einer Sportkarriere als Profi längst vorbei.

In meinen Vorträgen zeige ich im Zusammenhang mit dem Hinweis auf Realitätssinn gerne ein Foto eines kleinen Jungen, der im Ring einem erwachsenen Sumoringer gegenübersteht. Der Junge wiegt schätzungsweise 40 kg. Der erwachsene Sumoringer wiegt rund 200 kg. Es entspricht keinem Realitätssinn zu glauben, dass der kleine Junge im Kampf mit normalen Mitteln auch nur den Hauch einer Chance gegen den erwachsenen Sumoringer hat. Nur wie bei David und Goliath mithilfe einer Steinschleuder könnte er vielleicht den übergewichtigen Sumoringer ausschalten.

Eine weitere Methode, die in einem engen Zusammenhang mit einem praktizierten Positiven Denken steht, ist das „**Zero Based Thinking**". Diese Methode habe ich durch Brian Tracy kennengelernt. Ausgangspunkt dieser Methode ist es, dass Sie regelmäßig wichtige Entscheidungen, die Sie in der Vergangenheit getroffen haben, noch einmal in Frage stellen. Stellen Sie sich folgende Frage: Gibt es etwas, dass Sie von Ihrem jetzigen Standpunkt aus betrachtet nicht noch einmal machen würden? Sie beantworten also diese Frage mit Ihrem heutigen Wissen und versetzen sich dabei noch einmal zurück in den Zeitpunkt der Entscheidung. Diese Methode können Sie auf alle Lebensbereiche anwenden. Und wenn Sie diese Frage verneinen müssen, dann sollte die nächste Frage sein: Wie kommen Sie so schnell wie möglich da wieder heraus? Die Entscheidung von damals kann nicht wieder rückgängig gemacht werden. In vielen Fällen können Sie jedoch in der gegenwärtigen Situation durch die Methode des Zero Based Thinking positive Lösungsansätze für Veränderungen entwickeln.

Beispiel
Wenn Sie beispielsweise einen Mitarbeiter eingestellt haben, den Sie aufgrund Ihres heutigen Kenntnisstandes nicht noch einmal einstellen würden, dann sollten Sie sich von ihm trennen. Wenn Sie ein Mandat angenommen haben, dass Sie aufgrund Ihres heutigen Kenntnisstandes nicht noch einmal annehmen würden, dann sollten Sie es beenden.

Die Methode des Zero Based Thinking hilft Ihnen also nicht nur beim Positiven Denken, sondern sie leistet auch einen wesentlichen Beitrag für Veränderungen in bestimmten Situationen.

Jean-Baptiste Massillon, ein französischer Prediger und Theologe, sagte: *„Dankbarkeit ist das Gedächtnis des Herzens."* Dieses Zitat findet man auch in abgewandelter Form als *„Dankbarkeit ist das Erinnerungsvermögen des Herzens."* Es ist erstaunlich, wie oft Menschen nicht dankbar sind für das, was sie haben, sondern mit vielen vergleichsweise unwichtigen Dingen im Leben hadern. Dabei sind es oft die Menschen, die wirkliche Schicksalsschläge, wie den Tod des Lebenspartners oder der eigenen Kinder, erleben mussten, und die mit Zuversicht und positiven Gedanken ihren Mitmenschen begegnen. Es gibt eine weitere Methode, wie Sie Dankbarkeit erlernen können und damit einen einen großen Schritt zum Positiven Denken machen können. Stellen Sie sich morgens und abends als Ritual folgende Fragen:

Einstimmung am Morgen für einen positiven Tag:

- Wofür bin ich dankbar?
- Worauf freue ich mich heute besonders?
- Was ist die EINE Sache, die ich heute tun will?
- Was macht mich in meinem Leben im Moment glücklich?
- Welche Menschen sind mir wichtig?
- Worauf bin ich jetzt in meinem Leben stolz?

Einstimmung am Abend vor dem Schlafen:

- Wofür bin ich dankbar?
- Was habe ich heute gelernt?
- Welche Erfolge hatte ich heute?
- Wie kann ich den Tag als Investition in meine Zukunft nutzen?
- Was war die EINE Sache, an der ich gearbeitet habe?

Der Grundsatz des **Positiven Denkens** kann durch die richtigen Techniken im Unterbewusstsein verankert werden. Hierzu wird wie avisiert unter den Werkzeugen beim mentalen Training später gezeigt, wie das funktioniert.

2.6 Handlungsorientierung

Nur wer handelt, wird Erfolg haben. Erfolgreiche Menschen sind handlungsorientiert. Aus diesem Grund unternehmen erfolgreiche Unternehmer die richtigen Dinge zur richtigen Zeit. Sicher ist dieser Grundsatz einfacher gesagt als getan, insbesondere in großen Unternehmen. Hier gibt es klare Hierarchien und wer diese überschreitet, hat mit negativen Konsequenzen zu rechnen. Nicht überall ist es wirklich gewünscht, dass gehandelt wird.

Der Grundsatz der Handlungsorientierung hat jedoch bei Start-up Unternehmen eine hohe Bedeutung. Dort heißt es heute oft lapidar „einfach mal machen". Und immer mehr etablierte Unternehmen lassen ganze Abteilungen „einfach mal machen", um Antworten auf Fragen im Zusammenhang mit der Digitalisierung und Disruption zu finden.

Besonders erfolgreiche Menschen sind jedoch in der Regel besonders handlungsorientiert. Sie richten ihr Handeln auf ihre Ziele aus. Wer beauftragt werden will, sollte häufig in Kontakt mit seinen Auftraggebern sein. Wer in einem Unternehmen die Karriereleiter erklimmen will, handelt besser im Sinne seiner Vorgesetzten und hält regelmäßig Kontakt mit ihnen. Wer ein Berufsexamen bestehen will, muss etwas dafür tun. Das bedeutet Verzicht. Oder um es mit den Worten von Johann Wolfgang von Goethe zu sagen: *„Erfolg hat drei Buchstaben: TUN!“*.

Was treibt jedoch einen Menschen zum Handeln? Eng beieinander stehen in diesem Zusammenhang das Vermeiden von Schmerz sowie das Herbeiführen von Freude. Demnach streben Menschen danach, solche Ereignisse herbeizuführen, die zu positiven Gefühlszuständen führen, indem sie etwas anstreben (Appetenz) oder vermeiden (Aversion).

Wer sich mit dem Grundsatz der Handlungsorientierung beschäftigt, kommt nicht umhin, sich mit den Begriffen Motiven und Motivation eines Menschen auseinanderzusetzen. Die Begriffe „Motiv“ und „Motivation“ gehen beide auf das lateinische Verb „movere“ (bewegen, antreiben) zurück. Motive und Motivation hängen eng miteinander zusammen. Sie sind jedoch voneinander zu unterscheiden.

Motive sind richtungsgebende, situationsunabhängige Reize zum Handeln. Sie sind tief in der Persönlichkeit verwurzelt. Teilweise sind sie genetisch bedingt und personenspezifisch unterschiedlich stark ausgeprägt. Dabei sind Motive Beweggründe für ein Verhalten im Sinne einer leitenden, aktivierenden, richtungsgebenden Kraft. Wenn wir sagen, dass wir einem Motiv eine hohe Priorität beimessen, bedeutet dies sowohl eine qualitative als auch eine quantitative Aussage. Die qualitative Aussage liegt darin, dass das Motiv benennt, warum wir handeln. Wir geben einem Motiv den Vorzug gegenüber einem anderen Motiv. Was ist uns wirklich wichtig und wonach streben wir? Die Ausprägung eines Motivs macht hingegen auch eine quantitative Aussage. Wie häufig bzw. intensiv soll das Motiv befriedigt werden? Für einen Menschen ist beispielsweise der Weg zum nahegelegenen Metzger oder Bäcker schon Sport genug am Tag, wohingegen ein anderer nach körperlicher Erschöpfung strebt und es nichts Schöneres als harte Trainingseinheiten gibt. Es gibt also eine sehr niedrige und sehr hohe Motivausprägung innerhalb einer Motivskala. Eine Person, deren Motivausprägung sich im mittleren Bereich befindet, kann in ihrem Verhalten beide Tendenzen zeigen. Hier ist es deutlich schwieriger eine Aussage über deren Motivausprägung zu machen. Motive müssen immer auch in einem bestimmten Kontext betrachtet werden. Wie ein Mensch seine Motive lebt und was ihn motiviert, hängt auch von seinem Umfeld ab.

Der Prozess der Motivanregung wird Motivierung genannt. Er wird durch Anreize ausgelöst. Das Ergebnis der Motivierung ist die **Motivation** eines Menschen. Sie löst bei einem Menschen eine Handlung in Richtung eines positiv erwarteten Zielzustands aus. Die Psychologie unterscheidet eine intrinsische und eine extrinsische Motivation. Bei einer **intrinsischen Motivation** wird eine Tätigkeit um ihrer selbst willen ausgeführt. Eine Person handelt aus eigenem Antrieb. Es ist kein Anreiz von außen nötig, um eine Tätigkeit freudvoll und ausdauernd auszuüben. Hingegen wird bei der **extrinsischen Motivation** ein äußerer Anreiz, zum Beispiel ein Incentive, gesetzt. Der Anreiz, etwas zu tun, liegt in erster Linie in den Folgen der Handlung. Extrinsische motiviertes Verhalten hängt regelmäßig von äußeren Impulsen ab und erlischt, wenn diese Impulse wegfallen. Es ist wissenschaftlich erwiesen, dass Anreize von außen nicht nur schnell an Wirkung verlieren, sondern sie auch dauernd gesteigert werden müssen, um ihre Wirkung zu behalten.

Steven Reiss (1947–2016) gilt als einer der bekanntesten Motivforscher auf der Welt. Er hat 16 zentrale Lebensmotive auf Basis von wissenschaftlichen Untersuchungen durch Befragung von mehr als 25.000 Menschen bis zum Jahr 1998 identifiziert. Demnach können 16 Grundbedürfnisse von Menschen bestimmten Lebensmotiven zugeordnet werden. Das Reiss Motivation Profile (RMP) zeigt deutlich, welche Wertvorstellungen und Persönlichkeitsmerkmale ein Mensch hat. Die Begriffe Werte und Motive sind nicht deckungsgleich. Sie stehen jedoch in einem engen Zusammenhang und bedingen sich wechselseitig. Werte sind nicht angeboren. Sie werden vom Umfeld geprägt. Motive liefern jedoch wichtige Hinweise auf die Wertvorstellung eines Menschen. Staller und Kirschke definieren in Anlehnung an Frank H. Sauer (https://www.wertesysteme.de/was-sind-werte/; zuletzt aufgerufen am 19.09.2019) Werte als bewertende Gedanken und Einstellungen einer Person zu wichtigen Dingen im Leben im Hinblick auf die eigene Person, auf Freunde oder auf die Gesellschaft und auf den Umgang miteinander (zum Beispiel Vertrauen, Ehrlichkeit, Höflichkeit). Werte sind ein Teil der eigenen Identität und der Persönlichkeit. Denn sie geben auch darüber Aufschluss, was einem Menschen wichtig oder unwichtig ist. Anders als Motive sind Werte jedoch nicht angeboren, sondern bilden sich während eines Lebens aufgrund des sozialen Umfeldes und der damit verbundenen Prägung. Familien, Schulen, das Berufsleben sowie das jeweilige unmittelbare Umfeld eines Menschen haben Einfluss auf dessen Werte. Die grundlegenden Werte eines Menschen werden sich ab dem 20. Lebensjahr nicht mehr wesentlich verändern.

Die Kenntnis über Lebensmotive sowie Wertvorstellungen und die damit verbundenen Persönlichkeitsmerkmale eines Menschen geben Aufschluss darüber, wann ein Mensch handelt und wann nicht. Deshalb sind die Lebensmotive sowohl für das eigene Management als auch das Management von Mitarbeitern sowie im Umgang mit den einem nahestehenden Menschen wichtig. Insbesondere eben, wenn man den Grundsatz der Handlungsorientierung anwenden will. Denn immer, wenn ein Lebensmotiv besonders stark ausgeprägt ist und demnach ein bestimmtes Lebensmotiv respektive ein bestimmter Wert eine besonders hohe Priorität bei einem Menschen hat, wird der Mensch eine hohe Motivation und Bereitschaft aufweisen zu handeln.

Oft leben Menschen jedoch nicht im Einklang mit ihren eigenen Werten und Motiven. Das führt über kurz oder lang zu Burn-out-Syndromen und Krankheiten. Nur, wer im Einklang mit seinen Werten bzw. Motiven handelt, wird perspektivisch Glück in seinem Berufs- und Privatleben erfahren. Die Aussteiger im 40. oder 50. Lebensjahrzehnt zeigen m.E. deutlich, dass ihr Beruf keine Berufung war, sondern Mittel zum Zweck. Jemand, der seinen Beruf liebt, steigt nicht aus. Bei Wirtschaftsprüfern und Steuerberatern sind mir keine Kollegen bekannt, die ausgestiegen sind. Gleichwohl wird es die auch in unserer Berufsgruppe geben. Die Hürde der bestandenen Berufsexamina ist groß genug. Und die Kinder jener Wirtschaftsprüfer und Steuerberater, die nicht in die Fußstapfen ihrer Eltern treten wollen, haben dreimal die „Möglichkeit“ das Berufsexamen einfach nicht zu bestehen. Danach können sie ihrem Berufswunsch nachgehen und müssen nicht mehr die

Erwartungen ihrer Eltern erfüllen. Ich kenne eher Kollegen, die bei großen Gesellschaften arbeiten, und Verträge haben, die vorsehen, dass sie ab einem bestimmten Alter aufhören müssen. Aber Aufhören wollen viele Kollegen häufig ungern.

Die 16 Lebensmotive nach Steven Reiss wirken als treibende Kraft beim Grundsatz der Handlungsorientierung. Jeder Mensch hat alle der 16 Grundbedürfnisse. Er gibt ihnen jedoch unterschiedliche Prioritäten. Steven Reiss behauptet, dass er das Verhalten einer Person in bestimmten Lebenssituationen vorhersagen kann, wenn er weiß, welche Priorität ein Mensch den 16 Grundbedürfnissen beimisst und wie er diese kombiniert. Staller und Kirschke sehen das genauso und haben basierend auf den Lebensmotiven von Steven Reiss ihre ID37 Persönlichkeitsanalyse entwickelt, die – ebenfalls basierend auf ähnlichen 16 Lebensmotiven – die Persönlichkeit eines Menschen analysiert.

Die folgende Tabelle zeigt die 16 Lebensmotive nach Steven Reiss in alphabetischer Reihenfolge sowie beschreibt jeweils eine niedrige und hohe Ausprägung. Die Intensität der Ausprägung gibt einerseits an, wie ein Mensch von anderen Menschen wahrgenommen wird und welche Eigenschaften ihm im Zusammenhang mit dieser Ausprägung wichtig sind. Die Grenzen können dabei fließend sein. Auch innerhalb einer Ausprägung gibt es mehr oder weniger starke Dimensionen. Die Ausprägungen sind lediglich beispielhaft und dienen als Orientierung.

Schwache Ausprägung	Lebensmotiv	Starke Ausprägung
– selbstbewusst und positives Selbstbild – optimistisch – geht konstruktiv mit Kritik um – ist nicht abhängig von der Anerkennung anderer	**ANERKENNUNG**	– Mangel an Selbstvertrauen – Unsicherheit – Minderwertigkeitsgefühle – soziale Akzeptanz – will nicht kritisiert werden
– introvertiert – zeigt kein Interesse an Menschen, oft Einzelgänger – lebt zurückgezogen, oft einsam – distanziert, ernsthaft und zurückgezogen – hat oft nur wenige Freunde	**BEZIEHUNGEN**	– extrovertiert – gesellig – umgänglich – charmant – liebenswürdig – kontaktfreudig – ungezwungen – lebhaft – hat oft viele Freunde
– illoyal – unmoralisch – berechnend – opportunistisch – wortbrechend	**EHRE**	– loyal – vertrauenswürdig – verlässlich – ehrlich – prinzipientreu – standhaft – redlich – wahrheitsliebend
– wenig Interesse an Sex – abstinent – keusch – platonisch	**EROS**	– aktives Sexualleben – Sex und Leidenschaft wird ein hoher Wert beigemessen sinnlich/erotisch – bei extrem starker Ausprägung sexbesessen

Schwache Ausprägung	Lebensmotiv	Starke Ausprägung
– wenig Appetit – denkt selten an Essen – mäßiger Esser – eventuell dünn	**ESSEN**	– Essen macht große Freude – Gefallen an verschiedenem Essen – vielleicht übergewichtig – unersättlich – gefräßig
– mit Kindern verbundene Pflichten sind lästig – kein Wunsch nach Kindern – verwendet nicht viel Zeit für Kindererziehung – häufig abwesende Elternteile – eventuell kinderlos	**FAMILIE**	– Familienmensch – will Kinder haben und einen wichtigen Teil der Zeit damit verbringen, sie großzuziehen – Familie ist wesentlich für Glück – Familienleben und Elternrolle ist wichtig
– Ungerechtigkeit ist Teil des Lebens – kompromisslos – pragmatisch – realistisch – neigt dazu, wegzusehen	**IDEALISMUS**	– Fairness und soziale Gerechtigkeit ist wichtig – Ehrenamt und humanitäre Gedanken sind wichtig – altruistisch – anteilnehmend – Weltverbesserer – eventuell Märtyrer
– inaktiver Mensch – schlaff und lustlos – bevorzugt sitzende Lebensweise – lethargisch – Fitness und Muskelkraft ist unwichtig – nicht körperbetont	**KÖRPERLICHE AKTIVITÄT**	– aktiver Mensch – Sport ist wichtiger Bestandteil im Leben – Fitness, Vitalität, Stärke und Durchhaltevermögen haben hat einen hohen Stellenwert – körperbetont
– kein Selbstbehauptungswille – lässt Dinge laufen, ohne zu versuchen darauf Einfluss zu nehmen – hat keine anspruchsvollen Leistungsziele – intrinsische Abneigung andere zu kontrollieren oder zu beeinflussen – nicht durchsetzungsfähig – nicht direktiv – ohne Ehrgeiz	**MACHT**	– Führungsrollen – sucht Herausforderungen – will Ziele erreichen – Ratgeber – ehrgeizig – entschlossen – konzentriert – willensstark – kontrollierend
– beschränkt geistige Aktivität gerne auf ein Minimum – liest selten Bücher – hat keinen Spaß an intellektuellen Gesprächen – spricht lieber durch Taten als mit Worten – gedankenlos – handlungsorientiert – nicht intellektuell – praktisch veranlagt	**NEUGIER**	– intellektuell – wissbegierig – nachdenklich – geht gerne geistigen Beschäftigungen nach wie Denken, Lesen, Schreiben und miteinander reden – theoretisches Wissen, Ideen und die Wahrheit haben eine große Bedeutung – braucht ständig eine geistige Stimulierung – hat oft eine breite Vielfalt an Interessen

Schwache Ausprägung	Lebensmotiv	Starke Ausprägung
– Flexibilität ist wichtig – mag keine Strukturen – kann es nicht leiden, sich an Vorschriften und Zeitpläne zu halten – konzentriert sich auf das „große Ganze“ und nicht auf Details – wankelmütig – desorganisiert – unpünktlich – unordentlich – spontan – hasst Pläne	**ORDNUNG**	– Organisation und Pünktlichkeit ist wichtig – perfektionistisch – Aufmerksamkeit auf Details, Regeln und Zeitpläne – mag Rituale – nicht spontan – sorgfältig – systematisch – ordentlich – gut vorbereitet – gründlich
– vermeidet Konfrontation, Kämpfe und Gewalt – kooperativ – höflich – gütig – nicht aggressiv – friedensstiftend	**RACHE**	– wettbewerbsorientiert – kämpferisch – streitlustig – aggressiv – niederträchtig
– risikobereit – furchtlos – unerschrocken – ruhig – entspannt – abenteuerlustig	**RUHE**	– persönliche Sicherheit ist wichtig – viele Ängste, macht sich Sorgen – vorsichtig – furchtsam – feige
– Geldverschwender – verschwendungssüchtig – ausschweifend – passt weniger gut auf Sachen in seinem Besitz auf	**SPAREN**	– Sammler – hat das Bedürfnis, Dinge anzuhäufen – wirft ungern Sachen weg – sparsam – geizig
– lässt sich regelmäßig nicht von Reichtum und Ruhm beeindrucken – es macht ihm nicht viel aus, was andere von ihm denken – identifiziert sich mit Mittel- und Unterschicht – bodenständig – egalitär eingestellt – nicht förmlich – ungezwungen	**STATUS**	– Reichtum und materielle Dinge sind wichtig – Zughörigkeit zu einer sozialen Schicht und gesellschaftlichen Vereinigungen hat hohen Stellenwert – gesellschaftliche Ansehen und Titel sind wichtig – achtunggebietend – stolz
– vertraut bei der Befriedigung seiner Bedürfnisse auf andere – schätzt psychologische Unterstützung, vor allem beim Fällen von Entscheidungen – verlässt sich gerne auf seine Intuition – demütig – interdependent – zeigt eine Vorliebe für übermäßig gefühlsbetonte Erfahrungen	**UNABHÄNGIGKEIT**	– persönliche Freiheit ist wichtig – Selbstständigkeit hat einen hohen Stellenwert – ordnet sich nur ungern unter – Logik, Naturwissenschaft und Rationalität ist wichtig, weniger Intuition – autonom – Unbehagen bei übermäßig gefühlsbetonten Erfahrungen

Tab. 3 Die 16 Lebensmotive nach Steven Reiss

Motive sind Beweggründe individuellen Verhaltens. Sie erklären, warum ein Mensch handelt und deshalb für den Grundsatz der Handlungsorientierung wichtig. Die Kenntnis seiner eigenen zentralen Lebensmotive und ihrer Ausprägungen sind eine wichtige Voraussetzung zum Verstehen der eigenen Persönlichkeit. Wer sich selbst nicht richtig kennt, wird auch bei anderen keine gute Menschenkenntnis entwickeln. Die in der Tabelle dargestellten Eigenschaften in den Spalten schwacher und starker Ausprägung dienen lediglich zur Orientierung. Denn sowohl innerhalb einer schwachen als auch innerhalb einer starken Ausprägung gibt es unterschiedlich starke Bandbreiten der jeweiligen Ausprägung. Die hohe Zahl der dargestellten Eigenschaften bei den verschiedenen Ausprägungen hilft jedoch sich selbst besser einzuschätzen, aber auch schneller zu identifizieren, welche Lebensmotive andere Menschen haben.

Menschen handeln, um ihre Lebensmotive zu befriedigen. Die verschiedenen Lebensmotive eines Menschen zeigen, welche Prioritäten jemand in seinem Leben hat und wie intensiv er diese befriedigen möchte. Intrinsische Motivation entsteht dann, wenn jemand seine persönlichen Ziele verfolgt und diese im Einklang mit seinen Lebensmotiven sind. Das komplexe Zusammenspiel der 16 Lebensmotive beschreibt die Einzigartigkeit eines jeden Menschen.

Es gibt eine Vielzahl verschiedener Testverfahren zur Ermittlung der eigenen Lebensmotive sowie eines eigenen Reiss-Profils. Diese Verfahren gibt es auch online, wobei ich an dieser Stelle keine Empfehlung für einen bestimmten Test aussprechen will. Wer das 30. Lebensjahr überschritten hat, sollte selbst in der Lage sein zu erkennen, welches seine dominanten Lebensmotive sind. Insbesondere die Einteilung der Lebensmotive, was einem besonders wichtig ist und was einem weniger wichtig ist, sollte regelmäßig durchgeführt werden. Jemand, der nach dem Lesen der oben aufgeführten Tabelle, kein eigenes Urteil über seine Lebensmotive vornehmen kann, sollte dann in der Tat einen der vielen Tests durchführen. Dies gilt insbesondere für junge Leser.

Hinweis:
Als ich mich vor vielen Jahren mit den Lebensmotiven nach Steven Reiss auseinandergesetzt hatte, habe ich alle in eine Reihenfolge von 1 bis 16 gebracht. Diese Vorgehensweise ist nicht unbedingt notwendig. Ich hatte mich bewusst dazu entschieden eine Reihenfolge vorzunehmen. Eine andere Einteilung wäre die Klassifizierung in drei verschiedene Gruppen gewesen. Sie könnten beispielsweise die Lebensmotive hinsichtlich Ihrer Bedeutung für Ihr Leben in die Klassen stark, durchschnittlich und schwach einteilen. Wichtig ist meines Erachtens jedoch, dass Sie die für Ihr Leben zentralen oder dominanten Lebensmotive eindeutig kennen.

Es lohnt sich mit der eigenen Persönlichkeit zu beschäftigen. Und alle Professionals, die Mitarbeiter führen, sollten in der Lage sein, sich ein Bild über die Persönlichkeit eines anderen Menschen zu machen. In Anlehnung an Staller und Kirschke fasse ich die wesentlichen Gründe, weshalb es sich lohnt, sich mit der eigenen Persönlichkeit zu befassen, zusammen:

- Selbsterkenntnis und Selbststeuerung
- Motivation und Verhalten verstehen lernen
- Emotionen einordnen und regulieren lernen
- Andere verstehen
- Konfliktsituationen erkennen, vermeiden und lösen
- Beziehungen gestalten
- Reflektierte Eigen- und Fremdwahrnehmung
- Sich selbst motivieren und andere nicht demotivieren

Der Grundsatz der Handlungsorientierung steht in einem Zusammenhang zum Grundsatz der Ergebnisorientierung. Denn nur wer handelt, wird auch Ergebnisse erzielen. Wenn er falsch handelt, wird er die falschen Ergebnisse erzielen. Wer hingegen gar nicht handelt, verpasst häufig auch viele Chancen. Die 16 Lebensmotive zeigen Ihnen, weshalb Menschen handeln oder auch nicht handeln.

Bei dem Lebensmotiv „Neugier“ steht in der Spalte bei einer schwachen Ausprägung die Eigenschaft „handlungsorientiert“. Demnach wären Menschen, für die das Lebensmotiv Neugier keine wichtige Rolle spielt, handlungsorientierter als Menschen mit einer starken Ausprägung des Lebensmotivs Neugier. Das ist meines Erachtens auch häufig zutreffend. Denn Menschen mit einer starken Ausprägung des Lebensmotivs Neugier sind in der Tat meist intellektuell, wissbegierig und nachdenklich. Jedoch sind dies genau die Eigenschaften, die Menschen vom Handeln abhalten. Denn wer ständig Argumente gegeneinander abwägt und zusätzlich auch noch den Schwerpunkt auf die Probleme statt auf die Lösungen legt, darf sich nicht wundern, wenn er nicht handelt.

Beispiel

Im Jahr 2005 habe ich die European Association of Certified Valuators and Analysts (EACVA) gegründet. Ziel war es, Personen, die professionell Unternehmensbewertungen durchführen, mit dem Certified Valuation Analyst (CVA) einen international anerkannten eigenständigen Qualifikationsnachweis zu ermöglichen. Zum Zeitpunkt der Gründung war nicht abzusehen, ob es hierfür einen Markt gibt. Wie bei so vielen Gründungen bestand jedoch die Hoffnung, dass die Personen, die sich professionell mit Unternehmensbewertungen beschäftigen, auch ein Interesse an einem Qualifikationsnachweis für Unternehmensbewerter haben könnten. Inzwischen haben mehr als 1.000 Personen unsere Trainings zum CVA besucht und mit rund 700 Mitgliedern hat sich die EACVA fest etabliert. Dies ist ein Beispiel für die Anwendung des Grundsatzes der Handlungsorientierung. Denn hätte ich nicht „einfach mal getan“, gäbe es vielleicht auch heute noch keinen eigenständigen Qualifikationsnachweis für Unternehmensbewerter.

Leider verpuffen viele Ideen bei Menschen, die nicht ins Handeln kommen. Der Grundsatz der Handlungsorientierung ist wichtig, wenn Sie Ziele erreichen wollen. Ein Unternehmer unternimmt etwas, wie es dem Namen nach schon immanent ist. Jedes Handeln impliziert auch ein Scheitern. Leider stelle ich in vielen WP/StB-Praxen immer wieder fest, dass unser sehr analytisch geprägter Berufsstand oft Argumente findet, die ein Handeln verhindern. Wer jedoch eine Unternehmenskultur hat, die aus Bedenkenträgern besteht, darf sich nicht wundern, wenn nicht gehandelt wird. Viel wichtiger ist es doch, dass die Risiken im Zusammenhang mit einem Scheitern kalkulierbar und zu bewältigen sind. Wer die richtigen Dinge zum richtigen Zeitpunkt tut, wird jedoch nicht scheitern, sondern erfolgreich sein und bewegt sich in Richtung seiner Ziele.

Jemand der in Bewegung ist, neigt außerdem dazu in Bewegung zu bleiben. Wer kennt dieses Gefühl nicht, wenn alles so richtig gut läuft. *Csikszentmihalyi* hat dieses Phänomen auch als **„Flow-Zustand“** bezeichnet. In den Endphasen großer Projekte werden alle Kräfte mobilisiert. Alle handeln bei einem guten Projektmanagement in Richtung auf das Ziel. Wer jeden Tag etwas tut, das ihn auf seine Ziele zubewegt, hat anderen etwas voraus und ist meist zufriedener mit sich als die Menschen, die nicht im Einklang mit ihren Zielen oder überhaupt nicht handeln.

3 Aufgaben

Die zuvor dargestellten Grundsätze sind Prinzipien, die Sie bei der Erfüllung Ihrer Aufgaben und bei der Nutzung der Werkzeuge einhalten sollten. Sie bilden somit den Rahmen für die nachfolgenden Aufgaben. Es wurde bereits erwähnt, dass es sich bei den nachfolgenden Aufgaben nicht um die beruflichen Tätigkeiten eines Wirtschaftsprüfers im Zusammenhang mit der Erbringung verschiedener Dienstleistungen handelt. Es handelt sich vielmehr um Schlüsselaufgaben im Zusammenhang mit dem Management einer WP/StB-Praxis sowie dem Selbstmanagement. Bei Schlüsselaufgaben handelt es sich um kritische Erfolgsfaktoren, die wesentlich und entscheidend für den beruflichen Erfolg eines Wirtschaftsprüfers und Steuerberaters sind. Wer diese Aufgaben mangelhaft erfüllt, wird unternehmerisch nicht erfolgreich sein. Ein Wirtschaftsprüfer und Steuerberater kann fachlich zu den qualifiziertesten Beratern gehören – wenn er die nachfolgenden Schlüsselaufgaben nicht sehr gut oder mindestens gut ausführt, wird er keine großen Erfolge erzielen und schlimmstenfalls scheitern.

Die nachfolgenden Schlüsselaufgaben gelten gleichermaßen für Wirtschaftsprüfer und Steuerberater, die in einer Einzelpraxis ohne Mitarbeiter tätig sind, als auch für Professionals, die in einer Partnerschaft tätig sind und Mitarbeiter haben. Alle Professionals, die Mitarbeiter haben, kennen das wichtige Managementprinzip der Delegation. Nicht jeder beherrscht jedoch die Fähigkeit richtig zu delegieren. Insbesondere ausgewiesene Experten stehen oft auf dem Standpunkt, dass sie selbst ihr bester Mitarbeiter sind. Diesem Personenkreis fällt es sowohl schwer fachliche als auch andere Tätigkeiten an Mitarbeiter oder Partnerkollegen zu übertragen, weil sie nach ihrem Verständnis selbst immer alles am besten können. Wenn Sie in einer Partnerschaft solchen Professionals Managementaufgaben übertragen, sind diese nicht nur überfordert, sondern sie werden diese Aufgaben regelmäßig auch schlecht erfüllen. Deshalb ist es für wirksames Management wichtig, dass Sie sowohl Ihre eigenen Stärken als auch die Ihrer Partnerkollegen und Mitarbeiter kennen.

Professionals, die im Management tätig sind, benötigen Kompetenzen im Bereich der nachfolgend aufgeführten Aufgaben. Diese sind weit überwiegend erlernbar und können trainiert werden. Malik sieht Management als Beruf und grenzt das Management der Sachaufgaben deutlich ab. Er würde beispielsweise das Marketing als Sachaufgabe eines Managers klassifizieren und nicht als eine Management-Aufgabe. Für Wirtschaftsprüfer und Steuerberater halte ich eine Einteilung in Sach- und Managementaufgaben nicht für zweckmäßig und empfehle eine Einteilung in Schlüsselaufgaben eines Professionals. Wenn Professionals erfolgreich und wirksam sein wollen, ist dies ist zielführender als eine Abgrenzung zwischen Sach- und Managementaufgaben.

Nach Maliks Verständnis kann Management erlernt werden und es muss nach seiner Auffassung auch erlernt werden. Erfolgreiche Professionals haben Gemeinsamkeiten. Sie richten einerseits ihr Handeln nach den bereits dargestellten Grundsätzen und Prinzipien aus. Andererseits erfüllen sie bestimmte Schlüsselaufgaben mit einer besonderen Sorgfalt. Dabei setzen sie bestimmte Werkzeuge ein, die im 4. Kapitel dargestellt werden.

3.1 Marketing

Die wichtigste Aufgabe eines erfolgreichen Professionals ist das Marketing. Dies gilt umso mehr, wenn er in einer Einzelpraxis tätig ist. Denn in diesem Fall ist er nicht nur für die Erbringung der Dienstleistungen verantwortlich, sondern auch dafür, dass er neue potenzielle Mandate akquirieren und bestehende Mandanten an sich binden kann. In einer Partnerschaft oder in größeren Einheiten besteht üblicherweise eine Arbeitsteilung. Meist gibt es nur wenige Professionals – manchmal ist es nur ein einziger –, die in der Lage sind neue Mandanten an das Unternehmen zu akquirieren und zu binden. Die Mitarbeiter solcher Unternehmen wissen um die hohe Bedeutung dieser Professionals für den Unternehmenserfolg. Denn jeder noch so qualifizierte Wirtschaftsprüfer und Steuerberater kann seine Qualifikation nur dann zur Geltung bringen, wenn Mandanten der WP/StB-Praxis ihr Vertrauen aussprechen und die angebotenen Dienstleistungen nachfragen.

Die hohe Bedeutung des Marketings für den Unternehmenserfolg ist für die meisten Wirtschaftsprüfer und Steuerberater ein lästiges Übel. Viele Wirtschaftsprüfer und Steuerberater, die vor den Berufsexamen eine akademische Ausbildung genossen haben, können sich noch gut an die Kommilitonen und Kommilitoninnen erinnern, die sich im Rahmen ihres Studiums im Schwerpunkt mit Marketing beschäftigt hatten, statt mit Fragen im Zusammenhang mit Rechnungswesen, Prüfung und Steuerrecht. Dieser Personenkreis hat sich regelmäßig deutlich von dem Personenkreis der angehenden Wirtschaftsprüfer und Steuerberater unterschieden. Bisweilen gab es durchaus eine ablehnende Grundeinstellung gegenüber Studenten und Studentinnen, die Marketing statt Rechnungswesen, Prüfung und Steuern als ihren Schwerpunkt gewählt hatten. Ich habe das am eigenen Leib erfahren. Denn meine Schwerpunkte im Hauptstudium lagen im Marketing, Personalwesen und in der Psychologie. Damit bin ich vermutlich ein Exot unter den Wirtschaftsprüfern und Steuerberatern unseres Berufsstandes. Der wesentliche Vorteil, den ich jedoch gegenüber meinen Berufskollegen habe, ist, dass ich Marketing studiert habe und während meines Studiums das Verkaufen von der Pike auf in der Finanzberatung gelernt habe. Damit war mir bewusst, wie wichtig das Marketing für den Erfolg eines Unternehmens ist.

Dass Marketing wichtig ist, wissen inzwischen auch größere Gesellschaften. Insbesondere die internationalen Wirtschaftsprüfungsgesellschaften haben deshalb eigene Business Development-Abteilungen. Unter Business Development wird der Ausbau bestehender Mandantenbeziehungen sowie die Akquisition von neuen Mandanten verstanden. Das Ziel ist es, das Marketing zu professionalisieren. Regelmäßig werden diese Abteilungen von Nicht-Berufsträgern geleitet. Dies gilt gleichermaßen auch bei den größeren internationalen Rechtsanwaltskanzleien. Auch bei den Mitarbeitern in den Business Development-Abteilungen handelt es sich regelmäßig nicht um Berufsträger. Die wichtigste Aufgabe eines Professionals außerhalb seiner fachlichen Tätigkeit, das Marketing, wird demnach an Mitarbeiter delegiert, die nicht über die Qualifikation des Wirtschaftsprüfers und Steuerberaters verfügen.

Beispiel

Seit fast drei Jahrzehnten bin ich jetzt Mitglied in dem Verband DIE FAMILIENUNTERNEHMER und zuvor bei DIE JUNGEN UNTERNEHMER, dessen Mitglieder die Altersgrenze von 40 noch nicht erreicht haben. Ab dem 40. Lebensjahr ist man dann automatisch Mitglied von DIE FAMILIENUNTERNEHMER. Der Verband vertritt die Interessen von Familienunternehmen gegenüber der Politik und der Öffentlichkeit. Ich bin seit 2018 Regionalkreisvorsitzender in der Metropolregion Rhein-Neckar und habe über Jahre hinweg an vielen Veranstaltungen in der Region teilgenommen. Ich kann mich noch sehr gut an einen Sektempfang zu einer Regionalveranstaltung vor vielen Jahren erinnern als ich mit zwei sehr renommierten Rechtsanwälten aus der Region Small Talk führte und sich eine junge, adrett gekleidete Frau im Alter von ca. 30 Jahren zu uns stellte. Nach wenigen Minuten Small Talk fragte einer der Rechtsanwälte, der mit gut 60 Jahren der Vater der jungen Frau hätte sein können, was sie denn beruflich machen würde. Die Frau antwortete, dass sie im Business Development für eine international tätige Wirtschaftsprüfungsgesellschaft tätig ist. Als Wirtschaftsprüfer wurde ich sofort hellhörig, da üblicherweise meine Kollegen entweder in der Abschlussprüfung oder Steuerberatung oder im Consulting (betriebswirtschaftliche Beratung oder IT-Beratung etc.) tätig sind. Auf meine Nachfrage hin wurde sehr schnell deutlich, dass die junge Dame unter anderem auf solche Veranstaltungen ging, um neue potenzielle Mandate oder Netzwerkpartner für ihre Wirtschaftsprüfungsgesellschaft zu gewinnen. Sie war also weder eine fachliche Mitarbeiterin noch verfügte sie über die Berufsqualifikationen einer Wirtschaftsprüferin oder Steuerberaterin. Die junge Dame blieb mir und den anwesenden Mitgliedern wegen ihrem positiven äußeren Erscheinungsbild in Erinnerung. Eine reelle Chance an diesem Abend einen potenziellen Neukunden für ihre Wirtschaftsprüfungsgesellschaft oder einen Netzwerkpartner zu gewinnen, konnte ich jedoch nicht erkennen.

Es scheint für Wirtschaftsprüfer normal zu sein, dass sie oft nur Berufskollegen akzeptieren, die ebenfalls über die Qualifikation des Wirtschaftsprüfers verfügen. Wenn jedoch ein Wirtschaftsprüfer oft nur einen anderen Wirtschaftsprüfer hinsichtlich seiner fachlichen Autorität und Kompetenz akzeptiert, warum sollten dann potenzielle Mandanten Vertrauen zu Marketing-Experten bekommen, die über keine fachliche Qualifikation verfügen? Erschwerend kommt in meinem oben aufgeführten Beispiel hinzu, dass es sich bei der jungen Dame nachweislich um eine Marketing-Expertin handelte, die nach ihrem Studium noch über keine allzu lange Berufserfahrung verfügen konnte. In jedem Fall hatte sie überhaupt keine Erfahrung in der Projektabwicklung der Dienstleistungen einer Wirtschaftsprüfungsgesellschaft. Die internationale Wirtschaftsprüfungsgesellschaft (Big-Four-Gesellschaft) könnte unstrittig jedes Problem eines Mitgliedes von DIE FAMILIENUNTERNEHMER in allen Dienstleistungsgebieten einer Wirtschaftsprüfungsgesellschaft lösen. Die junge Dame kannte auch die hohe Problemlösungskompetenz und die Vielzahl der Dienstleistungen ihres Unternehmens. Nur konnte sie nicht glaubhaft eine Dienstleistung verkaufen. Wie hätte sie dies auch tun können, ohne die fachliche Kompetenz dazu zu haben?

Mir ist dieser Abend, obwohl er schon vor vielen Jahren stattfand, immer noch in Erinnerung. Die Akquisition potenzieller neuer Mandanten ist nicht auf Business Development-Mitarbeiter übertragbar! Sicher können die Mitarbeiter von Business Development-Abteilungen die Partner beim Marketing unterstützen. Die nachfolgenden Seiten geben diverse Ansatzpunkte hierfür. Die eigentliche Akquisitions- oder Netzwerktätigkeit kann nicht delegiert werden.

Es gibt im angloamerikanischen Raum eine Vielzahl von Büchern im Zusammenhang mit dem Marketing eines Wirtschaftsprüfers und Steuerberaters sowie von Wirtschaftsprüfungsgesellschaften. Die Literatur im deutschsprachigen Raum ist vergleichsweise gering. Im Literaturverzeichnis sind wertvolle Quellen im Zusammenhang mit dem Marketing von Professionals bzw. Professionals Service Firms, wie die Unternehmen der Wirtschaftsprüfer und Rechtsanwälte in den USA genannt werden.

Bisher gibt es, mit wenigen Ausnahmen, weit überwiegend nur Literatur zum Marketing von Wirtschaftsprüfern und Steuerberatern von Autoren, die selbst keine Wirtschaftsprüfer und Steuerberater sind. Nach mittlerweile mehr als 25 Jahren Berufserfahrung und dem Aufbau mehrerer Wirtschaftsprüfungs- und Steuerberatungsgesellschaften konnte ich einige Erfahrungen im Zusammenhang mit dem Marketing unseres Berufsstandes sammeln. Dabei halte ich es beim Marketing in hohem Maße für zielführend, eine Unterscheidung auf mehreren Ebenen vorzunehmen. Die folgende Abbildung zeigt die verschiedenen Perspektiven.

Abb. 9 Marketing auf Ebene des Unternehmens und auf Ebene des Professionals

Die Abbildung unterscheidet einerseits das Marketing auf der Ebene des Unternehmens und auf der Ebene des Professionals und andererseits hinsichtlich der Strategie und der

Aktivitäten. Bei einer Einzelpraxis fällt beides zusammen. Diese Unterscheidung halte ich für wesentlich, wenn es um die Erstellung von Marketing-Plänen geht.

Hinweis:
Die Erstellung eines Marketing-Plans betrifft jeden Wirtschaftsprüfer und Steuerberater, der Partner oder Gesellschafter einer WP/StB-Praxis werden will oder bleiben möchte. Für den Professional in einer Einzelpraxis ohnehin. Wirtschaftsprüfer und Steuerberater, die der Auffassung sind, dass sie mit Marketing nichts zu tun haben, sind als Partner bzw. Gesellschafter ungeeignet und sollten auf keinen Fall unternehmerisch tätig werden. Diese Aussage wird auf den einen oder anderen Berufskollegen polarisierend wirken und heftigen Widerspruch erzeugen. Bitte beachten Sie jedoch den wichtigen Zusatz, dass es mir hier um Partner oder Gesellschafter von WP/StB-Praxen geht. In vielen Gesellschaften, insbesondere in größeren Unternehmen, agieren Wirtschaftsprüfer und Steuerberater – mit dem Status eines Partners oder eines Gesellschafters – häufig wie angestellte Manager. Nach meinem Verständnis sollte jedoch ein Partner oder Gesellschafter wie ein Unternehmer handeln, gleichwohl er dies innerhalb seines Unternehmens häufig aufgrund der dort aufgestellten Regeln nicht kann. Ein Professional kann jedoch stets auf Ebene der eigenen Person unternehmerisch denken und handeln. Wer jedoch auf Ebene der eigenen Person ebenfalls keine Marketing-Pläne erstellen will, ist kein Unternehmer und sollte auch nicht den Status eines Partners oder Gesellschafters innerhalb eines Unternehmens haben. Damit ist im Übrigen nicht gemeint, dass ein Wirtschaftsprüfer und Steuerberater die Marketing-Strategie und die Marketing-Aktivitäten auf Ebene des Unternehmens durch seinen eigenen Marketing-Plan konterkarieren soll. Es ist einleuchtend und bedarf keiner weiteren Erläuterung, dass dies wenig zielführend ist und auch nicht im Sinn des Unternehmens sein kann. Mir geht es darum, dass Marketing jeden Partner und Gesellschafter im Unternehmen angeht und nicht ausschließlich die Sache einer Marketingabteilung oder Business-Development-Abteilung ist. Das Marketing auf Ebene des Professionals betrifft jeden Partner und Gesellschafter einer WP/StB-Praxis und ist nicht delegierbar. Das Marketing auf Ebene des Unternehmens kann selbstverständlich auf einzelne Personen delegiert werden oder bei größeren Unternehmen von eigenen Marketingabteilungen bzw. Business Development-Abteilungen durchgeführt werden. Die Marketing-Pläne aus den Marketingabteilungen größerer Unternehmen werden jedoch nur dann eine Chance auf Erfolg haben, wenn ein Großteil der Partner und Gesellschafter sie für erfolgversprechend hält und sie unterstützt. Idealerweise sollten alle Partner und Gesellschafter zustimmen. Je mehr Partner und Gesellschafter Zweifel am Erfolg des Marketing-Plans haben, desto wahrscheinlicher wird es sein, dass er scheitert.

Der Marketing-Plan sollte eine Marketing-Strategie und Marketing-Aktivitäten enthalten. Bei einer Einzelpraxis wird es häufig nur einen Marketing-Plan geben. Jedoch ist auch in Abhängigkeit von der Unternehmensgröße der Einzelpraxis eine Unterscheidung durchaus sinnvoll. Dies ist insbesondere dann der Fall, wenn in der Einzelpraxis mehrere Berufsträger angestellt sind.

Bei größeren Unternehmen umfasst der Marketing-Plan sowohl die Ebene des Unternehmens als auch die Ebene der Partner und der Gesellschafter. Der Grundsatz der Fokussierung bedeutet eine Konzentration auf Weniges. Dies gilt selbstverständlich auch für das Marketing. Aus diesem Grund werden im Folgenden lediglich die zentralen Aspekte des Marketings eines Professionals bzw. einer Professional Service Firm dargestellt. Da es für den unternehmerischen Erfolg darauf ankommt, sich auf die wenigen wesentlichen Dinge zu konzentrieren, geht es beim Marketing darum, die richtigen Fragen zu stellen und die richtigen Antworten zu geben.

Marketing-Strategie

Eine erfolgreiche Marketing-Strategie basiert auf der richtigen Positionierung. Die folgende Abbildung zeigt, auf welchen Gebieten strategische Entscheidungen getroffen werden müssen.

Abb. 10 Marketing-Strategie

Die Marken-, die Dienstleistungs- und die Preisstrategie stehen im Mittelpunkt der Marketing-Strategie. Dies gilt sowohl auf Ebene des Professionals als auch auf Ebene des Unternehmens. Der Kreislauf soll zum Ausdruck bringen, dass sich die jeweiligen Strategien wechselseitig beeinflussen. Die Marketingstrategie wird nur dann erfolgreich sein, wenn die Marken-, Dienstleistungs- und Preisstrategie aufeinander abgestimmt sind. Eine strategische Entscheidung auf einem Gebiet beeinflusst die anderen beiden und vice versa.

Die meisten Bücher für Wirtschaftsprüfer und Steuerberater versuchen krampfhaft, den aus dem Studium bekannten Marketing-Mix auf unsere Branche zu übertragen. Dann werden die Produkt-, Preis-, Kommunikations- und Vertriebspolitik regelmäßig von Autoren, die nicht Wirtschaftsprüfer und Steuerberater sind, auf WP/StB-Praxen adaptiert. Die nachfolgenden Seiten enthalten selbstverständlich Elemente, die man auch innerhalb des Marketing-Mixes zuordnen könnte. Die Einteilung in Marketing-Strategie und Marketing-Aktivitäten halte ich jedoch aufgrund meiner praktischen Erfahrungen für wesentlich zielführender.

Marken-Strategie

Wer sich und sein Unternehmen nicht überzeugend verkaufen kann, wird dauerhaft keinen Erfolg haben. Dabei gilt es die Reihenfolge zu beachten: Zunächst verkauft der Professional sich selbst und erst im zweiten Schritt sein Unternehmen. Wer glaubt sich hinter der Marke bzw. dem Brand einer großen internationalen Wirtschaftsprüfungs- oder Steuerberatungsgesellschaft verstecken zu können, zeigt wie es um sein Selbstbewusstsein als Führungskraft steht. Damit wird er seine Mandanten nicht wirklich überzeugen können, da das Label dieser „großen" Unternehmen austauschbar ist. Die Menschen hinter dem Label sind hingegen nicht austauschbar, weil sie einzigartig sind.

Im Kern geht es bei der Marken-Strategie um die eigene Positionierung als Professional und um die Positionierung des Unternehmens.

Abb. 11 Eigene Marke und Unternehmensmarke

Dies erfordert zunächst einmal ein Umdenken. Weit überwiegend wird bei der Marken-Strategie über die Unternehmensmarke nachgedacht. Da jedoch der Beruf des Wirtschaftsprüfers und Steuerberaters viel mehr von der Bindung zwischen dem Professional und dem Mandanten abhängt als von der Bindung zwischen dem Unternehmen und den Mandanten, macht es Sinn, sich im **ersten Schritt** mit dem Branding des Professionals auseinanderzusetzen und erst im **zweiten Schritt** mit dem Branding des Unternehmens. Die Markenbildung findet demnach auf der Ebene des Professionals und auf der Ebene des Unternehmens statt.

Beispiel
Seit mehr als 15 Jahren arbeite ich an verschiedenen Hochschulen als Lehrbeauftragter auf dem Gebiet der Unternehmensbewertung. In den Jahren 2006 bis 2010 hatte ich in diesem Zusammenhang eine Professur im Nebenberuf. Als Vorstand und Geschäftsführer zweier Wirtschaftsprüfungsgesellschaften und als Vorstandsvorsitzender eines Berufsverbandes für Unternehmensbewerter nahm durch die Professur meine Lehrtätigkeit eine exponierte Stellung ein. In zeitlich engem Zusammenhang zur Ernennung zum Professor wechselte eine meiner Wirtschaftsprüfungsgesellschaften innerhalb eines Jahres dreimal den Firmennamen und hatte in diesem Zusammenhang auch drei verschiedene Logos. Was damals für mich eine mittlere Katastrophe war, konnte ich als Vorteil am Markt verkaufen. Mir wurde nämlich zu diesem Zeitpunkt bewusst, dass es neben der Unternehmensmarke meiner Wirtschaftsprüfungsgesellschaft sinnvoll ist, mich als Professional mit einer eigenen Marke zu sehen. Konsequenterweise habe ich im Jahr 2006 begonnen meine eigene, persönliche Webseite – losgelöst von den Webseiten meiner Unternehmen – zu launchen. Unter www.creutzmann.eu kann sich jeder umfassend über mich informieren.

Diese Markenbildung auf Ebene der eigenen Person ist den meisten Wirtschaftsprüfern und Steuerberatern unbekannt. Sie geht einher mit einem anderen Selbstbewusstsein und Selbstverständnis eines Professionals. Sicher werden jetzt die Führungsverantwortlichen der großen internationalen Wirtschaftsprüfungsgesellschaften sofort einwenden, dass ein solches Vorgehen weder im Einklang mit den Dienstverträgen steht, noch aus deren Sicht im Sinne des Unternehmens ist. Je größer das Unternehmen ist, desto mehr Wert wird darauf gelegt, dass ausschließlich die Unternehmensmarke verkauft wird und nicht der Professional als eigene Marke daneben erscheint. Wenn jedoch nach wie vor der Grundsatz gilt, dass unser Geschäft ein sogenanntes „People‘s Business“ ist, dann kommt der Beziehung zwischen Wirtschaftsprüfer und Steuerberater und dem Mandanten eine entscheidende Rolle zu. Wirtschaftsprüfer und Steuerberater sollen eine persönliche und individuelle Betreuung ihrer Mandanten im Sinne des Unternehmens sicherstellen. Dabei sind Werte wie Erfahrung, Kompetenz, Vertrauen und Qualität die Basis für eine erfolgreiche Mandantenbeziehung. Diese Werte gelten gleichermaßen für die WP/StB-Praxis als auch für den Professional selbst. Es ist demnach im hohen Maße sinnvoll, wenn ein Professional einerseits sich selbst präsentiert und andererseits sichtbar nach außen die Unternehmensphilosophie verkörpert.

Viele WP/StB-Praxen wollen indes nicht, dass ihre Partner und Gesellschafter am Markt so eigenständig sichtbar nach außen auftreten. Dies gilt umso mehr, wenn es sich um internationale Wirtschaftsprüfungsgesellschaften handelt. Je stärker es nämlich den Partnern und Gesellschaftern gelingt, die Mandanten an sich zu binden, desto abhängiger ist das Unternehmen von diesen Professionals. Das Risiko, dass ein starker Partner bzw. Gesellschafter aus einem Unternehmen ausscheidet und dann die Mandanten mit zu dem neuen Unternehmen mitnimmt, ist meines Erachtens jedoch genauso hoch, wenn der Professional keine aktive eigene Marken-Strategie hat. Außerdem können die jeweiligen Partner und Gesellschafter verpflichtet werden, stets im Zusammenhang mit dem eigenen Markenauftritt in der Öffentlichkeit auch die Unternehmensmarke mitzuführen. Für mich ist das seit Jahren eine Selbstverständlichkeit, da es doch stets in meinem Interesse ist, die Unternehmensmarken in unmittelbarem Zusammenhang mit meiner eigenen Marke zu kommunizieren.

Der an die Zukunft denkende Professional mag jetzt einwenden, dass im Zeitalter der Digitalisierung mehr und mehr die Technologie an Bedeutung gewinnt und der Mensch an Bedeutung verliert. Weshalb dann Zeit in den Aufbau einer eigenen Marke als Professional investieren? Neue Technologien werden die Prozesse verändern. Das stimmt zweifelsohne. Und wer die neuen Technologien nicht für seinen Unternehmenserfolg nutzt, wird voraussichtlich Mandanten verlieren. Der Berufsstand der Wirtschaftsprüfer und Steuerberater lebt jedoch insbesondere von einem besonderen Vertrauensverhältnis zu seinen Mandanten. Dieses Vertrauensverhältnis entsteht im Zeitablauf und durch persönliche Gespräche. Im Mittelpunkt steht also der Mensch! Daran wird sich m.E. auch in Zukunft nichts ändern. Egal, was an Veränderungen durch die Digitalisierung kommen wird.

Dienstleistungs-Strategie

Die Dienstleistungs-Strategie ist in Anlehnung an das Marketing-Mix mit der Produktpolitik vergleichbar. Der Ausgangspunkt der Dienstleistungs-Strategie sollte eine **Situationsanalyse** sein. Auch hier ist die Unterscheidung, was ein Professional selbst glaubhaft an Dienstleistungen aufgrund seines Qualifikationsprofil erbringen kann und welche Dienstleistungen glaubhaft das Unternehmen mit seinen Humanressourcen darstellen kann, zweckmäßig. Folgende Fragen helfen bei der Standortbestimmung als Professional und des Unternehmens:

- Welche Dienstleistungen genau werden von
  a) mir und
  b) von meinem Unternehmen angeboten?
- Mit welchen Dienstleistungen
  a) erziele ich und
  b) mit welchen erzielt das Unternehmen die meisten Umsatzerlöse?
- Sind die Hauptumsatzträger auch die wesentlicher Ertragsquellen?
- Welche Mandanten bringen
  a) mir und
  b) dem Unternehmen den größten Profit?
- Über welche Qualifikationen verfüge
  a) ich und
  b) meine Mitarbeiter?
- Sind in unserem Unternehmen Spezialkenntnisse vorhanden?
- Wodurch genau unterscheide
  a) ich mich und
  b) meine Mitarbeiter von anderen Wettbewerbern?
- Mit welchen Kenntnissen und Dienstleistungen kann
  a) ich und
  b) können meine Mitarbeiter am meisten Nutzen bei unseren Kunden stiften?
- Warum beauftragen uns unsere Kunden und wie gewinnen wir Neukunden?

Wer diese Fragen klar und eindeutig beantworten kann, hat die Vorarbeit für eine SWOT-Analyse gemacht. Schreiben Sie im **ersten Schritt** zunächst die eigenen Stärken, Schwächen, Chancen und Risiken, die sich aus Ihrer aktuellen beruflichen Situation ergeben, auf. Im **zweiten Schritt** erfassen Sie diese auch für Ihr Unternehmen. Diese strategische Basisarbeit ist notwendig, um hieraus abgeleitet einerseits eine auf Ihre persönliche Situation und Ihre persönlichen Verhältnisse passende Strategie und andererseits eine Unternehmensstrategie zu entwickeln. Die Situationsanalyse soll Ihnen zeigen, wo Sie entsprechend Ihrer Stärken und das Unternehmen mit seinen Stärken den besten Ansatzpunkt zu Dienstleistungs-Strategie finden.

Im Kern geht es bei der Dienstleistungs-Strategie um die eigene Positionierung als Professional und um die Positionierung des Unternehmens. Entscheidend ist dabei nicht, wie Sie und Ihr Team sich wahrnehmen, sondern wie Sie von Ihren Kunden wahrgenommen werden oder wahrgenommen werden wollen.

Es gibt zwei grundsätzliche zwei Positionierungsstrategien für Wirtschaftsprüfer und Steuerberater bei den Dienstleistungen:

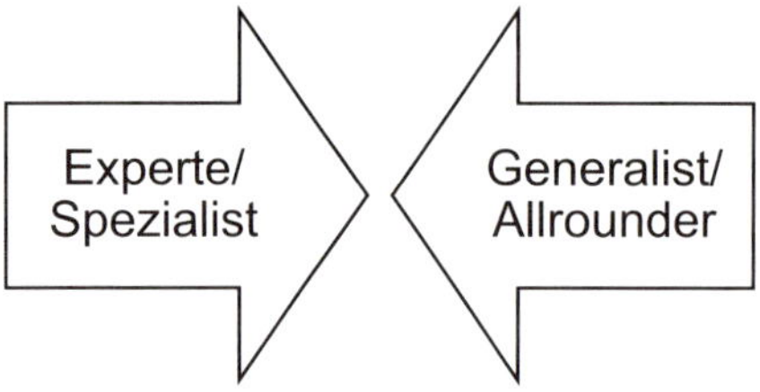

Abb. 12 Professional als Experte oder Generalist

Das Ergebnis der eigenen Situationsanalyse sollte Ausgangspunkt der strategischen Entscheidungen sein. Die Wahrnehmung als Experte erfordert einen zeitlichen Vorlauf und geschieht nicht von heute auf morgen. Die notwendigen Marketing-Aktivitäten hierzu werden gleich dargestellt. Zunächst einmal bedarf es der grundsätzlichen Entscheidung des Professionals, dass er einen Expertenstatus einnehmen will. Wenn diese Grundsatzentscheidung gefallen ist, sind zwei Schritte erforderlich:

1. Bestimmung des Tätigkeitsgebietes als Experte
2. Aufbau der Kompetenz in dem bestimmten Tätigkeitsgebiet durch Berufspraxis, externe Fortbildung und viel Selbststudium

Ein Professional wird nur dann glaubwürdig als Experte wahrgenommen werden, wenn er über eine entsprechende Qualifikation als Experte verfügt. Diese Qualifikation erwirbt der Professional zunächst einmal für sich selbst nach innen. Durch die richtigen Marketing-Aktivitäten werden diese dann nach außen am Markt bei potenziellen Mandanten sichtbar. Malcolm Gladwell hat in seinem Buch „Überflieger: Warum manche Menschen erfolgreich sind – und andere nicht“ bezugnehmend auf Studien von Anders Ericsson sowie Ralf Krampe und Clemens Tesch-Römer behauptet, dass es durchschnittlich 10.000

Stunden bedarf, um Experte auf einem Gebiet zu werden. Die Kernaussage besteht darin, dass jeder durch Fleiß und Übung nach 10.000 Stunden zu den besten seines Fachgebietes gehört. Obwohl Ericsson später seine Forschungsergebnisse relativierte und neben Fleiß und Übung auch in nicht unerheblichem Umfang Talent als Voraussetzung für außergewöhnliche Leistungen auf einem bestimmten Gebiet sieht, hat m.E. die Grundaussage nach wie vor Gültigkeit. Was jeder Sportler als eine Selbstverständlichkeit ansieht, wird bei Wirtschaftsprüfern und Steuerberatern zu oft negiert. Egal, in welcher Sportart sich jemand betätigt, nur durch regelmäßiges Training und Übung sind überdurchschnittliche Leistungen möglich. Dies wird kein Sportler, egal ob Amateur oder Profi, bestreiten. Das für außergewöhnliche Leistungen selbstverständlich auch Talent hinzukommen muss, bedarf ebenfalls keiner besonderen Erklärung.

i

Hinweis:
Meine berufliche Laufbahn startete 1992 bei einer Wirtschaftsprüfungsgesellschaft (Big Four). Bereits 1993 unterstützte ich einen erfahrenen Berufskollegen bei einer Unternehmensbewertung. Zunächst war ich nur sporadisch auf dem Gebiet der Unternehmensbewertungen tätig. Da mich jedoch das Tätigkeitsgebiet als Bewertungsprofessional faszinierte, begann ich Bücher im Zusammenhang mit Unternehmensbewertungen zu lesen. Nach bestandenem Examen zum Wirtschaftsprüfer im Jahr 1999 wurde ich schwerpunktmäßig auf dem Gebiet der Unternehmensbewertungen tätig. Mein Interesse war so groß, dass ich nahezu alles im Zusammenhang mit Unternehmensbewertungen zu lesen begann. Rückblickend bestätige ich, dass es durchschnittlich ca. 10.000 Stunden benötigt, um über die notwendige Fachkompetenz als Experte auf einem bestimmten Gebiet zu verfügen.

Die meisten Berufskollegen werden jetzt einwenden, dass sie nicht die Zeit haben, 10.000 Stunden in ein bestimmtes Fachgebiet zu investieren, um sich einen Expertenstatus zu erarbeiten. Dieses Urteil sollte jedoch nicht voreilig getroffen werden. Denn wer als Wirtschaftsprüfer und Steuerberater tätig ist, verfügt mit Sicherheit über Kenntnisse auf einem bestimmten Gebiet, die stärker ausgeprägt sind als auf anderen Gebieten. Wer bei den großen internationalen Wirtschaftsprüfungsgesellschaften seine ersten Berufsjahre bis zum Bestehen der Berufsexamen verbracht hat, verfügt mit Sicherheit über besondere Spezialkenntnisse, da diese Unternehmen auf allen Tätigkeitsgebieten hochgradig spezialisiert sind. Aber auch die Wirtschaftsprüfer und Steuerberater, die in kleineren oder mittleren Unternehmen tätig sind, haben bestimmte Tätigkeiten öfter als andere gemacht. Alles andere wäre unüblich. Die entscheidende Frage, die sich jedoch jeder Wirtschaftsprüfer und Steuerberater stellen muss, lautet: Will ich mir einen Expertenstatus aufbauen? Wenn diese Frage bejaht wird, dann kann die 10.000-Stunden-Regel sehr wohl als Faustformel dienen.

Praxistipp:
Der Aufbau eines Expertenstatus und die dazugehörige Kompetenz auf einem bestimmten Tätigkeitsgebiet erfolgt durch Berufspraxis, externe Fortbildung und viel Selbststudium. Bei einem Achtstundentag und durchschnittlich 220 Arbeitstagen hat ein Professional 1.760 Arbeitsstunden in einem Kalenderjahr an zeitlichen Kapazitäten, um an seinem Experten Status durch Berufspraxis zu arbeiten. Nach rund fünfeinhalb Jahren ausschließlicher Berufspraxis auf den bestimmten Tätigkeitsgebiet verfügt er über die geforderten 10.000 Stunden als Experte. Hierzu bedarf es jedoch dann ein Unternehmen, in dem er ausschließlich auf diesem bestimmten Tätigkeitsgebiet beruflich aktiv ist. Dies wird nicht immer der Fall sein.

Durch Fortbildungsmaßnahmen und Selbststudium, d. h. durch Fleiß und Disziplin, kann sich jedoch jeder Professional 1 Stunde am Tag auf dem Tätigkeitsgebiet fortbilden, in dem er später als Experte tätig sein will. Diese Fortbildung ist jedoch nur dann sinnvoll, wenn der Professional während seiner Arbeitszeit immer wieder auf diesem bestimmten Tätigkeitsgebiet aktiv sein kann. Beispielsweise könnte ein Professional, der im Jahr zwei bis drei praktische Bewertungsfälle bearbeitet, die ihn mit 400 Stunden seiner zeitlichen Kapazität auslasten, zusätzlich durch das Selbststudium 365 Stunden Zeit in seiner Expertise als Bewertungsexperte investieren. In diesem Beispiel kommt der Professional auf 765 Stunden in einem Jahr, mit der er sich intensiv mit seinem Spezialgebiet beschäftigt. Es dauert zwar jetzt rund 13 Jahre bis der Professional genauso viel Zeit in das Spezialgebiet investiert hat, wie der Berufskollege, der fünfeinhalb Jahre ausschließlich beruflich mit einer bestimmten Tätigkeit befasst ist, aber die am Markt wahrgenommene Qualifikation könnte aufgrund der Seniorität im letzten Fall sogar größer sein.

Jeder muss eine auf seine Situation passende Strategie finden. Dabei sollten Professionals jedoch prüfen, ob eine Spezialisierung auf ein bestimmtes Tätigkeitsgebiet nicht die erfolgreichere Strategie ist.

Dies gilt gleichermaßen für die WP/StB-Praxis. Im Rahmen der Situationsanalyse gilt es auf Ebene des Unternehmens festzustellen, ob das Unternehmen als Wirtschaftsprüfungs- und Steuerberatungsgesellschaft als „Spezialist“ auf einem bestimmten Tätigkeitsgebiet wahrgenommen wird. Und hier beginnt bereits die Crux. Denn es können regelmäßig nur die Professionals, die bei dem Unternehmen arbeiten, als Spezialisten am Markt wahrgenommen werden. Bei einer Wirtschaftsprüfungs- oder Steuerberatungsgesellschaft erwarten die Mandanten die typischen Dienstleistungen eines Wirtschaftsprüfers und Steuerberaters. Und davon gibt es bekanntermaßen reichlich. Die Positionierung einer Wirtschaftsprüfungs- oder Steuerberatungsgesellschaft im Rahmen ihrer Dienstleistung-Strategie als Spezialist für ein bestimmtes Tätigkeitsgebiet wird hierzulande nur von wenigen Unternehmen praktiziert. Diese Unternehmen werden oft als „Boutiquen“ bezeichnet. Sie sind weit häufiger bei Steuerberatern anzutreffen als bei Wirtschaftsprüfern.

Beispiel

Ich habe am 06.12.1999 die heutige IVA VALUATION & ADVISORY AG Wirtschaftsprüfungsgesellschaft im Rahmen eines Joint-Ventures mit einer regional bekannten mittelständischen Wirtschaftsprüfungsgesellschaft gegründet. Das Unternehmen hatte schon bei der Gründung den Tätigkeitsschwerpunkt auf die Corporate Finance-Beratung gelegt. Jahresabschlussprüfungen und Steuerberatung wurden nicht angeboten. Nach 2 Jahren wurde die strategische Entscheidung getroffen, die betriebswirtschaftliche Beratung weiter auf den Tätigkeitsschwerpunkt Unternehmensbewertungen einzugrenzen. Es dauerte ca. weitere 4 Jahre bis im Jahr 2006 erstmals ausschließlich Umsatzerlöse mit Unternehmensbewertungen und Bewertungen von immateriellen Vermögenswerten erzielt wurden. Es gibt zahlreiche Anlässe für Unternehmensbewertungen. Wir konnten uns in der weiteren Unternehmensentwicklung weiter dahingehend spezialisieren, dass wir im Verlauf danach bis heute wesentliche Umsätze im Zusammenhang mit Unternehmensbewertungen bei aktienrechtlochen Strukturmaßnahmen realisieren. Es gibt zum 01.01.2019 insgesamt 2.986 Wirtschaftsprüfungsgesellschaften. Mir ist nur eine einzige weitere Gesellschaft bekannt, die ebenfalls weit überwiegend Umsatzerlöse mit Unternehmensbewertungen erzielt.

Die Grundsatzentscheidung eine Wirtschaftsprüfungsgesellschaft auf ein bestimmtes Tätigkeitsgebiet hin zu positionieren, ist mit entsprechenden Konsequenzen verbunden. Die größte Konsequenz ist, dass das Unternehmen sich bewusst in Zukunft gegen die Annahme von Aufträgen im Zusammenhang mit anderen Dienstleistungen entscheiden muss. Hier können gewichtige wirtschaftliche Gründe dagegensprechen. Viele werden jetzt argumentieren, dass ihre Fixkostenstrukturen solche Entscheidungen verbieten. Dabei wird dann jedoch die falsche Annahme getroffen, dass die Unternehmen von heute auf morgen nur noch Aufträge in einem bestimmten Tätigkeitsgebiet ausführen sollen. Das war keine Forderung von mir. Es geht bei der Dienstleistungs-Strategie um Positionierung des Unternehmens. Wie mein eigenes Beispiel an einem neu gegründeten Unternehmen zeigte, geht das nicht sofort, sondern es bedarf eines zeitlichen Vorlaufs. Mir geht es vielmehr darum, dass sich WP/StB-Praxen die Positionierungsfrage stellen. Bislang wird diese Frage bei den Gesellschaften regelmäßig zugunsten der breitest möglichen Tätigkeitspalette beantwortet. Je größer die WP/StB-Praxis, desto wahrscheinlicher wird es sein, dass die Unternehmen eher einem Gemischtwarenladen als einer Boutique ähneln. Das Problem hier ist jedoch, dass eigentlich nur die Big-Four-Gesellschaften und wenige Next-Ten-Gesellschaften in der Lage sind, durchgängig Dienstleistungen in allen Disziplinen auf höchstem Niveau anzubieten. In Abhängigkeit von der Teamzusammensetzung und dem Beratungsprojekt wage ich zu behaupten, dass nur ganz wenige Unternehmen stets exzellente Leistungen auf höchstem Niveau anbieten und erbringen können. Wenn die Geschäftsleitungen der entsprechenden Gesellschaften nach innen ehrlich kommunizieren, wissen sie das auch. Für alle anderen Gesellschaften ist es ohnehin nicht möglich, weil es an entsprechend qualifizierten Experten von vorneherein mangelt. Es gibt jedoch sowohl für den Professional in der Einzelpraxis als auch für Wirtschaftsprüfungs- und Steuerberatungsgesellschaften gewichtige Gründe, weshalb sie sich auf ein oder mehrere bestimmte Tätigkeitsgebiete spezialisieren sollten.

Preis-Strategie

Die Preis-Strategie ergibt sich aus der Marken-Strategie und der Dienstleistungs-Strategie. Wer als Experte positioniert ist, bekommt eine höhere Vergütung als ein Generalist. Wenn eine WP/StB-Praxis über Experten in bestimmten Tätigkeitsfeldern verfügt, kann sie regelmäßig eine höhere Vergütung durchsetzen. Die Preis-Strategie hängt also in hohem Maße davon ab, ob ein Professional oder eine WP/StB-Praxis in einer Nische tätig ist oder die ganz typischen wettbewerbsintensiven Dienstleistungen eines Wirtschaftsprüfers und Steuerberaters anbietet. Zu den wettbewerbsintensiven Dienstleistungen gehören unter anderem folgende klassische Tätigkeiten von Wirtschaftsprüfern und Steuerberatern:

- Jahresabschlussprüfungen
- Erstellung von Jahresabschlüssen
- Lohn- und Gehaltsabrechnungen
- Finanzbuchhaltungen
- Einkommensteuererklärung und die damit verbundenen Prüfungen der Steuerbescheide

Es ist erstaunlich, dass Wirtschaftsprüfungsgesellschaften Jahresabschlussprüfungen zu durchschnittlichen Stundensätzen durchführen, die in der Größenordnung eines deutschen Handwerkers oder eines Servicemitarbeiters eines Kfz-Fachbetriebes liegen. Es liegt mir fern traditionelle deutsche Handwerksberufe oder Serviceleistungen von Kfz-Fachbetrieben zu diskreditieren, jedoch verfügen deutsche Wirtschaftsprüfer über ein anspruchsvolles Berufsexamen, dem regelmäßig ein Studium vorausgeht. Auch verfügen die Mitarbeiter eines Wirtschaftsprüfers regelmäßig über einen akademischen Hintergrund. Weshalb jedoch regelmäßig bei einem Pitch Honorare des zuvor prüfenden Abschlussprüfers deutlich unterboten werden, ist nicht schlüssig.

Unter einem (Sales)Pitch versteht man die Verkaufstaktik von verschiedenen Wirtschaftsprüfungsgesellschaften um ein konkretes Mandat. Die Gesellschaft präsentiert in einem Pitch ihre Qualifikation, Kompetenz und Expertise ihrer Professionals. Wirtschaftsprüfer und Steuerberater haben üblicherweise die folgenden Möglichkeiten, Honorare für ihre Dienstleistungen zu realisieren:

- Zeithonorar
- Festpreis
- Steuerberatergebührenverordnung

Viele Steuerberater nutzen die Steuerberatergebührenverordnung, um ihre Leistungen abzurechnen. Die Steuerberatergebührenverordnung ist für die Mandanten intransparent, weil hieraus nicht ersichtlich ist, welche Kalkulationsgrundlagen einer Leistung zugrunde liegen. Das Honorar richtet sich nach verschiedenen Kennzahlen und in aller Regel nicht an dem Zeitaufwand der Mitarbeiter für die entsprechende Tätigkeit und einem entsprechend der Qualifikation des Mitarbeiters zugeordneten Stundensatz. Darüber hinaus eröffnet sie erhebliche Ermessensspielräume bei der Abrechnung. Erfahrungskurven der Mitarbeiter über einen mehrjährigen Bearbeitungszeitraum führen regelmäßig zu Produktivitätsgewinnen, die darin zum Ausdruck kommen, dass der Mitarbeiter weniger Zeit für die Tätigkeit als im vorangegangenen Jahr benötigt. Diese

Produktivitätsgewinne kann der Steuerberater bei gleichbleibenden Abrechnungsmodalitäten nach der Steuerberatergebührenverordnung für sich vereinnahmen. Er könnte sie auch an seinen Mandanten weitergeben, was er aus wirtschaftlichen Überlegungen weit überwiegend vermutlich nicht tun wird. Insbesondere wird er das dann nicht tun, wenn er aufgrund umfangreicher Einarbeitungszeiten in den Vorjahren weniger mit dem Mandanten verdient hat.

Wirtschaftsprüfer, ohne die Qualifikation eines Steuerberaters, werden ihre Honorare weit überwiegend auf Basis der geleisteten Stunden in Rechnung stellen. Dabei werden in Abhängigkeit von der Qualifikation eines Mitarbeiters verschiedene Stundensätze mit den Mandanten vereinbart. Viele Gesellschaften vereinfachen das Verfahren dahingehend, dass sie für einen fiktiven Mitarbeiter einen einheitlichen Stundensatz festlegen, der sich aus den Erfahrungsstufen verschiedener Mitarbeiter ergibt. In diesem Stundensatz sind dann sowohl die Stundensätze der Assistenten als auch der Teamleiter und Manager sowie Partner verarbeitet. Der Nachteil dieses einheitlichen Stundensatzes besteht jedoch darin, dass immer dann, wenn der Zeitanteil eines Managers oder Partners höher als geplant ist, dieser einheitliche Stundensatz tendenziell zu niedrig sein wird. Da jedoch bei größeren Gesellschaften üblicherweise die Partner und Manager oft weniger stark die Leistungserbringung eingebunden sind, erscheint das Risiko für Fehlkalkulationen überschaubar.

Wer sich als Experte bzw. Spezialist positioniert hat und darüber hinaus seinen Mandanten Tätigkeiten anbietet, die aus Sicht des Mandanten höherwertig sind als die klassischen Dienstleistungen eines Wirtschaftsprüfers und Steuerberaters, kann weit überdurchschnittliche Stundensätze realisieren. Dabei handelt es sich um Tätigkeiten im Zusammenhang mit der steuergestaltenden Beratung sowie der betriebswirtschaftlichen Beratung. Der Aufbau eines Expertenstatus macht sich sowohl für die WP/StB-Praxis als auch den Professional unmittelbar finanziell bemerkbar.

Es gibt eine Vielzahl von Tätigkeiten, für die regelmäßig Festpreise vereinbart werden. Dazu gehört unter bestimmten Voraussetzungen auch die Jahresabschlussprüfung. Eine vertrauensvolle und partnerschaftliche Zusammenarbeit zwischen einem Professional und einem Mandanten sollte auf einer fairen Geschäftsbeziehung basieren. Eine faire Geschäftsbeziehung ist regelmäßig bei einer Win-win-Situation für beide Geschäftspartner gegeben. Bei einem Festpreis wird dies jedoch nur selten der Fall sein.

Ein Professional, der einen Festpreis vereinbart, hat die zu erbringende Tätigkeit vorher zeitlich kalkuliert. Entweder hat er einen Stundensatz eines fiktiven Mitarbeiters, wie zuvor beschrieben, mit den für die Tätigkeit geschätzten Zeiten multipliziert und das Honorar ermittelt. Oder er hat verschiedene Stundensätze entsprechend unterschiedlicher Qualifikationsstufen der Mitarbeiter mit den jeweiligen Zeiten multipliziert und die Einzelhonorare zu einem Gesamthonorar addiert. Sofern die Wettbewerbssituation dies ermöglicht, hat er gegebenenfalls noch einen Risikopuffer für unvorhersehbare Zeiten eingeplant und das Honorar um diesen Posten erhöht.

Am Ende des Projektes sind drei Fallkonstellationen denkbar:

1. Die geschätzten Zeiten entsprechen den tatsächlich angefallenen Zeiten.
2. Die geschätzten Zeiten sind niedriger als die tatsächlich angefallenen Zeiten.
3. Die geschätzten Zeiten sind höher als die tatsächlich angefallenen Zeiten.

Beim **ersten Fall** hat das Projekt den prognostizierten Deckungsbeitrag erwirtschaftet und es bedarf keiner weiteren Erläuterung. Bei den Fallkonstellationen 2 und 3 gibt es in Abhängigkeit der Größe der Fehlkalkulationen immer Gewinner und Verlierer.

Im **zweiten Fall** verringert sich der durchschnittlich kalkulierte Stundensatz umso mehr, je größer der zusätzlich angefallene Zeitaufwand ist. Schon bereits während des Projektes verliert der Professional und seine Mitarbeiter mit jeder zusätzlichen Stunde, die nicht geplant war, deutlich an Motivation für das Projekt. In Abhängigkeit von dem jeweiligen Qualitätsanspruch könnte es sein, dass bestimmte Tätigkeiten nicht durchgeführt werden, weil sie nicht vergütet werden. Inwieweit ein Mandant dann tatsächlich auch ein Gewinner ist, weil er aufgrund eines Festpreises weniger bezahlen muss als er es müsste, wenn alle Zeiten in Rechnung gestellt werden, darf bezweifelt werden. Insbesondere dann, wenn in diesem Zusammenhang mit Qualitätseinbußen zu rechnen ist, weil bestimmte Tätigkeiten nicht durchgeführt werden, ist der Festpreis aus Sicht des Mandanten kontraproduktiv. Sofern der Qualitätsanspruch des Professionals bzw. der WP/StB-Praxis hoch bleibt, wird das Honorar deutlich zu niedrig sein. Unabhängig von dem möglicherweise bestehenden Haftungsrisiko, weil nicht alle Tätigkeiten durchgeführt wurden, ist die WP/StB-Praxis auf jeden Fall hinsichtlich des erwirtschafteten deutlich geringeren Deckungsbeitrags ein Verlierer.

Beim **dritten Fall** ist die WP/StB-Praxis der Gewinner und der Mandant der Verlierer, weil er im Vergleich zu den üblichen Stundensätzen der WP/StB-Praxis zu viel für die Dienstleistung bezahlt.

Praxistipp:
In einer fairen Geschäftsbeziehung sollten beide Geschäftspartner Gewinner sein. Aus den vorherigen Ausführungen befürworte ich Festpreise bei den klassischen Tätigkeiten von Wirtschaftsprüfern und Steuerberatern nur in Ausnahmefällen. Erfahrungsgemäß können Professionals mit einer einfachen Frage einer Festpreisvereinbarung aus dem Weg gehen. Ein Professionell sollte dem Mandanten, der einen Festpreis vereinbaren will, folgende Frage stellen: **„Warum wollen Sie, dass einer von uns beiden ein Verlierer ist?"** Jetzt muss der Professional so lange warten, bis der Mandant antwortet. Gegebenenfalls muss er die Frage wiederholen, wenn die Pause zu lang ist. Wichtig ist, dass der Mandant diese Frage beantwortet! Normalerweise sollte der Mandant dahingehend antworten, dass er nicht möchte, dass einer ein Verlierer ist. Zumindest sollte das Gespräch in diese Richtung gehen und der Professional sicher sein, dass auch der Mandant eine Win-win-Situation will. Sofern Sie jedoch einen Mandanten haben sollten, dem es egal ist, wenn Sie ein Verlierer bei diesem Projekt im Rahmen eines Festpreises sind, sollten Sie dringend prüfen, ob Sie diese Mandatsbeziehung eingehen wollen. In aller Regel haben sie mit der oben genannten Frage das Thema Festpreis vom

Tisch und können eine Honorarvereinbarung treffen, die die tatsächlich angefallenen Zeiten berücksichtigt. Gleichwohl wird der Mandant eine Honorar-Schätzung für das Projekt wollen, die Sie auch einhalten sollten. In meinen Vorträgen und Seminaren erläutere ich regelmäßig, wie sie sich verhalten sollten, wenn diese Honorarschätzung nicht eingehalten werden kann.

Marketing-Aktivitäten

Die Marketing-Strategie ist der Teil des Marketing-Plans, der durch bestimmtes Verhalten dazu dient, bestimmte Absatzziele mittelfristig zu erreichen. Die Marketing-Aktivitäten hingegen sind der Kompass für die tägliche Arbeit. Eine Unterscheidung in Online-Marketing- und Offline-Marketing-Aktivitäten halte ich für unseren Berufsstand nicht für zielführend. Sicherlich lassen sich einzelne Marketing-Aktivitäten ganz eindeutig dem Online-Marketing und dem Offline-Marketing zuordnen. In einer digitalisierten Welt, in der jedoch online und offline mehr und mehr miteinander verschmilzt, würden jedoch Marketing-Aktivitäten in einer Art und Weise kategorisiert, die dem Zeitgeist nicht mehr entsprechen. Es würden vielmehr gedanklich zwei Welten geschaffen, die nicht mehr nebeneinander bestehen, sondern längst durch die Nutzung von Smartphones und virtuellen Technologien eins geworden sind.

Viel zweckmäßiger ist eine Einteilung in Marketing-Aktivitäten aus Sicht eines Professionals sowie aus der Sicht des Unternehmens.

Marketing-Aktivitäten für Professionals

In den USA werden Menschen „Rainmaker" genannt, die ihren Unternehmen neue Kunden, Aufträge und schlussendlich Profit bringen. „Rainmaker" verfügen über Kenntnisse und Fähigkeiten, die sich deutlich von anderen Professionals unterscheiden. Im Kern geht es bei jeder Auftragserteilung nur um eine Frage: *Warum sollen gerade Sie den Auftrag erhalten und nicht Ihre Wettbewerber?* Wer diese Frage klar und eindeutig beantworten kann, ist seinen Wettbewerbern einen Schritt voraus. Es geht es also um die Frage des Verkaufs. Vermutlich wird der eine oder andere Professional jetzt denken, dass er doch mit den bestandenen Berufsexamen zum Wirtschaftsprüfer und Steuerberater über so viel Fachkompetenz verfügt, dass er nicht verkaufen muss. Schließlich arbeitet er als Professional ja nicht im Vertrieb als Verkäufer, sondern als Berater für hochqualifizierte Leistungen auf dem Gebiet der Wirtschaftsprüfung und/oder Steuerberatung.

i

Hinweis:
Wer übrigens negative Assoziationen zu dem Begriff Verkauf hat, sollte bedenken, dass jeder Mensch eine Verkäuferin bzw. ein Verkäufer ist. Immer dann, wenn Sie sich oder eine Idee bei einem anderen Menschen „verkaufen", sind Sie als Verkäufer tätig. Das ist vielen Menschen überhaupt nicht bewusst. Dieser Prozess beginnt schon bei der Partnerwahl. Denn da verkaufen Sie sich häufig von Ihrer „besten" Seite. Wer um einen anderen Menschen wirbt, wird selten bei den ersten Dates von seinen Schwächen und Fehlern reden, sondern stets seine Schokoladenseite präsentieren.

Auch innerhalb von Unternehmen verkaufen Sie sich regelmäßig gegenüber Kollegen und Vorgesetzten. Sie verkaufen Ihre Arbeitsleistungen und Ihre Ideen innerhalb des Unternehmens und müssen dabei Vorgesetzte und Kollegen überzeugen. Und wenn Sie abends von der Arbeit nach Hause kommen, gilt es die Familie bei Urlauben und Freizeitaktivitäten zu überzeugen. Wer Kinder hat, weiß, dass der „Verkauf" von bestimmten Sachen (zu Bett gehen, lernen, Zähne putzen etc.) dort besonders schwerfällt. Insofern ist es empfehlenswert und zweckmäßig, wenn sie sich beruflich wie privat als Verkäufer sehen und mit dieser Rolle identifizieren können.

Es gilt außerdem zu bedenken, dass bei rund 15.000 Wirtschaftsprüfern und ca. 85.000 Steuerberatern den Mandanten mehr als genügend qualifizierte Berufsträger zur Verfügung stehen. In vielen Fällen, sowohl bei kleinen, mittleren als auch den großen internationalen Unternehmen, ist die Auslastungssituation in unseren Berufsstand seit vielen Jahren sehr gut und es gibt genügend zu tun, sodass vielen nicht bewusst ist, wie wichtig der Verkauf ist. Da es sogar einige Berufskollegen gibt, die keine Mandanten mehr auf dem Gebiet der Steuerberatung annehmen, weil es an entsprechend qualifizierten Fachkräften zur Bearbeitung der Fälle mangelt, verkennt der eine oder andere Professional, wie wichtig der Verkauf ist, wenn man nachhaltig unternehmerisch erfolgreich sein will.

Auf anderen Tätigkeitsgebieten, zum Beispiel der Jahresabschlussprüfung, liegt eine hohe Wettbewerbsintensität vor und neue Mandanten werden weit überwiegend nur durch Dumping-Preise gewonnen. Der Professional mit Weitblick weiß, dass schlussendlich die Rainmaker eines Unternehmens, die neue Mandate akquirieren können, den entscheidenden Beitrag zum Unternehmenserfolg für alle anderen leisten. Denn nur durch neue und bestehende Mandanten werden Cash-Flows erzeugt, die Personalkosten und Sachkosten des Unternehmens decken und für Tantiemen der Mitarbeiter sorgen. Der hochqualifizierte Experte wird jetzt sofort erwidern, dass die Dienstleistung nur durch hohe Fachkompetenz erbracht werden kann und diese doch mindestens genauso wichtig ist, wie die Vertriebskompetenz eines Professionals, der neue Mandate akquirieren kann. Es bleibt sicher jedem Professional selbst überlassen, die Bedeutung der Fachkompetenz und Vertriebskompetenz zu gewichten. Ich gebe jedoch zu bedenken: Was nützt dem hochqualifizierten Professional seine Fachkompetenz, wenn er keine Mandanten hat, um diese Fachkompetenz auch bei der Tätigkeit einzusetzen?

Praxistipp:
Wer Mitarbeiter zum Partner machen will, sollte als eine zentrale Bedingung machen, dass er selbst Mandate akquirieren kann. Dabei sollten im Rahmen einer Zusammenarbeit über einen längeren Zeitraum (12-18 Monate) Ziele vereinbart und beobachtet werden, ob der Mitarbeiter selbst in der Lage ist, Mandanten zu akquirieren. Gelingt es dem Professional nicht, wiederholt und regelmäßig neue Mandate zu gewinnen, fehlt es m.E. an einer entscheidenden Qualifikation für eine Partnerschaft: Der Fähigkeit sich selbst, die Dienstleistungen und schlussendlich auch das Unternehmen neuen Kunden gegenüber zu verkaufen. D.h. nicht, dass sich das Unternehmen von diesen Mitarbeitern trennen sollte. Insbesondere dann nicht, wenn es hochqualifizierte Professionals sind. Diese Berufskollegen sind wichtig, um qualifizierte Dienstleistungen zu

erbringen. Für eine Partnerschaft mangelt es jedoch (noch) an einer wichtigen Fähigkeit bzw. wertvollen Soft Skill: Dem Verkauf!

Dabei gilt es folgende Reihenfolge zu beachten.

Abb. 13 Verkaufspyramide

Zunächst verkauft sich der Professional immer zuerst selbst. Erst im Anschluss daran verkauft ein Professional die Dienstleistungen sowie das Unternehmen. Viele Partner von großen internationalen Gesellschaften oder auch Second Tier-Gesellschaften werden jetzt heftig widersprechen und genau die umgekehrte Reihenfolge propagieren. Mit dem leuchtenden Logo und dem internationalen Bekanntheitsgrad der Marke werden die Dienstleistungen des Unternehmens durch die Professionals verkauft. Unbestritten kann der Bekanntheitsgrad der Marke respektive des Logos eine wichtige vertrauensbildende Maßnahme sein. Wer sich jedoch die Logos der großen internationalen Wirtschaftsprüfungsgesellschaften anschaut, wird feststellen, dass diese gleichermaßen vertrauensbildend sind. Eine Differenzierung kann demnach also nur durch die einzelnen Professionals der Gesellschaften erfolgen. Deshalb bildet die Basis der Verkaufspyramide zunächst einmal die Fähigkeit des Professionals sich selbst zu verkaufen.

Da es sich bei der Akquisition von Mandanten um den Verkauf eines Auftrages bzw. um den Verkauf einer Dienstleistung handelt, geht es zunächst einmal darum, das Vertrauen des Kunden für die angebotenen Dienste zu gewinnen. Damit ist jedoch die Persönlichkeit des Professionals gefragt. Es gilt nicht nur kompetent zu sein, sondern auch sympathisch und überzeugend. Hier werden Fähigkeiten gefordert, die Professionals weder an den traditionellen Hochschulen gelehrt wurden noch in der einschlägigen Fachliteratur zu finden sind. Ein guter Verkäufer verfügt u.a. über folgende Eigenschaften:

- kann zuhören und stellt die richtigen Fragen
- hat eine angenehme und vertrauensvolle Stimme und verfügt über rhetorisches Geschick
- hat Empathie und gibt Feedback in der Gesprächsführung
- kennt den Bedarf seiner Kunden und will keine Standardprodukte verkaufen
- ist zuverlässig und hält Termine ein
- verspricht nur, was er einhalten kann
- kann sich klar und deutlich artikulieren und seine Ergebnisse präsentieren
- ist freundlich, wahrhaftig und integer
- kann eine Beziehung zu seinen Mandanten aufbauen und pflegen
- ist ein guter „Networker"

Dies alles sind Eigenschaften, die größtenteils erlernbar sind. Diese Eigenschaften gelten sowohl im Berufsleben als auch im Privatleben für Menschen, die sich gut verkaufen können. In gezielten Trainings können einzelne Eigenschaften geschult werden. Ein Rainmaker, also ein besonders guter Verkäufer von Dienstleistungen einer WP/StB-Praxis, kann diese Qualifikation durch Studium, Training, Praxis und Professionalismus bis zu einem bestimmten Grad erlernen, wenn er es selbst will. Dabei gilt es jedoch, den Grundsatz aus Kapitel 2.4 „Stärken nutzen", zu beachten. Wer introvertiert ist, sich also lieber mit dem Sachproblem als mit dem Menschen beschäftigt, der den Auftrag erteilen soll, wird es schwer haben, sich zu einem guten Verkäufer zu entwickeln. Für ihn wird stets das Sachproblem vor dem Menschen kommen. Da jedoch, wie zuvor dargestellt, jeder Mensch sich permanent privat wie beruflich verkauft, sollte es im ganz eigenen Interesse eines jeden Professionals sein, seine Fähigkeiten im Verkauf weiter zu entwickeln. Und sei es „nur" für den Umgang mit den vertrauten Menschen aus der Familie und dem Freundeskreis. Das ist Teil der Persönlichkeitsentwicklung und der Beziehungskompetenz im Umgang mit anderen Menschen. Und für all die Professionals, die eine Partnerschaft anstreben, gehört es ohnehin zu ihren Aufgaben, ihre Verkaufsfähigkeiten weiter zu entwickeln.

Folgende Eigenschaften zeichnen Rainmaker u.a. aus:

- Sie können sich, ihre Leistungen und ihr Unternehmen „verkaufen".
- Sie verfügen über rhetorisches Geschick.
- Sie sind exzellente „Netzwerker".
- Sie haben eine natürliche Autorität.
- Sie sind überzeugend und vertrauensvoll.
- Sie sind integer, authentisch und wahrhaftig.
- Sie sind selbstbewusst, aber nicht überheblich oder arrogant.
- Sie sind kontaktfähig und extrovertiert.
- Sie interessieren sich für ihre Kunden und ihre potenziellen Neukunden.
- Sie behandeln jeden Menschen, als ob er ein Kunde werden könnte.
- Sie sind beziehungsfähig.
- Sie übertreffen die Erwartungen ihrer Kunden.

- Sie sind zuverlässig und dankbar.
- Sie sind professionell.
- Sie sind selbstverantwortlich.

Wer sportlich aktiv ist, weiß, dass Meisterschaften nur durch Training gewonnen werden. Inzwischen ist vielfach auch bekannt, dass neben dem körperlichen Training in einer bestimmten Sportart auch das mentale Training ein wichtiger – m.E. der entscheidende – Erfolgsfaktor ist. Wichtig ist jedoch das Wort „Training“. Viele der o.a. Eigenschaften sind erlernbar und trainierbar. Dabei gilt es jedoch, die individuellen Erbanlagen und Gene nicht außer Acht zu lassen. Wie der Volksmund sagt: „Aus einem Ackergaul wird kein Rennpferd.“ Wer introvertiert ist und über ausgeprägte analytische Stärken verfügt, wird es bevorzugen in seinem Büro zu sein und wird selten den Drang haben, mit potenziellen Kunden in Kontakt zu treten. Kontaktfähigkeit ist jedoch eine wichtige Eigenschaft eines Rainmakers. Sie bekommen keine neuen Aufträge, wenn Sie hinter Ihrem Schreibtisch sitzen bleiben. Dort lassen sich Probleme lösen und gutachtliche Stellungnahmen verfassen, aber potenzielle Auftraggeber werden Sie so nicht finden. Das gleiche gilt für den operativ voll ausgelasteten Manager. Wer nahezu ausschließlich Aufträge abarbeitet, hat keine Zeit für Neukundenakquisition.

Ich möchte hier drei Aspekte von rhetorischem Geschick eines Rainmakers hervorheben:

- Einfühlungsvermögen (Empathie)
- Gesprächsführung
- Präsentationsfähigkeit

Hinter jedem Unternehmen als Kunden stehen die jeweiligen Mitarbeiter. Diese Mitarbeiter – egal ob Top-Manager oder Sachbearbeiter – sind zunächst einmal auch „nur“ Menschen. Und diese Menschen haben alle „Probleme“. Sie können auch den positiven Begriff „Herausforderungen“ für das Wort „Probleme“ verwenden. Ich meine damit in erster Linie die Aufgaben, die der jeweilige Mitarbeiter zu bewältigen hat. Im positiven Sinne ist jeder Mitarbeiter demnach auch ein Problemlöser; und der Mitarbeiter, der keine Probleme löst, sondern weitere verursacht, wird selten auf der Karriereleiter des Unternehmens vorankommen. Ich möchte ein Beispiel für Einfühlungsvermögen geben.

Beispiel
Stellen Sie sich ein typisches Bewertungsprojekt in den ersten Monaten eines neuen Geschäftsjahres vor, das während der Erstellung des Jahresabschlusses und der daran anschließenden Jahresabschlussprüfung stattfindet. Der Leiter des Rechnungswesens eines Unternehmens hat also neben seinem Tagesgeschäft zusätzlich die Abschlussprüfer, die Berater des Bewertungsprojektes und – ggf. bei einer aktienrechtlichen Strukturmaßnahme – einen weiteren Prüfer in seinem Unternehmen, der seine Kapazitäten in Anspruch nimmt. Wer hier nicht über das notwendige **Einfühlungsvermögen** verfügt und vielleicht sogar beim ersten Überschreiten einer Abgabefrist von Unterlagen mahnende Worte und dies sogar noch in einem großen E-Mail-Verteiler findet, macht sich bei dem betroffenen Manager nicht unbedingt beliebt, sondern verkauft auch sein Unternehmen nachhaltig schlecht.

Sicher bedarf es in solchen Fällen ausreichendes Augenmaß, ob durch das Versäumnis der gesamte Projektplan in Frage gestellt wird; dies wird jedoch selten der Fall sein. Positive und konstruktive Fragen und ehrliches Verständnis sind Merkmale eines empathischen Beraters. Im Übrigen muss sich der wenig einfühlsame und mahnende Berater die Frage nach seinen Zeitpuffern in der Projektplanung gefallen lassen. Dies würde zumindest die Selbstverantwortlichkeit als eine weitere Eigenschaft eines Rainmakers zeigen.

Die **Gesprächsführung** eines Rainmakers unterscheidet sich wesentlich von anderen Professionals. Dies beginnt schon bei der Gesprächsvorbereitung. Ein Rainmaker bereitet detailliert und minutiös seine Gespräche sowohl mit Mandanten als auch mit potenziellen neuen Mandanten vor. Er sammelt alle ihm zugänglichen Informationen über seinen Gesprächspartner und das Unternehmen im Vorfeld. Die Gesprächsführung zeichnet sich durch *aktives Zuhören* aus. Das heißt, er fasst die von seinem Gesprächspartner genannten Punkte in *eigenen* Worten zusammen, um so festzustellen, dass er seinen Gesprächspartner richtig verstanden hat. Sowohl die richtige Fragetechnik als auch eine der Gesprächssituation angemessene Einwandbehandlung sind wichtige Erfolgsinstrumente eines Rainmakers. Der Rainmaker ist schlagfertig. Und auch Schlagfertigkeit ist erlernbar, wie später im Kapitel 4.3 Rhetorik gezeigt wird.

Im Unterschied zur Gesprächsführung im Rahmen von Einzelgesprächen oder Gesprächen in kleinen Gruppen verfügen Rainmaker auch über ausgeprägte **Präsentationsfähigkeiten** vor einem größeren Auditorium. Bei der Präsentation von Zwischen- oder Endergebnissen im Rahmen von Beratungsprojekten gilt es einen größeren Teilnehmerkreis von den eigenen oder den Teamleistungen zu überzeugen. Matthias Pöhm zeigt in seinem Buch „Der Irrtum PowerPoint: Präsentieren Sie noch oder faszinieren Sie schon?“ eindrucksvoll die Gefahren bei der Nutzung von PowerPoint im Rahmen von Präsentationen. Rainmaker präsentieren exzellent und wissen genau, ob, wann und wie sie PowerPoint einsetzen. Auch die Fähigkeit zu präsentieren, kann erlernt werden. Bei den Werkzeugen im Kapitel 4.3 Rhetorik werden wir uns hierzu intensiver beschäftigen.

Networking-Fähigkeiten von „Rainmakern“

Networking ist einer wichtigsten Erfolgsfaktoren von Rainmakern. Networking setzt jedoch voraus, dass Sie beziehungsfähig sind. Sie sind dann beziehungsfähig, wenn Sie sympathisch sind. Wie wird man jedoch sympathisch? Tim Sanders widmet ein ganzes Buch dem Thema „Sympathiefaktor“. Zu den wichtigsten Sympathiefaktoren gehören für ihn: *Einfühlungsvermögen*, *Wahrhaftigkeit* und *Interesse am anderen*. Alles auch Eigenschaften, die die o.a. Liste enthält. Darüber hinaus gehört *Freundlichkeit* ebenfalls für Sanders zu einem wichtigen Sympathiefaktor. Sanders zeigt eindrucksvoll, dass dies alles Eigenschaften sind, die man erlernen und trainieren kann. Es handelt sich also keinesfalls dabei um Erbanlagen. Tracy/Arden/Scheelen zeigen in ihrem Buch „Be charming!“ Wie Sie Menschen für sich gewinnen können. Auch hier zeigen die Autoren, dass Charme erworben werden kann. Sympathie und Charme sind wichtige Eigenschaften beim Aufbau von Netzwerken. Netzwerke funktionieren in der Regel immer dann, wenn beide Vorteile aus der Beziehung ziehen können. Dies ist jedoch ein langwieriger Prozess. Ein persönliches Netzwerk aufzubauen braucht seine Zeit. Und Sie müssen alles ganz allein machen.

Denn Ihre Beziehungen sind das Ergebnis gelebter Kontakte. Und diese Kontakte müssen Sie selbst leben. Beziehungen sind nur dann schlecht, wenn Sie keine haben.

Der Prozess des Networking kann in drei Phasen eingeteilt werden:

1. Kontakte knüpfen
2. Kontakte pflegen
3. Kontakte nutzen

Nur wenn Zielklarheit besteht, braucht man sich als nächstes die Frage zu stellen, welche Möglichkeiten und Wege es gibt, an neue Kontakte zu kommen. Ein Rainmaker kennt seine potenziellen Mandanten bzw. Zielgruppen genau. Er knüpft gezielt Kontakte, die zu Aufträgen führen.

Das Knüpfen der Kontakte allein reicht jedoch nicht aus. Die Kontakte müssen gepflegt werden. Und hier beginnt das eigentliche Problem. Welche Kontakte lohnt es zu pflegen und welche nicht? Der Rainmaker kennt die Antwort auf diese Frage. Er konzentriert sich auf die Pflege der wichtigen und wesentlichen Kontakte im Hinblick auf seine beruflichen Ziele. Das sind die Personen, die wesentlichen Einfluss bei der Erteilung von Aufträgen haben. Denn nur, wer seine Kontakte pflegt, wird sie auch eines Tages nutzen können. Der Rainmaker nutzt sowohl beim Knüpfen der Kontakte als auch bei der Kontaktpflege eine Vielzahl von Instrumenten. Hierzu gehört u.a., dass er sich Notizen über seine Kontakte macht. Er sammelt sowohl Informationen aus dem beruflichen Umfeld als auch aus dem privaten Umfeld des Kontaktes.

Netzwerke sind meist dynamische Gebilde und keine statischen. Das heißt, dass Personen in Netzwerke eintreten und austreten können. Mitunter ist das Lösen aus einem Netzwerk die richtige Strategie, um in einem neuen Netzwerk eintreten zu können. Rainmaker verfügen in jedem Fall über ausgezeichnete Netzwerke und pflegen diese permanent.

Marketing-Aktivitäten zur Expertenpositionierung

Wer als Professional erkannt hat, dass eine Spezialisierungsstrategie zu einem Experten ihm deutliche Wettbewerbsvorteile gegenüber den Berufskollegen verschafft, muss diese Qualifikation im ersten Schritt glaubhaft erwerben. Dies erfordert wie bereits dargestellt eine Kombination aus mehrjähriger Berufserfahrung auf einem bestimmten Tätigkeitsgebiet, viel Selbststudium, Fortbildung und andere Qualifikationsnachweise. Dadurch wird jedoch nicht auch automatisch am Markt sichtbar, dass jemand einen Experten-Status hat.

Beispiel

In einem meiner Vorträge fragte ich die Teilnehmer im Zusammenhang mit dem Thema Expertenpositionierung, wie denn ein Experte am Markt für potenzielle Mandanten sichtbar wird? Der Teilnehmerkreis bestand weit überwiegend aus erfahrenen und älteren Berufskollegen und ich war umso erstaunter, dass ich mit dieser Frage eine sogenannte Stopp-Situation erzeugte und zunächst mal eine erdrückende Stille in dem Raum eintrat. Keiner der Wirtschaftsprüfer und Steuerberater im Raum konnte diese Frage beantworten. Ein renommierter Hochschullehrer auf dem Gebiet der Prüfung und des Rechnungswesens gab dann eine Antwort auf diese Frage. Er sagte, dass der Experte seine Fachkompetenz durch die Veröffentlichung von Fachbeiträgen am Markt sichtbar machen würde.

Professionals haben nur eine begrenzte Auswahl an Aktivitäten, ihren Experten-Status am Markt glaubhaft sichtbar zu machen, wie die folgende Abbildung zeigt.

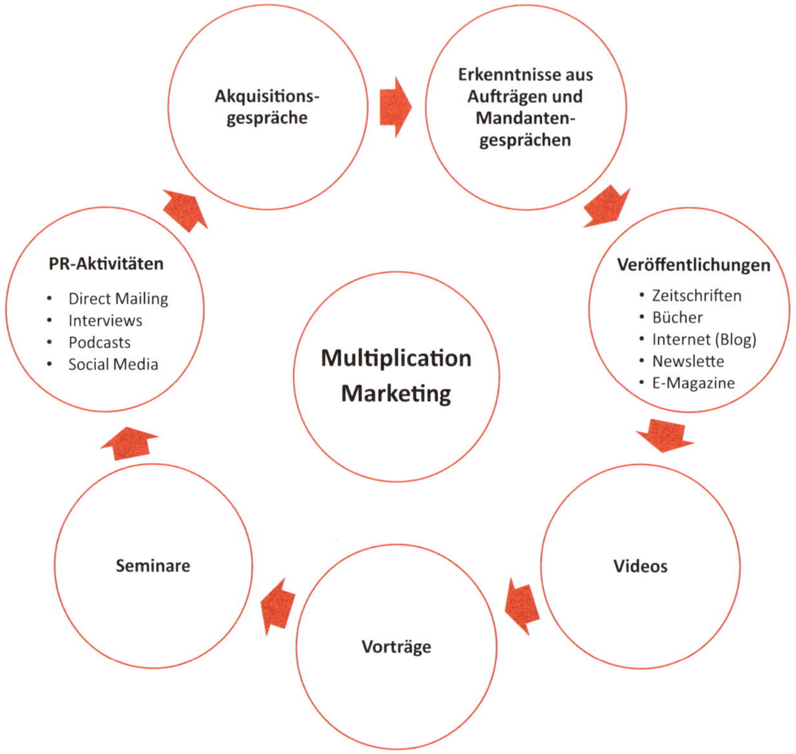

Abb. 14 Multiplication Marketing

Der Kreislauf des Multiplication Marketing veranschaulicht die Marketing-Aktivitäten eines Professionals im Rahmen der Experten-Positionierung. Der Kreislauf soll einerseits plastisch darstellen, dass die einzelnen Marketing-Aktivitäten miteinander verbunden sind und andererseits auch, dass ein Professional zu jedem Zeitpunkt mit einer beliebigen Marketing-Aktivität im Rahmen seiner Positionierungsstrategie starten kann. Robert W. Bly hat sich in seinem bereits 2002 erschienen Buch *„Become a Recognized Authority In Your Field“* ausführlich mit einzelnen Marketing-Aktivitäten im Zusammenhang mit der Positionierung als Experte auseinandergesetzt. Die Abbildung Multiplication Marketing wurde ausgehend von den Gedanken von Bly bereits in einer anderen Darstellung von mir im Rahmen meiner Rainmaker-Aufsätze erstellt und jetzt zeitgemäß erweitert. Eine Experten-Positionierung kann auf zwei Ebenen erfolgen:

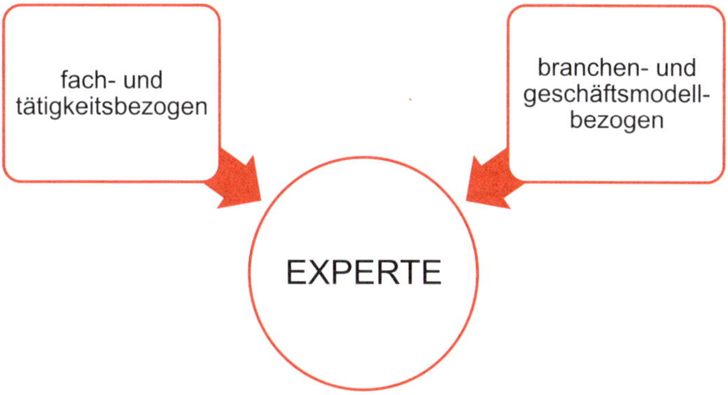

Abb. 15 Fachexperte und Branchenexperte

Ausgangspunkt einer jeden Expertentätigkeit sind mehrjährige praktische Berufserfahrungen bei der bestimmten Tätigkeit oder in einer Branche sowie ein umfassendes Selbststudium. Im Rahmen der **Auftragsabwicklung** sowie aus Gesprächen mit Mandanten gewinnt der Professional wertvolle **Erkenntnisse**. Häufig werden dabei Aktennotizen oder andere interne Dokumente im Rahmen der Auftragsbearbeitung erstellt. Diese Dokumente können als Basismaterial für eine **Veröffentlichung** sein. Professionals, die sich als Experten positioniert haben, dokumentieren dies stets über eine entsprechende Anzahl von Veröffentlichungen. Dies gilt im Übrigen nicht nur für den Berufsstand der Wirtschaftsprüfer und Steuerberater, sondern gleichermaßen für Rechtsanwälte und Ärzte. Wer heute unter Google nach einem Experten sucht, kann anhand der Veröffentlichungen eines Experten leicht prüfen, ob hier tatsächlich jemand über die entsprechende Expertise verfügt. Insbesondere die Wahl des Mediums gibt wertvolle Aufschlüsse über das Standing eines Experten.

Wer in renommierten **Fachzeitschriften** veröffentlicht, hatte regelmäßig einen größeren Expertenstatus als bei einer Veröffentlichung im eigenen Blog im Internet. Jedoch gibt es insbesondere bei den Academic Journals auf dem Gebiet der Wirtschaftswissenschaften nahezu keine Praktiker, die dort veröffentlichen. Wer sich hier also daran orientiert, ob jemand in einem hochrangigen internationalen Journal einer Veröffentlichung hat, wird nahezu ausschließlich hochrangige internationale Wissenschaftlicher finden, aber weniger Experten, die bei der Lösung praktischer Probleme behilflich sind. Für die Positionierung als Professional, der seinen Expertenstatus auf einem bestimmten Fach- bzw. Tätigkeitsgebiet mit seinen Veröffentlichungen unterstreichen will, gilt es also die passenden Plattformen für Veröffentlichungen zu finden.

Dabei sollte man vorab analysieren, ob man einen Fachartikel in einer Fachzeitschrift publizieren will oder einen Artikel in einer Zeitung oder Zeitschrift, die von potenziellen Neukunden gelesen wird. Zielführend für die Neukundengewinnung ist die

Veröffentlichung in Medien, die Nachfrager Ihrer Dienstleistungen lesen. Im Idealfall handelt es sich um aktuelle Themen, die Lösungsansätze zu aktuellen Kundenprobleme skizzieren. Je nachdem, ob Sie potenzielle Neukunden eher regional oder auch überregional suchen, gilt es hier die passenden Medien zu finden. Ziel all dieser Marketingaktivitäten ist die nachhaltige Steigerung Ihres Bekanntheitsgrades.

Alle anderen Veröffentlichungen eines Professionals richten sich bei der fachbezogenen Expertenpositionierung nur indirekt an potenzielle Auftraggeber respektive Mandanten. Denn die Hauptabnehmer dieser Veröffentlichungen sind nicht potenzielle neue Mandanten, sondern andere Berufskollegen, die ihr Wissen erweitern und vertiefen wollen. Und das ist auch in anderen Berufsgruppen, wie beispielsweise bei Rechtsanwälten und Ärzten der Fall. Weshalb ist das so?

Ein Fachexperte verschafft sich im ersten Schritt immer innerhalb seiner Berufskollegen den Status eines Experten, erst im zweiten Schritt wird durch die Anerkennung des Expertenstatus durch die Berufskollegen nachhaltig auch der Status für potenzielle Mandanten am Markt sichtbar. Mandanten wenden sich an Wirtschaftsprüfer, Steuerberater oder Rechtsanwälte, weil sie Probleme gelöst bekommen wollen. Patienten gehen zu Ärzten, weil sie gesund werden wollen. Allen Fällen ist gemeinsam, dass ein Professional aufgesucht wird, um ein Problem zu lösen. Könnten die Mandanten ihre Probleme selbst lösen, bräuchten sie keine Professionals. Dies trifft auf alle Dienstleistungen von Wirtschaftsprüfern und Steuerberater zu. Sieht man von gesetzlichen Pflichtprüfungen und den typischen Vorbehaltsaufgaben eines Wirtschaftsprüfers einmal ab, ist allen anderen Dienstleistungen gemeinsam, dass die Mandanten in aller Regel auch die Problemlösungskompetenz eines Professionals bzw. der beauftragten WP/StB-Praxis nicht wirklich beurteilen können. Denn um die Problemlösungskompetenz beurteilen zu können, müssten die Mandanten selbst in der Lage sein, die angefragte Dienstleistung fachlich korrekt zu erbringen. Wenn die Dienstleistung nicht nur deshalb erbracht wird, um die Haftung bzw. Berufshaftpflichtversicherung eines Wirtschaftsprüfers und Steuerberaters zu nutzen, sondern weil es um die Problemlösungskompetenz des Professionals geht, dann wird in den meisten Fällen erst mehr oder weniger lang nach der Erbringung der Dienstleistung für die Mandanten sichtbar, ob der Professional tatsächlich das Problem gelöst hat.

In diesem Zusammenhang nehmen die Veröffentlichungen eines als Fachexperten positionierten Professionals eine „Gatekeeper-Funktion“ ein. Bei anerkannten Fachzeitschriften wird der Fachartikel regelmäßig von einem Fachbeirat geprüft, sodass dadurch ein bestimmtes Qualitätsniveau gesichert ist. Wer also Fachartikel veröffentlicht, die durch einen Fachbeirat genehmigt wurden, gehört sicher bereits zu einem exponierten Kreis von Experten. Mandanten können aufgrund der Veröffentlichungen respektive der Positionierung als Experte am Markt bei der Auftragsvergabe darauf vertrauen, dass der Professional zu den besten seines Fachs gehört. Er hat sich deutlich sichtbar durch seine Positionierung als Experte von anderen Berufskollegen abgegrenzt.

Bei Branchenexperten besteht durch die Veröffentlichung von Artikeln die Möglichkeit einen unmittelbaren Kontakt zu potenziellen Neukunden herzustellen, weil es in diesen Beiträgen regelmäßig um Problemlösungen innerhalb einer Branche gehen wird. Diese

Veröffentlichungen werden weit überwiegend in Branchenzeitschriften von den Entscheidungsträgern wahrgenommen. Hier erfolgt die Positionierung als Branchenexperte direkt bei den potenziellen Mandanten.

Viele Experten veröffentlichen darüber hinaus in ihren eigenen **Blogs** im Internet. Hier gibt es zwar keine Qualitätskontrolle durch Dritte, aber es können dafür schnell und flexibel regelmäßig Artikel veröffentlicht werden, die im Internet unter Umständen eine deutlich größere Reichweite erzielen können als ein Fachartikel in einer Fachzeitschrift oder ein Branchenartikel in einem Branchenmagazin. Newsletter und E-Magazine unterliegen ebenfalls regelmäßig keiner Qualitätskontrolle und können deshalb einfach für Veröffentlichungen genutzt werden. In sogenannten **White Papers** werden neue Mandanten auf den Professional aufmerksam, indem der Bericht unmittelbar als Werbeinstrument verwendet wird. Dies kann über sowohl über Direct Mailings als auch eigene Webseiten (Landing-Pages) erfolgen. Das White Paper sowie unternehmensbezogenes Research erfordern jedoch häufig die Unterstützung von Mitarbeitern, sodass diese Instrumente bei den Marketing-Aktivitäten der Unternehmen dargestellt werden.

Die **Veröffentlichung eines Buchs** ist sicherlich mit dem größten zeitlichen Aufwand zur Positionierung als Experte verbunden. Sie ist jedoch allen anderen Veröffentlichungen deutlich überlegen. Wer einen bekannten Verlag überzeugen kann, dass dieser sein Buch veröffentlicht, gewinnt nicht nur die Unterstützung beim Vertrieb, sondern muss diesen auch vom wirtschaftlichen Erfolg durch eine entsprechende Nachfrage der jeweiligen Zielgruppe überzeugen. Die Veröffentlichung eines Buches auf einem bestimmten Fachgebiet dokumentiert deshalb am stärksten den Expertenstatus eines Professionals. Vielleicht fragen Sie sich jetzt, weshalb ein Buch schreiben, wenn ein Thema schon in anderen Büchern behandelt wurde? Ja, schreiben Sie ein Buch. Denn Ihr Buch ist Ihre Perspektive auf das Thema. Und diese ist einzigartig. Ihre Einzigartigkeit aufgrund Ihrer Erfahrungen wird das Buch zu etwas Besonderem machen, was kein anderes Buch zuvor hat.

Im Zeitalter der Digitalisierung und der hohen Reichweite von **Videos** auf YouTube wird dieses Medium voraussichtlich in Zukunft einen gewichtigen Platz bei der Positionierung als Experte auf einem bestimmten Fachgebiet einnehmen. Aktuell gibt es nur wenige Professionals, die über eine entsprechende Reichweite mit ihren Videos verfügen, sodass man ihnen den Status eines Experten zu sprechen könnte. Die Eingabe der Begriffe Wirtschaftsprüfer und Steuerberater bei YouTube führt weit überwiegend zu Videos über die Berufsbilder oder Imagefilmen von Kanzleien (Abfragezeitpunkt 27.05.2019). Wer hingegen den Begriff Rechtsanwalt eingibt, kommt an Christian Solmecke nicht vorbei. Mit zum Abfragezeitpunkt 439.784 Abonnenten hat er eine „Fangemeinde", die sonst nur YouTube- und Instagram-Stars haben. Mit mehr als 2 Millionen Aufrufen hat zum Beispiel das Video *„20 Dinge, die Lehrer nicht dürfen (aber trotzdem machen)!"*, eine unglaubliche Reichweite. Das Video hat eine Dauer von gut 10 Minuten und ein Klick bedeutet nicht automatisch, dass das Video auch zu Ende gesehen wurde, aber seine Bekanntheit wurde dadurch gesteigert.

Er positioniert seine Rechtsanwalt-Sozietät WBS außergewöhnlich gut über YouTube. Sofern der Rechner der Webseite www.finantio.de richtig rechnet, hat Christian Solmecke allein mit diesem Video ein Honorar in Höhe von ca. 8.000 € realisiert (https://www.finantio.de/geld/verdienen/mit-youtube/; zuletzt abgerufen am 19.09.2019). Seit Beitritt zu YouTube am 23.07.2010 wurde die Seite von WBS mehr als 72 Millionen Mal aufgerufen, was über die Kanalinfo abrufbar ist (https://www.youtube.com/user/KanzleiWBS/about; zuletzt abgerufen am 19.09.2019). Die Beschreibung des Kanals ist schlicht: „Hier findest du immer die aktuellste Rechtsprechung aus dem Internetrecht, Berichte über neueste Gesetze, Gesetzesvorhaben und Urteile und Tipps und Rat bei Abmahnungen. Du suchst einen Anwalt? Wir helfen bundesweit! Ruf einfach unsere Hotline an." Inwieweit die Ansprache per Du dem Zeitgeist und dem Medium entsprechen und dem üblichen Berufsethos widersprechen, ist bei der Anzahl der Abonnenten und Aufrufe seiner Videos unerheblich. Die Möglichkeit potenziellen Mandanten von Montag bis Sonntag von 8.00 bis 22.00 Uhr eine telefonische Erreichbarkeit anzubieten, ist hingegen nach meinem Kenntnisstand außergewöhnlich für den Berufsstand der Wirtschaftsprüfer, Steuerberater und Rechtsanwälte.

Die meisten Professionals werden jetzt sofort nach dem Besuch eines YouTube-Videos von Solmecke einwenden, dass er außergewöhnlich eloquent ist und außerdem über die besondere Gabe verfügt, dass er komplizierte rechtliche Sachverhalte in einer verständlichen Sprache erklären kann, die auch ein Nicht-Jurist versteht. Das stimmt. Ein Markenzeichen vieler Experten besteht jedoch darin, dass sie auch komplizierte Sachverhalte so erklären können, dass auch „Normalbürger" diese ohne besondere Fachkenntnis verstehen.

Beispiel

Seit fast 20 Jahren habe ich Lehraufträge auf dem Gebiet der Unternehmensbewertung und trage im Rahmen des Trainings zum CVA zu Themen auf dem Gebiet der Unternehmensbewertung vor. Aus diesem Grund fällt es mir sofort auf, wenn ein besonders guter Referent zum Thema Unternehmensbewertung spricht. Aswath Damodaran ist der weltweit bekannteste Hochschullehrer für Unternehmensbewertungen (http://pages.stern.nyu.edu/~adamodar/). Er ermöglicht es seit Jahrzehnten jedermann, seine Vorlesungen im Internet abzurufen. Wie kein anderer versteht er es, komplizierte Sachverhalte so zu beschreiben, dass nicht nur Studenten, sondern auch andere Personen ohne akademischen Hintergrund ihn gut verstehen können. Er hat die Unternehmensbewertung so tief durchdrungen, dass er Menschen das Fachgebiet motivierend und spannend auch ohne Hintergrund auf dem Gebiet der Unternehmensbewertung vermitteln kann.

Solmecke wendet sich mit vielen Alltagsfragen zu verschiedensten Rechtsgebieten unmittelbar an potenzielle neue Mandanten. Sein Beispiel zeigt jedoch, welche Reichweite heute über das Internet mit verhältnismäßig wenig technischem Aufwand und überschaubaren Investitionen in das Equipment möglich ist. Wir werden uns unter den Werkzeugen im Kapitel 4.3 mit der Rhetorik beschäftigen. Vor einer Kamera zu reden ist genauso erlernbar wie vor einem Live-Publikum.

Sowohl Fach- als auch Branchenexperten werden gebeten, ihr Know-how mit einem Live-Publikum im Rahmen von **Vorträgen** zu teilen. Dies kann auf Konferenzen im Rahmen von Keynotes oder Fach- und Branchenvorträgen sein. Wer auf einer anerkannten Fachkonferenz regelmäßig als Speaker auftaucht, gehört unstrittig zu den Experten eines bestimmten Fachgebietes.

Beispiel

Die European Association of Certified Valuators and Analysts (EACVA) führt einmal im Jahr eine Konferenz für Bewertungsprofessionals durch (www.bewerterkonferenz.de). An 2 Tagen gibt es 4 Keynotes und oft bis zu 28 Workshops. Bewertungsprofessionals, die sich sowohl national als auch international einen Namen gemacht haben, treten dort auf. Viele von ihnen sind seit vielen Jahren regelmäßig dort als Referent tätig. Damit einher geht eine besondere Stellung innerhalb des Berufsstandes der Unternehmensbewerter. Die Positionierung als Experte ist somit am Markt sichtbar.

Eine weitere Variante der Vortragstätigkeit sind **Seminare**. Wer sich als Fach- oder Branchenexperte einen Namen gemacht hat, wird auch als Referent für Seminare gebucht. Seminare grenzen sich gegenüber Vorträgen dahingehend ab, dass sie länger gehen. Ein Seminar beginnt nach meinem Verständnis ab 3 Stunden Vortragstätigkeit. Bisweilen können Seminare mehrere Tage gehen. Sowohl Vorträge als auch Seminare können selbstverständlich aufgezeichnet werden und somit mehrfach verwertet. Im Gegensatz zu Veröffentlichungen sind bei Vortragstätigkeiten gänzlich andere Soft Skills gefragt als bei einem guten Autor. Wer gut schreiben kann, muss nicht automatisch auch ein guter Referent sein. Beiden Marketing-Aktivitäten gemeinsam ist jedoch, dass sowohl ein guter Autor als auch ein guter Referent sein Fachgebiet beherrscht. Und wenn er sein Fachgebiet richtig durchdrungen hat, kann er auch in einer verständlichen und einfachen Sprache die Inhalte vermitteln. Dies ist Voraussetzung, dass er auch als Referent überzeugend auftreten kann. Der entscheidende Vorteil einer jeden Vortragstätigkeit besteht darin, dass ein Professional unmittelbar mit potenziellen neuen Mandanten bei der Veranstaltung davor, während und danach in Kontakt treten kann. Wer die Veröffentlichung liest, ist dem Professional normalerweise nicht bekannt.

Es gibt eine Vielzahl von Aktivitäten, die zu den **PR-Aktivitäten** subsummiert werden können. Beispielhaft sind in der Abbildung das Direct Mailing, Interviews, Podcasts und Social-Media-Aktivitäten genannt.

Direct Mailings setzen voraus, dass der Empfänger bekannt ist und das Mail dem Empfänger einen Nutzen stiftet. Die Veröffentlichungen von Fachartikeln eignen sich hier genauso wie aktuelle Informationen zum Fachgebiet oder der Branche. Inwieweit diese Direct Mails jedoch Aufmerksamkeit bei der Vielzahl der täglichen Mails bekommen, darf bezweifelt werden. Es bedarf eines guten Betreffs und das Überwinden diverser (Spam-) Filter beim Empfänger, um überhaupt wahrgenommen zu werden, zusätzlich gilt es die Vorgaben des Datenschutzes zu beachten. Wenn dies erfolgreich gelingt, kann der Professional Aufmerksamkeit bei potenziellen Neukunden gewinnen oder sich bei Bestandskunden in Erinnerung rufen.

Ein **Interview** für eine Zeitung, einen Radiosender oder das Fernsehen hebt den Experten deutlich von anderen Professionals ab, weil in der Regel die Anfrage von den Medien kommt. Inwieweit selbst inszenierte Interviews auf YouTube eine vergleichbare Reputation bekommen, wird von der Bekanntheit des Kanals und des Interviewpartners abhängen. Sie können eine imagebildende Wirkung erzeugen.

Die Produktion eines **Podcasts** ist zeitaufwendig. Im deutschsprachigen Raum sind Podcasts im Vergleich zu den USA noch nicht sehr verbreitet. Ein erfolgreicher Podcast erscheint regelmäßig und hat eine „Fangemeinde", die ihn regelmäßig hört. Die Veröffentlichung sollte deshalb in bestimmten Zeitintervallen erfolgen. Podcasts können im Block produziert werden und dann über einen längeren Zeitraum veröffentlicht werden. Inwieweit der Zeitaufwand für die Produktion in einem angemessenen Verhältnis zu den Zielen bei der Positionierung als Experte steht, ist aktuell noch nicht absehbar. Da Podcasts jedoch auch bei uns mehr und mehr an Bedeutung gewinnen, sollte dieses PR-Instrument nicht aus den Augen verloren werden bei der Positionierung als Experte. Insbesondere, weil ein Podcast zur Kundenbindung beitragen und von potenziellen Neukunden wahrgenommen werden kann.

Die **sozialen Netzwerke** (Social Media), wie beispielsweise LinkedIn, Facebook und Instagram, haben sich in den letzten Jahren hinsichtlich ihrer veröffentlichten Nutzerzahlen beeindruckend entwickelt. LinkedIn hatte weltweit 610 Mio. Nutzer, wovon rund 12 Mio. Nutzer aus der D-A-CH-Region kommen. Facebook hat rund 2,3 Mrd. monatliche Nutzer, wovon 32 Mio. aus Deutschland kommen. Und Instagram hat rund 1 Mrd. monatliche Nutzer weltweit, von denen ca. 14 Mio. Nutzer aus Deutschland kommen. Angaben wurden am 23.08.2019 unter http://www.projecter.de/blog/social-media/aktuelle-nutzerzahlen-sozialer-netzwerke.html abgefragt und beziehen sich alle auf das 4. Quartal 2018.

Für die Positionierung als Experte scheint mir aktuell nur LinkedIn empfehlenswert. Die Präsenz auf Facebook und Instagram kann ggf. bei der Mitarbeitergewinnung wichtig sein, aber eine Unterstützung bei der Positionierung als Experte sehe ich aktuell zumindest als fragwürdig. Über die Suchfunktion bei LinkedIn lassen sich recht schnell eine Vielzahl von Entscheidungsträgern potenzieller Mandate identifizieren. Der Sales-Navigator von LinkedIn ist ein kostenpflichtiges Instrument, das Professionals auf der Suche nach neuen Kunden unterstützt.

Die wichtigste Marketing-Aktivität im Kreislauf des Multiplication-Marketings ist das **Akquisitionsgespräch**. Bei den Akquisitionsgesprächen geht es schlussendlich darum, dass der Professional einen potenziellen neuen Mandanten von sich, seinem Dienstleistungsangebot und seinem Unternehmen überzeugt. Das kann ein One-to-One-Gespräch oder eine Präsentation des Professionals und ggf. seiner Mitarbeiter bei einem potenziellen neuen Kunden sein. Es gilt dabei folgende Akquisitionsgespräche zu unterscheiden:

1. Anlassbezogene Akquisitionsgespräche
2. Nicht anlassbezogene Akquisitionsgespräche

Ein anlassbezogenes Akquisitionsgespräch geht regelmäßig mit einem Pitch mit anderen Wettbewerbern einher. Ein Mandant macht eine Ausschreibung oder fragt ganz konkret nach einer oder mehreren bestimmten Dienstleistungen im Zusammenhang mit einem bestimmten Anlass, z.B. einer Unternehmenstransaktion. Ein nicht anlassbezogenes Akquisitionsgespräch kann beispielsweise im Rahmen eines Fachvortrags oder einer Unternehmenspräsentation bei einem potenziellen neuen Kunden sein. Da diese Akquisitionsgespräche ohne einen bestimmten Anlass sind, gilt es kompetent und sympathisch zu sein, in der Hoffnung bei einem späteren Bedarf an einer Dienstleistung des Professionals einen Auftrag zu erhalten.

Marketing-Aktivitäten für Unternehmen

Mit Marketing-Aktivitäten von Unternehmen sind die Aktivitäten gemeint, die tendenziell von größeren Unternehmen ausgeführt werden, weil sie über eine entsprechende Finanzkraft verfügen und genügend personelle Ressourcen haben, sodass diese auch in die Praxis umgesetzt werden können. Aber das entscheidende Abgrenzungskriterium im Vergleich zu den Marketing-Aktivitäten bei der Positionierung von Professionals als Experten besteht darin, dass diese Aktivitäten völlig unabhängig von einer bestimmten Positionierung sind. Sie können also von allen Unternehmen durchgeführt werden und es bedarf hierzu keiner Expertenpositionierung. Es handelt sich um die nachfolgend aufgeführten Marketing-Aktivitäten für Unternehmen:

- Internetpräsenz
- Anzeigen
- Newsletter
- Research
- Firmenevents
- Sponsoring
- Pressearbeit

Im Folgenden sollen die einzelnen Marketing-Aktivitäten für Unternehmen nur kurz behandelt werden, weil diese eben nicht für alle Professionals aus den zuvor genannten Gründen gleichermaßen realisierbar sein werden und es den Rahmen des Buches sprengen würde, sie eingehender zu behandeln.

Eine **Internetpräsenz** darf als vorhanden vorausgesetzt werden. Wer heute noch keinen Webauftritt hat, lebt in der Steinzeit und wird sich noch weniger mit der Digitalisierung auseinandersetzen. Auf einer Datev-Veranstaltung zum Thema Digitalisierung wurde von einem Mitarbeiter der Datev vorgetragen, dass es Berufskollegen gibt, die sich mit der Digitalisierung nicht auseinandersetzen wollen, weil sie sich selbst mit Mitte 50 als zu alt sehen. Der Referent der Datev ergänzte dann noch, dass der Kollege „bereits“ in 10 Jahren in den Ruhestand gehen wolle und ihn das Thema deswegen nichts mehr anginge. Es bedarf schon einer gewissen Naivität, wenn Berufskollegen meinen, dass sie in den nächsten 10 Jahren so weiter machen können wie bisher und sie die Digitalisierung nichts angehen würde. Mir fällt da eigentlich nur das Gorbatschow-Zitat ein: „Wer zu spät kommt, den bestraft das Leben." Wer jedoch jemals einen Internetauftritt aktiv mitgestaltet hat, der weiß, dass dies immer einhergeht mit Strategiefragen zum Unternehmen. Dies gilt gleichermaßen bei der Überarbeitung des Internetauftritts.

Wenn **Anzeigen** eine bestimmte Marketing-Wirkung entfalten sollen, erfordert dies meist einen größeren Kapitaleinsatz. Dies gilt zumindest für Anzeigen in Zeitungen, Zeitschriften oder auf Werbeplakaten. Im Internet können Anzeigen preiswerter und zielgruppenfokussierter mit einem geringeren Streuverlust sein. Für eine bestimmte Nachhaltigkeit sind auch hier entsprechende finanzielle Mittel notwendig. Wichtig ist, dass Anzeigen über einen längeren Zeitraum regelmäßig geschaltet werden müssen, da sie sonst verpuffen.

Newsletter oder Mandantenrundschreiben werden wohl von den meisten WP/StB-Praxen erstellt und verteilt. Sie sind ein Medium, um in Erinnerung zu bleiben oder können für Direct-Mailing-Aktionen verwendet werden. Bei steuerlichen Informationen in Mandantenrundschreiben habe ich erhebliche Zweifel, ob das die meisten Mandanten wirklich interessiert. Denn die meisten Mandanten haben doch einen Steuerberater, weil sie sich gerade nicht mit steuerlichen Fragen selbst auseinandersetzen wollen. Inwieweit so ein Schreiben haftungsreduzierend ist, ist auch im Einzelfall und vom Auftragsverhältnis abhängig. Schlussendlich kann ein steuerlicher Informationsbrief auch zur internen Fortbildung der Mitarbeiter verwendet werden.

Research in Form von White Paper oder bestimmten Studien sind ein ausgezeichnetes Marketing-Instrument. Dafür bedarf es jedoch in der Regel erheblicher personeller Ressourcen, die oft nur die sehr großen Gesellschaften haben. Diese nutzen ihr Research dann auch geschickt, um die Ergebnisse in den Medien und bei ihren Mandanten zu verbreiten. Durch die mediale Reichweite werden so auch neue potenzielle Mandanten auf das Unternehmen aufmerksam.

Firmenevents können im großen und im kleineren Stil stattfinden. Die Wahl zum Entrepreneur des Jahres oder Nachhaltigkeitspreise für Unternehmen erreichen ebenfalls eine hohe mediale Reichweite. Aber auch kleine Firmenevents in den eigenen Büroräumen mit guten externen und internen Speakern, bei einem Begrüßungsgetränk und einem kleinen Imbiss danach dienen der Mandantenbeziehungspflege und geben Gelegenheit, potenzielle neue Mandanten einzuladen.

Das **Sponsoring** von sportlichen, kulturellen oder anderen Events ist häufig ebenfalls mit erheblichen finanziellen Mitteln verbunden und dient der Imagepflege. Dies gilt gleichermaßen für eine professionelle **PR-Arbeit**, da es hierzu regelmäßig eigener qualifizierter Mitarbeiter oder externer Mitarbeiter bedarf.

3.2 Ziele setzen

Eine zentrale Aufgabe eines wirksamen Selbstmanagement und Fremdmanagement ist Zielklarheit. Zielklarheit ist eine wesentliche Voraussetzung für ein erfolgreiches Berufs- und Privatleben. Dabei überschätzen die meisten Menschen, was sie in einem Jahr erreichen können, und unterschätzen, was sie mittelfristig, zum Beispiel in fünf Jahren, erreichen können. Dies gilt sowohl für das Berufs- als auch für das Privatleben.

i

Hinweis:
Heute verfügen die meisten Pkws über ein Navigationssystem. Auf jedem Smartphone ist Google Maps installiert. Deshalb ist es für die meisten Menschen heute selbstverständlich, dass sie, um an ein Ziel zu gelangen, die exakte Adresse in das Navigationssystem oder bei Google Maps eingeben. Wer nicht genau weiß, wohin er will, wird dort auch nicht ankommen. Wenn ein Schiff oder ein Flugzeug nur minimal den Kurs ändert, kommt es in Abhängigkeit von der Länge der Strecke an einem völlig anderen Ort an. Diese Erkenntnisse mögen auf den ersten Blick trivial sein. Sie lassen sich jedoch unmittelbar auf ihr Berufs- und Privatleben übertragen.

Mit dem Grundsatz der Fokussierung einher geht die Konzentration auf Weniges. Dies gilt gleichermaßen beim Ziele setzen. Dabei gilt der Grundsatz: Weniger ist mehr. Fast immer nimmt man sich zu viel und zu viel Verschiedenes vor. Auch dies gilt meist gleichermaßen im Berufs- und Privatleben sowie in WP/StB-Praxen und führt im Ergebnis zu Stress. Wirksame Professionals stellen sich deshalb immer wieder folgende Fragen:

- Ist das wirklich wichtig?
- Was passiert, wenn ich/wir das nicht machen?

Das Werkzeug „Ziele setzen" ist ein Soft Skill, das im Berufsleben genauso wichtig ist wie im Privatleben. **Berufliche und private Ziele sind immer persönliche Ziele eines Professionals.** Davon abzugrenzen sind die Ziele des Unternehmens. Das Führen von Mitarbeitern mit Zielen (Management by Objectives) geht auf Drucker zurück und wird in vielen WP/StB-Praxen angewendet. Die Vorgehensweise beim wirksamen „Ziele setzen" ist jedoch immer die gleiche. Dabei spielt es keine Rolle, ob es sich um persönliche Ziele oder um Ziele des Unternehmens handelt. Da das Buch den Titel „Wertvolle Soft Skills für Wirtschaftsprüfer und Steuerberater" trägt, wird die Aufgabe „Ziele setzen" aus der Perspektive eines Professionals dargestellt. Es handelt sich insoweit um persönliche Ziele. Das sind sowohl berufliche als auch private Ziele. Denn nur wenn auf der persönlichen Ebene Zielklarheit herrscht, wird ein Professional sein ganzes Potenzial für das Erreichen von Unternehmenszielen einbringen können. Die Prozessschritte, die ein Professional bei der persönlichen Zielsetzung durchläuft, sind die gleichen Schritte, die bei der Zielsetzung in einer WP/StB-Praxis durchlaufen werden.

Die Aufgabe „Ziele setzen" wird deshalb zunächst aus Sicht eines Professionals dargestellt. Danach wird das Thema kurz aus Sicht der WP/StB-Praxis skizziert. Es geht hier in dem Kapitel um das Verständnis der Wichtigkeit der Aufgabe „Ziele setzen" und darum, dass ein Professional den Prozess der Zielsetzung verinnerlicht. Wenn ein Professional diesen Prozess verinnerlicht hat, kann er sein Wissen auch in die WP/StB-Praxis einbringen. Insbesondere bei größeren Gesellschaften entscheiden über die Ziele oft noch andere Gesellschafter bzw. Partner mit, sodass ein Professional hier ohnehin in aller Regel nicht allein über die Ziele der WP/StB-Praxis entscheidet, sofern der Professional kein Einzelunternehmer ist.

Persönliche Ziele setzen

Wirksame Professionals beschränken sich auf die wenigen wesentlichen und wichtigen Ziele. Beim Grundsatz der Handlungsorientierung hatten wir uns neben den verschiedenen Lebensmotiven nach Steven Reiss auch mit dem Thema extrinsische und intrinsische Motivation von Menschen beschäftigt. Dieses Basiswissen ist wichtig, wenn wir uns mit der Aufgabe „Ziele setzen" auf der persönlichen Ebene sinnvoll auseinandersetzen wollen.

Finden Sie ihren Lebenssinn

Außergewöhnliche Erfolge sind dann möglich, wenn Sie Ihren Lebenssinn oder Lebenszweck kennen, klare Prioritäten setzen und produktiv leben. Ein produktives Leben eines erfolgreichen Menschen wird von dem bestimmt, was nicht sichtbar ist. Es ist wie die Spitze eines Eisbergs. Ausgangspunkt ist Ihr Lebenszweck bzw. Lebenssinn, wobei beide Begriffe synonym verwendet werden. Wer jetzt denkt, dass wir den Pfad des wirksamen Managements verlassen und uns ins Philosophische verlieren, der irrt. Die Frage nach dem Zweck oder Sinn Ihres Lebens steht in einem engen Zusammenhang mit Ihren Lebensmotiven und mit Ihren Stärken. Nur wer seine Lebensmotive und seine Stärken kennt, wird den Zweck und Sinn seines Lebens finden. Denn nur wer im Einklang mit seinen Lebensmotiven und seinen Stärken lebt, wird seine Persönlichkeit optimal entfalten und den größtmöglichen gesellschaftlichen Beitrag leisten. Wer weniger sozial eingestellt ist, kann gerne den vorherigen Satz ersetzen, dass er nur dann seinen eigenen größtmöglichen Profit in seinem Leben erreichen kann. Denn, wer nicht im Einklang mit seinen Lebensmotiven und seinen Stärken lebt, wird sowohl in seinem Berufs- als auch in seinem Privatleben oft ein Gefühl von Unzufriedenheit spüren. Burnout-Syndrome, mangelnde Energie und häufig auch Unglücklichsein sind dann fester Bestandteil im Leben eines Professionals. Die folgende Abbildung zeigt die Zusammenhänge.

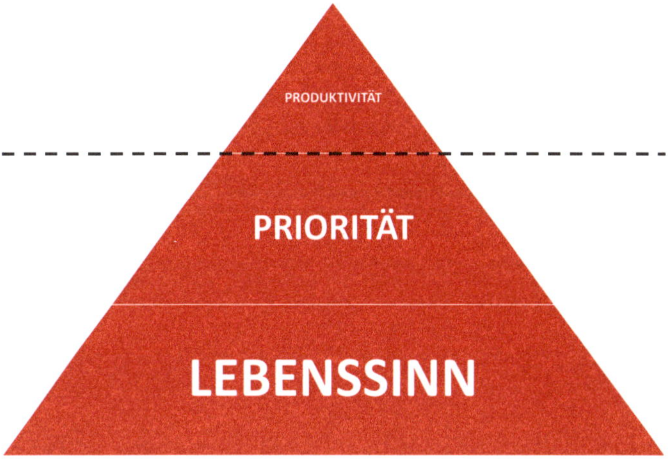

Abb. 16 Zusammenhang zwischen Lebenssinn, Prioritäten und Produktivität

Wir hatten bereits beim Grundsatz der Fokussierung die Wichtigkeit des Prinzips der EINEN Sache besprochen. Ihre EINE große Aufgabe ist der Zweck Ihres Lebens oder Ihr Lebenssinn. Ihre EINE (kleine) Aufgabe ist die Priorität, auf deren Basis Sie täglich handeln. Je produktiver ein Mensch ist, desto stärker wird er von seinem Lebenssinn und seinen Prioritäten getrieben. Wer Sie sind und wohin Sie zielen, bestimmt, was Sie tun und was Sie erreichen. Wenn Sie den Sinn Ihres Lebens kennen, gewinnen Sie schneller Klarheit bei Entscheidungen. Glück und Zufriedenheit stellen sich ein, wenn Sie im Einklang mit Ihren Zielen und Ihrem Lebenssinn handeln. Ein Lebenssinn ist der direkteste Weg zur Macht und die ultimative Quelle persönlicher Kraft, der Überzeugungskraft und der Beharrungskraft. Ein Lebenssinn ohne klare Prioritäten ist kraftlos. Wer sagt, dass er keine Zeit hat, meint in Wirklichkeit, dass er eine bestimmte Sache nicht tun will. Denn schlussendlich ist alles eine Frage der Priorität. Und wenn Sie bestimmte Sachen nicht tun, dann nur deshalb, weil Ihnen andere Sachen wichtiger sind. Ausgangspunkt sind Ihre langfristigen Ziele, die Ihr tägliches Handeln bestimmen. Die folgende Abbildung geht auf Keller und Papasan zurück und zeigt die Zusammenhänge zwischen Fernzielen bzw. Visionen und den Tageszielen auf Basis des Prinzips der EINEN Sache.

Abb. 17 Von der Vision zum Handeln

Es kann nur EINE Priorität im Hier und Jetzt geben. Setzen Sie sich ein Fernziel bzw. Vision in der Gegenwart und schreiben Sie auf, was Sie tun müssen, um es zu erreichen. Ihre höchste Priorität ist die EINE Sache, die Sie hier und jetzt machen können und die Ihnen dabei helfen wird, Ihr jeweils wichtigstes Ziel zu erreichen. Setzen Sie sich wenige Ziele, dafür jedoch große Ziele, die Ihnen etwas bedeuten, wenn Sie sie erreicht haben. Ein Fernziel oder eine Vision betrifft regelmäßig Zeiträume, die mehr als fünf Jahre von heute an entfernt sind. Der Begriff Vision kommt aus dem lateinischen „visio" und steht für „Anblick" bzw. „Erscheinung". Gedanken sind Kräfte. Alles beginnt mit unserem Denken. Nur was gedacht wurde, existiert. Eine Idee, ein Traum oder eine Vision sind der Ursprung von Fernzielen. Die wenigsten Menschen haben den Mut groß zu denken. Die Abbildung zeigt Ihnen Schritt für Schritt, wie Sie ausgehend von einem Fernziel oder einer Vision, zu Fünf-Jahres-Zielen, Jahreszielen, Monats-, Wochen- und Tageszielen ins unmittelbare Handeln im Jetzt kommen. Das ist der Schlüssel zu einem erfolgreichen Leben und zur Zielerreichung. Genau zu wissen, was man will, und jeden Tag genau das tun, das zu den jeweiligen Zielen führt.

Beim Grundsatz der Fokussierung hatten wir in Kapitel 2.3 verschiedene Lebensbereiche dargestellt und in diesem Zusammenhang die Frage gestellt, was ist die EINE Sache, die ich tun kann, sodass, wenn ich diese Sache tue, alles andere einfacher oder überflüssig wird? In einem engen Zusammenhang zwischen Ihren verschiedenen Lebensbereichen stehen Ihre verschiedenen Lebensrollen. Denn innerhalb der verschiedenen Lebensbereiche nehmen Sie verschiedene Lebensrollen war.

Bei dem Begriff „Rolle“ denken vermutlich einige Professionals unmittelbar an den Beruf des Schauspielers. Ein Schauspieler spielt eine Rolle in einem Film oder auf einer Theaterbühne. Vielleicht mag sich der eine oder andere von Ihnen in seinen verschiedenen Lebensrollen wie ein Schauspieler vorkommen? Dann spielt er tatsächlich eine Rolle. Er ist demnach mitnichten authentisch! Mir geht es bei dem Begriff der Lebensrolle darum, dass Sie in jedem der einzelnen Lebensbereiche eine Rolle einnehmen, mit der regelmäßig bestimmte Aufgaben und Pflichten verbunden sind. Sie spielen in diesem Fall also keine Rolle, sondern nehmen verantwortungsvoll die Aufgabe respektive Rolle in diesem bestimmten Lebensbereich ein.

In der folgenden Mindmap sehen Sie beispielhaft meine verschiedenen Lebensrollen, die ich aktuell wahrnehme. Sie können diese Mindmap als Ausgangspunkt für die Definition Ihrer eigenen Lebensrollen nehmen.

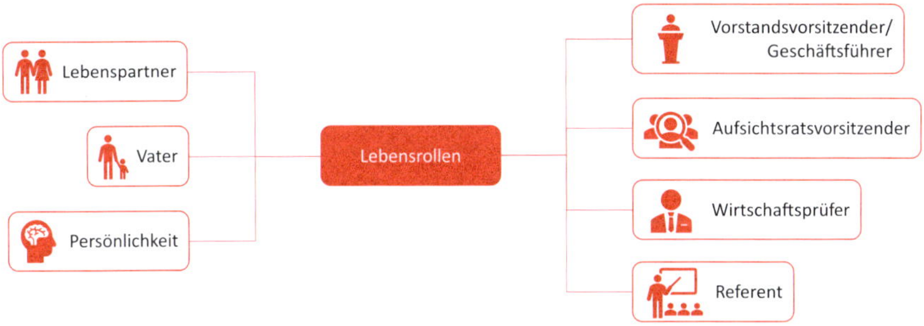

Abb. 18 Lebensrollen

Meine beruflichen Rollen als Wirtschaftsprüfer und Steuerberater nehme ich in der Funktion als Organ mehrerer Unternehmen wahr. Die Trennung der Rollen zwischen der Organstellung bei den Unternehmen von der Rolle des Wirtschaftsprüfers habe ich ganz bewusst so vorgenommen. Als Vorstandsvorsitzender und Geschäftsführer von zwei Wirtschaftsprüfungsgesellschaften habe ich die Rolle des Unternehmers und Managers. Bei meiner Rolle als Wirtschaftsprüfer und Steuerberater verlasse ich die Rolle des Unternehmers und Managers und nehme die Rolle des Berufsträgers ein, der unabhängig von der Rolle des Unternehmers und Managers andere Aufgaben und Pflichten hat. Meine weiteren beruflichen Rollen sind der Vorstandsvorsitz eines Berufsverbandes für Unternehmensbewerter mit aktuell rund 800 Mitgliedern, den ich ehrenamtlich wahrnehme, sowie der Aufsichtsratsvorsitz eines Dienstleistungsunternehmens in der Rechtsform der Aktiengesellschaft auf dem Gebiet der Telekommunikation. Darüber hinaus bin ich seit mehr als zwei Jahrzehnten als Referent tätig, wobei ich u.a. seit 20 Jahren als Lehrbeauftragter an verschiedenen Hochschulen tätig bin. Außerdem unterrichte ich im Rahmen der Ausbildung zum Certified Valuation Analyst (CVA). Schließlich halte ich Keynotes, Vorträge und Seminare zum Marketing und Management von Wirtschaftsprüfern und Steuerberatern sowie zu Themen rund um die Unternehmensbewertung.

Nicht weniger wichtig sind meine privaten Rollen. Ich habe eine Lebenspartnerin und zwei inzwischen erwachsene Kinder. Demnach habe ich die Rolle des Lebenspartners und des Vaters. Ich habe des Weiteren meine Persönlichkeit als eigene Rolle definiert. Meine Persönlichkeit wirkt sowohl in mein Privatleben als auch in mein Berufsleben hinein. Ich sehe es als eine Lebensaufgabe, im Hinblick auf meine Persönlichkeit von Jahr zu Jahr zu wachsen und dazu zu lernen. Aus diesem Grund habe ich ebenfalls ein Leitbild zu meiner Persönlichkeitsentwicklung verfasst.

Es gibt sicherlich Professionals, die mehr oder auch weniger Lebensrollen einnehmen. Wer sich jedoch bewusst mit seinen verschiedenen Lebensrollen auseinandersetzt, stellt spätestens jetzt fest, wie wichtig es ist, sich immer auf die EINE Sache zu konzentrieren. In Abhängigkeit von der Wichtigkeit, die diese Lebensrollen für ihr Leben haben, kommen selbst bei einer Konzentration auf die EINE Sache in den verschiedenen Lebensbereichen bzw. Lebensrollen recht schnell viele verschiedene Dinge zusammen, die sie alle gleichermaßen mehr oder weniger im Blickwinkel haben müssen. In dem Augenblick, in dem Sie sich in den verschiedenen Lebensbereichen – im Hinblick auf Ihre Ziele – auf die EINE Sache fokussieren, müssen Sie sich unweigerlich eine wichtige Frage beantworten: Was sollte ich und will ich in Zukunft nicht mehr tun? Denn durch ihre Fokussierung werden sie zwangsläufig viele andere Aktivitäten aufgeben müssen.

Vor vielen Jahren habe ich für meine einzelnen Lebensrollen jeweils sogenannte Mission Statements respektive Mini-Leitbilder formuliert. Sie geben mir eine konkrete Orientierung im Alltag und dienen als wichtiges Hilfsmittel beim Setzen von Prioritäten. Diese Leitbilder sind in der Gegenwartsform formuliert und beschreiben einen idealen Zustand. Da ich „nur" ein Mensch und keine Maschine bin, gelingt es mir nicht immer, das Soll-Bild einer Lebensrolle mit dem Ist-Bild einer Rolle in Einklang zu bringen. Dennoch dienen mir diese einzelnen Mission-Statements als zentraler Leitfaden für mein Handeln und ich kann leicht feststellen, ob ich in bestimmten Situationen meinen eigenen Ansprüchen und Vorstellungen gerecht werde oder nicht. Um eine Vorstellung zu vermitteln, wie Sie Ihre eigenen Mission-Statements formulieren können, stelle ich hier beispielhaft mein Mission-Statement als Wirtschaftsprüfer dar.

Beispiel

Mein Handeln in meinem Beruf richtet sich daran aus, ein außergewöhnlich erfolgreicher Wirtschaftsprüfer und Steuerberater zu sein, der den Nutzen seiner Mandanten maximiert. Das Ziel meiner Arbeit ist stets, die bestmögliche Qualität meiner Dienstleistungen beim Mandanten zu erbringen. Ich bin ein Bewertungsexperte und werde als solcher von meinen Mandanten und der Öffentlichkeit wahrgenommen. Das Ziel meiner Tätigkeiten ist die größtmögliche Mandantenzufriedenheit zu erzielen. Ich beachte die Berufsgrundsätze der Wirtschaftsprüfer und Steuerberater: Unabhängigkeit, Eigenverantwortlichkeit, Neutralität, Verschwiegenheit und Gewissenhaftigkeit sowie meinen Berufseid als Wirtschaftsprüfer.

Viele Menschen nehmen Informationen leichter visuell auf als auditiv. Dies ist unter anderem ein Grund, weshalb Sie in diesem Buch viele Abbildungen finden. Vielleicht kennen Sie das Sprichwort, dass „ein Bild mehr als 1.000 Worte sagt“. Bereits während meines Studiums der Betriebswirtschaftslehre an der Universität Mannheim hatte ich erstmalig Kontakt mit einer Methode, die sich Mindmapping nennt. Mindmaps gehen auf den britischen Psychologen Tony Buzan zurück, wobei erste Ideen dazu von ihm bereits im Jahr 1971 entstanden. Erst Ende der 90er Jahre kamen dann Software-Produkte auf den Markt, die es leicht ermöglichten Mindmaps zu erstellen. Ich nutze Mindmaps seit mehr als 20 Jahren sowohl beruflich als auch privat. Die zuvor dargestellten Lebensrollen sind als Mindmap dargestellt.

Hinweis:
Wer sich mit dem Mindmapping näher beschäftigen will, findet bei Google inzwischen zahlreiche Hinweise und eine Vielzahl an Beispielen hierüber. Die Einsatzgebiete sind mannigfaltig. Seit mehr als 20 Jahren nutze ich Software von Mindjet (www.mindjet.de). Seit gut einem Jahr darüber hinaus ein Collaboration Tool in der Cloud von Mindmeister (www.mindmeister.de), das sehr gut geeignet ist, wenn Sie mit anderen Menschen eine Mindmap teilen wollen. Mindmaps verbinden in idealer Weise die rechte und linke Gehirnhälften von Menschen und fassen wesentliche Gedanken und zentrale Informationen in einem Bild zusammen. Aus diesem Grund setze ich das Tool sowohl bei meiner beruflichen als auch bei meiner privaten Zielsetzung ein.

Sowohl meine beruflichen als auch meine privaten Ziele habe ich schriftlich in verschiedenen Mindmaps zusammengefasst. Das Prinzip der Schriftlichkeit gilt es dabei zu beachten. Menschen, die ihre Ziele schriftlich festhalten, sind erfolgreicher als andere Menschen, die dies nicht tun. Gail Matthew, Professorin an der Dominican University of California, hat in einer Studie festgestellt, dass Menschen, die ihre Ziele schriftlich festhalten, erfolgreicher sind als andere. Den höchsten Zielerreichungsgrad erreichen die Menschen, die ihre Ziele mit Familie oder Freunden teilen und regelmäßig über ihre Fortschritte hinsichtlich der Zielerreichung austauschen. Für das berufliche Umfeld bedeutet dies, dass ein Professional gegenüber seinen Partner- und Managerkollegen zu seinen Zielen ein Commitment abgeben sollte. Das Prinzip der Schriftlichkeit wird bei der Zielsetzung zu selten befolgt. Erst wenn Ziele und Teilziele schriftlich fixiert sind, sind sie nicht nur im Kopf des Professionals, sondern sie werden materiell sichtbar.

Außerdem ist der zeitliche Rahmen für das Erreichen der Ziele festzulegen. Ein Ziel ohne Zeitpunkt, wann es erreicht sein soll, ist wie eine Reise mit einem Schiff, bei dem es egal ist, wann das Schiff ankommt. Bei Zielen geht es in der Regel um das Erreichen von Teilzielen oder auch „Milestones“ in bestimmten Zeiträumen. Die Ziele sollten **SMART** formuliert sein. Das heißt, dass sie **s**pezifisch, **m**essbar, **a**ktionsorientiert, **r**ealistisch und **t**erminierbar sein sollten.

Rahmenbedingungen der Mitarbeiter bei ihrer Arbeit? Dies zu quantifizieren, scheint mir deutlich schwieriger, als ein Umsatzziel auszusprechen.

Die Qualität der Dienstleistungen eines Wirtschaftsprüfers und Steuerberaters sollte ebenfalls auf einem möglichst hohen Niveau sein und ist häufig ebenfalls nicht messbar. Ein erfolgreich bestandenes Peer Review durch einen externen Qualitätskontrollprüfer kann zwar eine erste Indikation über die Qualität einer WP-Praxis geben, aber die erfahrenen Berufskollegen kennen jedoch die Grenzen eines positiven Urteils beim Peer Review. Denn es ist sehr schnell einleuchtend, dass ein ohne Mangel bestandenes Peer Review im Einzelfall nichts über die tatsächliche Qualität einer Steuerberatungsleistung oder einer betriebswirtschaftlichen Beratungsleistung sagt. Denn im Peer Review wird im Wesentlichen das Qualitätskontrollsystem respektive die Prozesse bei siegelführenden Aufträgen dahingehend geprüft, ob es funktioniert bzw. sie funktionieren. Und auch die Anerkennung durch die Finanzverwaltung im Rahmen einer Betriebsprüfung sagt nichts über die tatsächliche Qualität einer Steuerberatungsleistung aus. Denn ob es ggf. vorteilhaftere Gestaltung gegeben hätte wird dadurch nicht sichtbar.

Das sind lediglich zwei von vielen Beispielen, die zeigen, dass sich nicht alle Ziele quantifizieren lassen. Qualitative Ziele sind ebenfalls wichtig und sollten gleichfalls schriftlich formuliert werden.

3.3 Planen und Organisieren

Die Aufgabe des Planens und Organisierens ist eine weitere Schlüsselaufgabe eines Professionals. Dabei bezieht sich die Planung und Organisation auf folgende Ebenen in einer WP/StB-Praxis:

- Projektaufgaben
- Managementaufgaben

Darüber hinaus betrifft die Planung und Organisation selbstverständlich auch das Selbstmanagement eines Professionals. Da dies jedoch nach meinem Verständnis ein Werkzeug für einen Professional ist, weil es hier um das eigene Management geht und nicht um das Management von Mitarbeitern, wird dies hier nicht weiter vertieft, sondern im Kapitel Werkzeuge behandelt.

Nicht jeder Professional hat Managementaufgaben in einer WP/StB-Praxis. Managementaufgaben sind regelmäßig Führungskräften vorbehalten. Hingegen haben bereits vergleichsweise junge Mitarbeiter relativ früh im Rahmen ihres Berufsleben Projekt-Managementaufgaben zu bewältigen. Dies gilt zumindest in Teilbereichen bei Projekten. Schlussendlich obliegt bei einem Projekt dem für den Auftrag zuständigen Partner bzw. Senior Manager die Projektverantwortung. In jedem Fall sind weitaus mehr Professionals im Projektmanagement tätig als im Management einer WP/StB-Praxis, weshalb im Folgenden die Schlüsselaufgabe Planen und Organisieren aus der Sicht des Projektmanagements eines Professionals dargestellt wird.

Planung wird oft als die gedankliche Vorwegnahme zukünftigen Handelns verstanden. Die Fähigkeit ein Projekt sachgerecht zu planen, heißt in diesem Sinn die gedankliche Vorwegnahme der einzelnen Projektschritte. Dies ist die Ausgangsbasis für die Kalkulation der für die Durchführung der Tätigkeiten notwendigen Zeit. Dies wiederum setzt jedoch die Kenntnis über die Durchführung der einzelnen Schritte sowie die dafür notwendige Zeit voraus. Ohne praktische Erfahrungen im Rahmen der Abwicklung vieler Projekte (z.B. Durchführung von Abschlussprüfungen, Bewertungsprojekte etc.) auf einem bestimmten Gebiet ist die Wahrscheinlichkeit zur Abgabe eines Angebotes über die Durchführung eines bestimmten Projektes, das zu einem Verlustauftrag führt, sehr hoch.

Die Fähigkeit zu planen ist somit für jeden Professional, der auch für die Auftragskalkulation zuständig ist, eine wichtige Aufgabe. Hierzu gehört auch die Fähigkeit, ein für die Projektaufgabe entsprechend qualifiziertes Team zusammenzustellen. Die Delegation der einzelnen Aufgaben und die richtige Prioritätensetzung sind weitere Teilaktivitäten, die es bei der Planung zu beachten gilt. Auch hier ist das oberste Gebot die Schriftlichkeit der Planung.

In engem Zusammenhang mit der Planung steht das Organisieren. Bei Projekten sind regelmäßig interne und externe Meetings, das Hinzuziehen von Spezialisten, die Daten- und Informationsbeschaffung, der Einsatz der Mitarbeiter der Qualitätssicherungsabteilungen und vieles mehr zu organisieren. Effektive Professionals warten nicht darauf, bis sie organisiert werden, sie tun es selbst, für sich und ihre Aufgaben und ihre Verantwortungsbereiche. Neben der Fähigkeit zu planen gehört demnach die Fähigkeit zu organisieren zu den Aufgaben eines Professionals.

Größere Projekte werden regelmäßig in Teams bearbeitet. Voraussetzung für den erfolgreichen Abschluss solcher Projekte ist ein effektives und effizientes Projektmanagement. Folgt man der Semantik des Wortes Projektmanagements, lässt sich der Begriff in zwei Teile zerlegen wie die nachfolgende Abbildung zeigt.

Abb. 20 Projektmanagement

Demnach ist für ein Projekt kennzeichnend, dass es sich in der Regel um einen einmaligen Ablauf, mit einer komplexen Struktur, vorab festgelegten Zielen, zu einem vorgegebenen Abschlusstermin bei limitierten Kosten handelt. Management bedeutet, Verantwortung für die Planung, die Koordination, die Steuerung und Kontrolle des Projektes zu übernehmen.

Effektives und effizientes Projektmanagement orientiert sich an den Zielen. Beispielsweise ist bei einem Bewertungsprojekt das wesentliche Ziel die Ermittlung des Unternehmenswertes für einen bestimmten Anlass zu einem bestimmten Termin. Bewertungsprojekte werden **effektiv** „gemanagt“, wenn das Team die richtigen Dinge tut. **Effizientes** Projektmanagement zeichnet sich dadurch aus, dass das Team die Dinge richtig tut. Daraus ergeben sich zwei zentrale Fragestellungen für wirksames Projektmanagement.

Abb. 21 Effektivität und Effizienz

Der Projektmanager muss in jeder Phase eines Projektes stets beide Fragen beantworten können. Aus den Antworten auf diese beiden Fragen lassen sich unmittelbar die Anforderungen an ein wirksames Projektmanagement sowie einen wirksamen Manager ableiten. Wirksames Projektmanagement wird im Folgenden synonym auch als erfolgreiches Projektmanagement verstanden. Ein kritischer Erfolgsfaktor und somit eine Minimalanforderung für ein wirksames Projektmanagement ist die Prozesskenntnis des Projektmanagers. Ein Professional, der nicht selbst eine Vielzahl von Projekten auf einem bestimmten Gebiet (z.B. Abschlussprüfungen, Bewertungsprojekte etc.) bereits erfolgreich durchgeführt hat, kann zwangsläufig nicht über die Kenntnisse der Abläufe von diesen Projekten verfügen. Dies gilt grundsätzlich demnach für alle anderen Projekte, die es zu managen gilt. Für den Projekterfolg ist entscheidend, dass der Professional die Prozesse sowie die erwarteten Ergebnisse am Ende der Prozesskette kennt.

Wenn ein Professional nicht weiß, wie die Ergebnisse auszusehen haben, kann er nicht steuernd in das Projekt eingreifen, wenn sich Probleme auf dem Weg zur Zielerreichung abzeichnen. Gibt es beispielsweise Probleme bei der Informationsbeschaffung oder ist beispielsweise bei einer Unternehmensbewertung die Planungsrechnung nicht plausibel, müssen frühzeitig Maßnahmen getroffen werden, um sicherzustellen, dass am Ende ein qualitativ hochwertiges Ergebnis steht. Außer der Prozesskenntnis muss der Professional ebenfalls die durchzuführenden Tätigkeiten kennen. Es liegt nahe, dass ein Professional, der nicht weiß, welche Tätigkeiten während des Projektes durchzuführen sind, bestenfalls zufällig qualitativ hochwertige Ergebnisse erzielen wird. Falls der Projektverantwortliche nicht identisch mit dem Projektmanager sein sollte und der Projektmanager nicht über Kenntnisse der Prozesse und durchzuführenden Tätigkeiten verfügt, empfiehlt es sich, das fehlende Know-how extern unter Einhaltung der Berufsgrundsätze eines Wirtschaftsprüfers und Steuerberaters einzukaufen.

In engem Zusammenhang mit der Prozesskenntnis und dem Wissen um die durchzuführenden Tätigkeiten steht die möglichst genaue Schätzung des Zeitbedarfs der Aktivitäten. Sicher spielt hier die Qualifikation der Mitarbeiter im Team eine entscheidende Rolle. Nur qualifizierte Mitarbeiter werden bei einem begrenzten Zeitbudget im Rahmen der ihnen vorgegebenen Zeit die erwarteten Ergebnisse liefern. Daher liegt es in der Verantwortung des Projektmanagers, die Fähigkeiten und Fertigkeiten der Mitarbeiter richtig einzuschätzen. Bei einer fehlerhaften Beurteilung der Qualifikation der Teammitglieder muss gegebenenfalls der Projektmanager selbst unterstützend eingreifen können. Dies wiederum wird er nur dann können, wenn er eben selbst eine Vielzahl von Tätigkeiten im Rahmen eines Bewertungsprojektes durchgeführt hat.

Insbesondere muss ein Projektmanager die Fähigkeit haben, bestimmte Tätigkeiten den Mitarbeitern vorzumachen. Wer beispielsweise bestimmte Vorstellungen von der Berichterstattung und Dokumentation eines Projektes hat, sollte zeigen können, dass er selbst in der Lage ist, diese Leistung zu erbringen. Eine entsprechende Vorbildfunktion erhöht im Übrigen die Glaubwürdigkeit des Projektmanagers.

Um an dieser Stelle nicht ein falsches Bild von wirksamem Projektmanagement zu erzeugen: Der Projektmanager muss nicht selbst sein bester Mitarbeiter sein. Es sollte selbstverständlich sein, dass es im Team Mitglieder gibt, die in bestimmten Teilbereichen fachlich qualifizierter als der Projektmanager sind. Wichtig ist dann jedoch, dass der Projektmanager dies auch anerkennt und nicht quasi aufgrund seiner Funktion demonstriert, dass er über dem gesamten Team steht. Eine wesentliche Anforderung an ein wirksames Projektmanagement besteht also auch darin, dass der Projektmanager sich als Teil des Teams mit einer ihm zugedachten besonderen Rolle sieht. Nicht nur die Mitarbeiter müssen also teamfähig sein, sondern auch der Projektmanager.

Der Grundsatz der Ergebnisorientierung besagt, dass wirksame Projektmanager schon am Anfang das Ende im Sinn haben sollten. Bei einer Abschlussprüfung ist das der Prüfungsbericht und der Bestätigungsvermerk. Bei Bewertungsprojekten steht am Ende die Dokumentation des Bewertungsergebnisses im Rahmen einer gutachtlichen Stellungnahme. Eine wirksame Projektplanung ist demnach darauf ausgerichtet, dass nicht nur die Abschlussprüfung sach- und fachgerecht durchgeführt bzw. der Unternehmenswert sachgerecht ermittelt wurde, sondern auch darauf, dass die Berichterstattung Rückschlüsse auf eine qualitativ hochwertige Arbeit gibt. Der Projektmanager muss Klarheit über die Projektziele und -ergebnisse haben. Er ist für die Qualität der Ergebnisse am Projektende verantwortlich. Zentrale Fragestellungen im Rahmen der Projektplanung sind:

- Was ist das Ziel?
- Wie sollte das Ergebnis aussehen?
- Wie erreichen wir das Ziel?
- Wann müssen welche Ergebnisse vorliegen?
- Wer ist für was während des Projektes verantwortlich?

Ausgehend von einem präzise formulierten Auftragsbestätigungsschreiben, das sich mit den Erwartungen des Auftraggebers deckt, erstellt der Projektmanager einen Plan über die Durchführung des Auftrags. Ein Projektmanager, der keine klaren Vorstellungen von den im Rahmen eines Bewertungsprojektes durchzuführenden Tätigkeiten hat, wird nur zufällig den Teammitgliedern die richtigen Tätigkeiten übertragen.

Im Hinblick auf die zeitliche Planung und Terminkoordination gilt es, die vorhandenen personellen Ressourcen richtig einzuschätzen. Wer hier Mitarbeiter im Hinblick auf ihre Leistungsfähigkeit falsch beurteilt oder nicht über ausreichende personelle Kapazitäten verfügt bzw. einplant, darf am Ende nicht die Mitarbeiter für mangelhafte Projektergebnisse verantwortlich machen. Für alle Teammitglieder gilt der Grundsatz der Selbstverantwortung. Auch für den Projektmanager.

Eine zentrale Aufgabe des Projektmanagers besteht darin, dass wesentliche Meilensteine zeitlich klar definiert sind und er darauf achtet, dass zu diesen Zeitpunkten die anvisierten Ziele erreicht werden. Hierfür bedarf es einer wichtigen Eigenschaft eines wirksamen Projektmanager: Er muss über so genannte Leadership-Qualitäten verfügen. Eine wesentliche Leadership-Qualität besteht darin, dass der Projektmanager über angemessene Kontrollmechanismen verfügt.

Eine weitere Aufgabe des Projektmanagers besteht darin, dafür zu sorgen, dass das Projektziel auf dem angestrebten Qualitätsniveau erreicht wird. Aus diesem Grund muss er frühzeitig mögliche Hindernisse zur Zielerreichung identifizieren, um entsprechende Gegenmaßnahmen einzuleiten. Um beides zu erreichen, muss er kontrollieren. Gegenstand von Kontrollen können die Zwischenergebnisse bzw. Meilensteine (Ergebniskontrolle), der Prozess als solches (Verfahrenskontrolle) sowie das Verhalten der Teammitglieder (Verhaltenskontrolle) sein.

Die entscheidende Frage im Zusammenhang mit einer herausragenden Leadership-Qualität ist jedoch die vierte Frage: Wie kontrolliert der Projektmanager? Grundlage der Kontrolle ist Vertrauen gegenüber den anderen Teammitgliedern. Vertrauen in die Leistungsfähigkeit und in die Leistungsbereitschaft eines Teammitgliedes. Ausgangspunkt einer jeden Kontrolle ist die Selbstkontrolle. Dies steht im Einklang mit dem Grundsatz der Selbstverantwortung. Mitarbeiter sind für die Ergebnisse verantwortlich, die sie selbst verursacht haben. Der Projektmanager ist für den Erfolg des Projektes insgesamt verantwortlich. Ein guter Projektmanager sieht seine Aufgabe und Rolle in einer Coachingfunktion.

Ein effektiver und effizienter Projektmanager lässt die richtigen Dinge richtig tun et vice versa. Er hat schon am Anfang das Ende im Sinn und zeichnet sich somit in hohem Maße durch den Grundsatz der Ergebnisorientierung aus. Er hat eine klare Vorstellung, wie die Ergebnisse am Ende des Projektes auszusehen haben. Bei Abschlussprüfungen ist das der Prüfungsbericht und bei Bewertungsprojekten ist dies regelmäßig die gutachtliche Stellungnahme. Ohne genaue Kenntnisse über die durchzuführenden Tätigkeiten und die Abläufe während des Projektes ist ein wirksames Projektmanagement nicht möglich. Nur dann kann er unterstützend während des Projektes bei der Gefahr eines Misserfolges eingreifen. In Fällen, in denen der Projektverantwortliche nicht identisch mit dem Projektmanager ist, muss sichergestellt sein, dass der Projektmanager über das für das Management des Projektes erforderliche Know-how verfügt. Ein Projektmanager, der nicht selbst bereits wesentliche Tätigkeiten im Rahmen von Unternehmensbewertungen ausgeführt hat, wird in den seltensten Fällen erfolgreich eine Abschlussprüfung oder ein anderes Projekt managen können. Scheitern ist hier vorprogrammiert.

3.4 Entscheiden

Eine wichtige Aufgabe von Professionals ist das Entscheiden. Jeder Professional trifft tagtäglich eine Vielzahl an Entscheidungen. Dies gilt sowohl im Berufs- als auch im Privatleben. Professionals mit Mitarbeiterverantwortung treffen darüber hinaus Entscheidungen, die von Relevanz für das Team oder das gesamte Unternehmen sind. Malik reduziert die Aufgabe des Entscheidens auf Führungskräfte. Er behauptet, dass darin der Unterschied zwischen einer Führungskraft und einem Sachbearbeiter liegt. Wer nicht entscheidet, ist keine Führungskraft. In Entscheidungen läuft alles zusammen, wird alles auf einen Punkt gebracht. Entscheiden ist nicht die einzige, aber eine kritische Aufgabe einer Führungskraft. Sicher haben Entscheidungen im Management von Mitarbeitern eine größere Bedeutung als Entscheidungen eines Professionals im Rahmen seiner Sachaufgaben ohne unmittelbaren Bezug zu Mitarbeitern. Da jedoch jeder Professional, völlig unabhängig davon, ob er eine Führungskraft ist oder nicht, tagtäglich eine Vielzahl von Entscheidungen trifft, wäre es zu kurz gegriffen das Thema „Entscheiden" ausschließlich aus der Perspektive eines Managers zu betrachten.

In vielen Fällen treffen Professionals zu schnell eine Entscheidung. Dies ist insbesondere dann der Fall, wenn sie meinen es sei klar, worüber zu entscheiden ist. In vielen Fällen ist jedoch nicht von vorneherein klar, was zu entscheiden ist, sondern es muss zunächst herausgefunden werden. Dabei hilft ein größtmöglicher Realitätssinn eines Professionals. Denn häufig werden Sachverhalte entweder schlechter gemacht als sie sind oder besser dargestellt als sie tatsächlich sind.

Effektive Professionals treffen wenige Entscheidungen, aber diese treffen sie mit Bedacht und wohlüberlegt. Sie wissen, dass Entscheidungen mit Risiken verbunden sind und sie Folgen haben werden. Diese sind dabei nicht immer nur erwünschte, sondern auch unerwünschte Folgen. Die Korrektur von Entscheidungsfehlern kostet einen Professional häufig viel mehr Arbeit, Energie und Zeit als für viele Entscheidungen im Voraus nötig gewesen wären, wenn sie mit Bedacht getroffen worden wären. Jede Entscheidung ist mit Risiken verbunden. Viele Professionals meinen, wenn sie schnelle und spontane Entscheidungen treffen, dass sie dies mit ihrer Intuition begründen können. Das Problem bei Intuitionen besteht darin, dass ein Professional nicht von vorneherein weiß, welche Intuitionen richtig sind und welche Intuitionen sich im nach hinein als falsch herausstellen können.

Gerd Gigerenzer ist Direktor des Harding-Zentrums für Risikokompetenz am Max-Planck-Institut für Bildungsforschung in Berlin und beschäftigt sich seit vielen Jahrzehnten mit der Forschung auf dem Gebiet der Entscheidungsfindung. Er hat hierzu eine Vielzahl von Veröffentlichungen verfasst. Seine Bücher *„Wie man die richtigen Entscheidungen trifft"* sowie *„Bauchentscheidungen: Die Intelligenz des Unbewussten und die Macht der Intuition"* sind Beststeller und lesenswert. Zentrale Gedanken aus diesen beiden Büchern werden im Folgenden dargestellt.

Im Kern geht es dabei um die Frage, welche Rolle der Verstand oder das Bauchgefühl (Intuition) bei Entscheidungen spielen. Intelligenz wird oft als eine überlegene und bewusste Tätigkeit bezeichnet, die von den Gesetzen der Logik bestimmt wird. Doch ein Großteil unseres Lebens vollzieht sich, wie bereits dargestellt, unbewusst und beruht auf Prozessen, die auch nichts mit Logik zu tun haben. Gigerenzer definiert Intuition als gefühltes Wissen,

- das rasch im Bewusstsein auftaucht,
- dessen tiefere Gründe uns nicht bewusst sind und
- das stark genug ist, um danach zu handeln.

Intuitionen bestehen nach seiner Ansicht aus zwei Elementen:

1. Einfache Faustregeln, die sich
2. evolvierte Fähigkeiten des Gehirns zu Nutze machen.

Er verwendet den umgangssprachlichen Ausdruck Faustregeln synonym mit dem wissenschaftlichen Terminus der Heuristik. Eine Faustregel versucht die wichtigsten Informationen herauszugreifen und lässt den Rest außer Acht. Im Zusammenhang mit Intuitionen hat er drei Irrtümer festgestellt:

1. Intuition ist zweitklassig, bewusstes Abwägen immer besser.
2. Komplexe Probleme erfordern immer komplexe Lösungen.
3. Mehr Information, Berechnung und Zeit sind immer besser.

Bauchgefühle beruhen oft auf überraschend wenig Informationen. Daher erscheinen sie dem Über-Ich so wenig vertrauenswürdig. Die meisten Menschen haben verinnerlicht, dass mehr immer besser sei. Doch Experimente haben gezeigt, dass weniger Zeit und weniger Informationen zu besseren Entscheidungen führen können. Weniger ist mehr bedeutet nach seinem Verständnis, dass es ein bestimmtes Spektrum an Informationen, Zeit oder Alternativen gibt, bei dem geringere Mengen günstiger sind. Daraus folgt jedoch nicht, dass weniger in jedem Fall mehr ist. „Weniger ist mehr" steht im Widerspruch zu zwei zentralen Überzeugungen unserer Kultur:

1. Mehr Information ist immer besser.
2. Mehr Auswahl ist immer besser.

Weniger ist nur dann mehr, wenn folgende Bedingungen erfüllt sind:

- **Nützliches Maß an Unwissenheit**: Die Rekognitionsheuristik zeigt, dass das Bauchgefühl eine beträchtliche Menge an Wissen und Informationen übertreffen kann.
- **Unbewusste motorische Fertigkeiten**: Bauchgefühle erfahrener Experten beruhen auf unbewussten Fertigkeiten, deren Ausführung durch zu viel Nachdenken beeinträchtigt werden kann.
- **Kognitive Einschränkungen**: Unser Gehirn schützt uns vor der Gefahr zu viel Informationen zu verarbeiten, indem wir über angeborene Mechanismen verfügen, wie Vergessen und die Tendenz, klein anzufangen. Ohne kognitive Einschränkungen würden wir uns weit weniger intelligent verhalten.

- **Paradox der freien Wahl**: Je mehr Optionen man hat, desto größer die Möglichkeit, dass es zu Konflikten kommt, und desto schwieriger, die Optionen zu vergleichen. Von einem bestimmten Punkt an schaden mehr Optionen, Produkte und Wahlmöglichkeiten.
- **Vorzüge der Einfachheit**: In einer ungewissen Welt können einfache Faustregeln komplexe Phänomene ebenso gut oder besser vorhersagen als komplexe Regeln.

Gigerenzer sieht aktuell eine risikoinkompetente Gesellschaft. Er fordert Risikointelligenz als eine Grundvoraussetzung, um sich in einer modernen technologischen Gesellschaft zurechtzufinden. Mit Risikokompetenz meint er mehr als Risikointelligenz. Für ihn bedeutet Risikokompetenz die Fähigkeit, auch mit Situationen umzugehen, in denen nicht alle Risiken bekannt und berechnet werden können. Um gute Entscheidungen zu treffen, sind seiner Meinung nach zwei Unterscheidungen erforderlich:

- Wenn Risiken bekannt sind, verlangen gute Entscheidungen logisches und statistisches Denken.
- Wenn einige Risiken unbekannt sind, verlangen gute Entscheidungen auch Intuition und kluge Faustregeln.

Bei Entscheidungen unter Ungewissheit empfiehlt er folgende vier Regeln, die auch auf die WP/StB-Praxis übertragen werden können:

1. Um gute Entscheidungen in einer ungewissen Welt zu treffen, muss man Informationen ignorieren und Faustregeln verwenden.
2. Positive Fehlerkultur in der WP/StB-Praxis bei Management-Entscheidungen implementieren: Wenn der Mut zu einer Entscheidung fehlt, weil man möglicherweise für einen Fehler verantwortlich gemacht werden kann, hat man eine negative Fehlerkultur im Management einer WP/StB-Praxis. Keine Entscheidung zu treffen, um der Verantwortung aus dem Weg zu gehen, ist defensives Entscheiden.
3. Robuste statt „optimale" Lösungen.
4. Gute Intuition kann nicht durch „Big Data" ersetzt werden.

In jedem Projekt hat ein Professional eine Vielzahl von Entscheidungen zu treffen. Dazu gehören u.a.:

- Urteil über das Auftragsrisiko und Angebotsabgabe
- Kalkulation des erforderlichen Zeitaufwandes (und des durchschnittlichen Stundensatzes)
- Auftragsplanung sowie Auswahl und Einsatz der Mitarbeiter
- Festlegen der Aktivitäten während der Auftragsdurchführung
- Delegation einzelner Teilaktivitäten auf Mitarbeiter und Identifizierung der wesentlichen selbst durchzuführenden Aufgaben
- Art und Weise der Kommunikation der Projektergebnisse
- Umfang und Inhalt der Berichterstattung vor dem Hintergrund des jeweiligen Empfängerkreises

Es gilt demnach während des gesamten Projektes permanent Entscheidungen über Sachaufgaben und Managementaufgaben zu treffen. Inwieweit diese Entscheidungen richtig oder falsch sind, zeigen im Nachhinein die Reaktionen der Kunden. In Teil 2 wurde die Methode des Mindstormings vorgestellt, die ebenfalls sehr gut zur Entscheidungsvorbereitung geeignet ist. Bei dieser Methode wird jede Aufgabe bzw. jedes Problem als Frage formuliert und es sind mindestens 20 Antworten auf die Frage zu finden. Effektive Führungskräfte zeigen sich dann auch verantwortlich für die Umsetzung ihrer Entscheidungen. Sie vergewissern sich, dass die wesentlichen Dinge auch wirklich getan werden. Professionals mit langjähriger Berufserfahrung wissen, dass die Intuition eine wichtige Rolle spielt. Hierzu gehört eben auch eine langjährige Erfahrung auf einem bestimmten Tätigkeitsgebiet.

Beispiel
Wirtschaftsprüfer mit einer langjährigen Berufserfahrung auf dem Gebiet der Abschlussprüfung haben meist eine gute Intuition bei der Auswahl von Stichproben. Ich kann mich noch gut an meine Zeit als Prüfungsassistent bei einer Big-Four-Gesellschaft erinnern. Ein älterer, sehr erfahrener Berufskollege, hatte regelmäßig bei seinen Stichproben genau die Fälle ausgesucht, die zu beanstanden waren. Als junger Prüfungsassistent konnte ich mir damals nicht erklären, weshalb er aus einer Vielzahl von Belegen oft genau die ausgewählt hatte, die zu Prüfungsfeststellungen geführt haben. Heute weiß ich, dass dies mit seiner langjährigen Berufserfahrung und guten Intuition zu tun hatte.

Eine wesentliche Erkenntnis aus den beiden Büchern von Gerd Gigerenzer war für mich, dass gute Entscheidungen sowohl auf Intuition als auch auf dem bewussten Abwägen von Informationen durch Analyse und Verstand beruhen. Seit vielen Jahren habe ich es mir zur Gewohnheit gemacht, dass ich, bevor ich Entscheidungen treffe, analysiere, ob ich alle Optionen bzw. Alternativen, die es gibt, in Betracht gezogen habe. Erfolgreiche Professionals gehen immer davon aus, dass es immer noch mehr Alternativen gibt, als die bisher bekannten. Viele Professionals sind sich darüber hinaus nicht bewusst, dass sich nicht entscheiden auch eine Entscheidung ist. Der Grundsatz der Selbstverantwortung impliziert, dass ein Professional sich für etwas oder gegen etwas oder gar nicht entscheiden kann. In jedem Fall trägt er die Verantwortung für seine Entscheidung.

Erfolgreiche und effektive Professionals machen die Realisierung zum Bestandteil des Entscheidungsprozesses selbst. Ihre Vorstellung über eine gute Entscheidung endet nicht mit der Entschlussfassung, sondern sie umfasst auch noch die Umsetzungsphase. Oft ist zwar die Entscheidung per se allein schon schwierig, aber ihre Realisierung ist in vielen Fällen um ein Vielfaches schwieriger. Und auch die beste Entscheidung kann in der Realisierungsphase und durch die Art der Umsetzung falsch werden. Sie kann missverstanden, verfälscht und von Kollegen sabotiert werden. Erfolgreiche Professionals denken daher bei jedem einzelnen Schritt eines Entscheidungsprozesses immer schon voraus an die spätere Realisierung. Sie durchdenken im Voraus, welche Personen in der WP/StB-Praxis in der Realisierungsphase mit der Entscheidung konfrontiert sein werden. Darüber hinaus antizipieren sie was die Kollegen wissen müssen, damit sie die Entscheidung verstehen und damit sie sie dann richtig umsetzen können. Deshalb ist es im hohen Maße sinnvoll, dass Sie die Kollegen auch in die Entscheidungsfindung mit einbeziehen. Nicht nur, dass es für die Kollegen und Mitarbeiter motivierend ist, wenn sie bereits in die Entscheidungsfindung mit einbezogen werden, es ist eine Notwendigkeit, um sicherzustellen, dass die Umsetzung so wirksam wie möglich sein wird.

Viele Professionals glauben, dass bei Entscheidungen ein möglichst großer Konsens innerhalb der WP/StB-Praxis wichtig sei. Das hat damit zu tun, dass viele Professionals meinen, dass dadurch eine größere Realisierungschance bei der Umsetzung von Entscheidungen bestünde. Zumal viele Wirtschaftsprüfer und Steuerberater ein ausgeprägtes Harmoniestreben haben. Malik weist jedoch zutreffend darauf hin, dass aber nicht Konsens wirklich wichtig ist, sondern Dissens. Denn wirklich tragfähiger Konsens, jener Konsens nämlich, der dann, wenn Realisierungsschwierigkeiten kommen, auch wirklich hält, entsteht nicht aus allgemeinem Harmoniestreben, sondern nur aus ausgetragenem Dissens. Und dieser Dissens sollte stets offen ausgetragen werden! Erfolgreichen Professionals ist es deshalb eher unheimlich, wenn bei Entscheidungen ein schneller Konsens zustande kommt. Und gerade unter Freiberuflern gibt es häufig sehr viele unterschiedliche Meinungen zu bestimmten Themen. Wenn jedoch erst in der Realisierungsphase der Dissens offen ausgetragen wird, ist es meistens zu spät. Deshalb ist es durchaus sinnvoll schon im Rahmen der Entscheidungsfindung öfter auch provozierende Argumente vorzutragen, umso einen Dissens zu fördern.

Malik empfiehlt folgende Vorgehensweise für gute Entscheidungen:

1. Präzise Bestimmung des Sachverhalts bzw. Problems
2. Spezifikation der Anforderungen, die die Entscheidung erfüllen muss
3. Herausarbeiten aller Alternativen
4. Analyse der Risiken und Folgen für jede Alternative
5. Entschluss selbst
6. Realisierung in die Entscheidung
7. Etablierung von Feedback: Follow-up und Follow-through

Der **erste Schritt** eines jeden Entscheidungsprozesses ist die gründliche und vollständige Bestimmung des Sachverhalts bzw. des wirklichen Problems. Wenn der Sachverhalt nicht exakt ermittelt wurde bzw. ein falsches Problemverständnis vorliegt, können Entscheidungen nicht wirklich gut getroffen werden. Dabei gilt es Grenzen im Denken zu überwinden und eine Thinking-out-of-the-Box-Philosophie zu implementieren. Dabei stellt sich die Frage, ob über einen Einzelfall entschieden wird oder ob ein Grundsatzproblem vorliegt. Denn Grundsatzprobleme erfordern regelmäßig auch Grundsatzentscheidungen.

Der **zweite Schritt** besteht darin, so präzise wie möglich herauszuarbeiten, welche Anforderungen die Entscheidung erfüllen muss. Die entscheidende Frage lautet: **Was wäre richtig?** In engem Zusammenhang steht damit die Handhabung von Kompromissen. Zuerst sollte jedoch durchdacht werden, was richtig wäre und was das Problem wirklich lösen würde. Was wäre richtig in dieser Situation für die WP/StB-Praxis? Weniges unterscheidet gute von schlechten und kompetente von inkompetenten Professionals so sehr, wie die Fähigkeit, wichtige und falsche Kompromisse auseinanderzuhalten. Der Schlüssel dazu ist die exakte und gewissenhafte Bestimmung eines Idealzustands.

Der **dritte Schritt** im Entscheidungsprozess ist die Suche nach Alternativen. Hier werden laut Malik zwei Fehler gemacht. Erstens: Professionals geben sich mit den ersten paar Alternativen zufrieden, die gefunden werden. Wirksame Professionals wissen jedoch, dass es immer noch mehr Alternativen gibt und sie zwingen sich selbst und ihre Mitarbeiter, sich nicht sofort mit den ersten paar Alternativen zufrieden zu geben. Der zweite Fehler besteht darin, dass der Status Quo als Alternative ausgeklammert wird. Das Festhalten am Status Quo ist jedoch auch eine Alternative. Manchmal ist das Festhalten am Status Quo die bessere Alternative als etwas Anderes oder Neues zu machen. Es gibt jedoch Professionals, die sich von ihrer Umgebung unter Entscheidungs- und Änderungszwang setzen lassen. Manchmal sehen neue Alternativen so aus, als würden sie Schwierigkeiten beseitigen. Das ist jedoch nicht immer so. Der Begriff „Verschlimmbesserung" bringt dies zum Ausdruck.

Der **vierte Schritt** ist die Analyse der Folgen und Risiken jeder Alternative. Bevor eine Entscheidung getroffen wird, sollten die Folgen und Risiken, die mit jeder Alternative verbunden sind, gründlich und sorgfältig durchdacht werden. Dabei gilt es insbesondere zu bedenken, ob die Entscheidung reversibel ist oder nicht. Da bei vielen Entscheidungen oft de facto nicht wirklich alles bedacht werden kann, kommt hier die zuvor dargestellte Intuition ins Spiel. Viele Entscheidungen beruhen auf zukünftigen Annahmen. Diese Annahmen können richtig oder falsch sein. Deshalb gilt es festzulegen, beim Eintritt welcher Umstände ein Professional bereit ist zu akzeptieren, dass er sich getäuscht hat. Wenn dies nicht im Vorhinein klar ist, wird ein Professional regelmäßig den Zeitpunkt verpassen, mögliche Kurskorrekturen vorzunehmen.

Wenn ein Professional die ersten vier Schritte sorgfältig und gewissenhaft gemacht hat, dann kann er entscheiden. Der Entschluss ist der **fünfte Schritt**. Ein weiteres Analysieren und Abwägen der zuvor untersuchten Punkte ist zu diesem Zeitpunkt nicht mehr sinnvoll. Manche Professionals trauen sich nicht eine Entscheidung zu treffen. Das ist ein Zeichen eigener Entschlusslosigkeit. Insbesondere, wenn es sich bei der Entscheidung um eine Management-Entscheidung handelt, ist das ein Indiz, dass ein Professional noch nicht als Manager geeignet ist. Wenn Sie also alle zuvor dargestellten Schritte durchlaufen sind, sich intensiv mit einem Problem auseinandergesetzt haben und alle vorhandenen Informationen analysiert haben, kommt die Intuition bei der Entscheidungsfindung hinzu. Wenn Ihre innere Stimme auch nach gründlicher Auseinandersetzung mit einer Entscheidung deutlich sagt, dass hier etwas nicht stimmt, dann sollten Sie jede Möglichkeit wahrnehmen und noch einmal von vorne beginnen. Dies ist nicht immer möglich, aber in vielen Fällen schon. Dies darf auch keine willkommene Gelegenheit als Ausrede für Ihre Entschlusslosigkeit dienen. Wie bereits dargestellt, beruht eine gute Intuition in einem nicht unerheblichen Maß auf Erfahrungswissen. Wenn Ihre innere Stimme Ihnen dazu rät, etwas nicht zu tun, dann hören Sie auf Ihre innere Stimme! Wenn Sie also alles analysiert haben und eine weitere Auseinandersetzung mit der Sache keine zusätzlichen Informationen mehr bringen würde, dann ist Intuition oft hilfreicher und zuverlässiger als wenn Sie der ersten spontanen Eingebung folgen.

Der **sechste Schritt** ist die Realisierung der Entscheidung. Die Schritte sechs und sieben sind der entscheidende Teil des Entscheidungsprozesses. Erfahrene Professionals wissen, dass es zwar oft schwierig ist, eine Entscheidung überhaupt zu treffen, aber sie zu realisieren, ist noch wesentlich schwieriger. Erfolgreiche Professionals sind deshalb umsetzungsstark. Bei der Realisierung der Entscheidung müssen die kritischen Erfolgsfaktoren festgelegt und schriftlich fixiert werden. Darüber hinaus müssen die verantwortlichen Personen bestimmt werden, die die Entscheidung umsetzen sollen, sowie Termine festgelegt werden bis wann welche Meilensteine realisiert sein sollen. Entscheidungen werden durch den termingebundenen Vollzug von Maßnahmen durch die jeweiligen Professionals oder Mitarbeiter der WP/StB-Praxis realisiert. Ohne diese Maßnahmen hat man im Grund keine Entscheidung. Man hat lediglich gute Absichten. Im Zusammenhang mit der Festlegung der einzelnen Maßnahmen sind folgende Fragen zu beantworten:

1. Wer muss in die Realisierung mit einbezogen werden?
2. Wer muss bis spätestens wann und in welcher Weise über die Entscheidung informiert werden?
3. Wer braucht welche Informationen, welche Werkzeuge und welches Training, damit er die Entscheidung, ihre Realisierung und deren Konsequenzen versteht und einen aktiven Beitrag zur Umsetzung leisten kann?
4. Wie soll die Realisierung der Entscheidung kontrolliert und gesteuert werden?
5. Wie soll die Berichterstattung über die Entscheidung aussehen?

Erfolgreiche Professionals legen klare und eindeutige Verantwortlichkeiten fest. Das bedeutet, dass hinter jeder einzelnen Aktivität der Name der Person zu schreiben ist, die für die Maßnahme verantwortlich ist. Inwieweit die jeweilige Person dann weitere Kollegen benötigt, um die Maßnahme zu realisieren, ist eine andere Frage. Diese Maßnahme steht im Einklang mit dem Grundsatz der Selbstverantwortung. In diesem Zusammenhang muss bedacht werden, was diese Person wissen und können muss und welche Kompetenzen sie braucht, um die Verantwortung auch tatsächlich übernehmen zu können. Das richtige Timing und eine gute Planung sind wichtige Elemente einer jeden Entscheidung. Es bietet sich an, die Termine knapp zu setzen. Der Grund ist einfach: Man kann jeden Termin verlängern, aber man kann keinen Termin verkürzen. Wer knappe Termine verlängert, wird in jeder WP/StB-Praxis herzlich willkommen sein. Ein Professional, der jedoch Termine verkürzt, schafft oft Stress und Chaos im Unternehmen. Der sechste Schritt ist also ein Aktionsprogramm: was, wer, bis wann?

Der **siebte Schritt** ist die Etablierung von Feedback. Erfolgreiche Professionals lassen sich permanent über die Realisierungsfortschritte und -schwierigkeiten sowie über die Ergebnisse berichten. Insbesondere kontrollieren sie selbst, wie die Realisierung vorankommt. Sie betreiben ein konsequentes „follow-through" bis die Sache erledigt ist. Sie informieren sich immer wieder über den Stand der Dinge. Darüber hinaus machen sie Ergebnisse und Erfolge sichtbar. Denn sie wissen, dass einer der größten Motivatoren der sichtbare Erfolg ist. Wirksame Professionals reden selbst mit ihren Mitarbeitern. Sie wollen die Dinge mit eigenen Augen sehen und sofern es möglich ist, mit ihren Händen greifen. Dadurch verschaffen sie sich Sachkenntnis in jeder Phase der Realisierung.

Praxistipp:
In einer WP/StB-Praxis gibt es Kollegen auf verschiedenen Ebenen. Das können Gesellschafter/Partner sein, aber auch Professionals und andere Kollegen. Es stellt sich daher die Frage, wer in welche Entscheidungen miteinbezogen werden sollte. In Abhängigkeit von der Tragweite der Entscheidungen gibt es sicher in jeder Praxis klare und eindeutige Regelungen. Strategische Entscheidungen und Investitionsentscheidungen ab einer bestimmten Höhe werden regelmäßig von den Gesellschaftern bzw. Partnern getroffen. Es gibt jedoch eine Vielzahl weiterer Management- und Sachentscheidungen innerhalb und außerhalb der jeweiligen Auftragsabwicklung, die in der Verantwortung eines Professionals liegen. Schlussendlich ist ein Professional, der selbst eine Entscheidung treffen kann, entsprechend dem Grundsatz der Selbstverantwortung für jede Entscheidung selbst verantwortlich. Dennoch wäre es meines Erachtens fahrlässig, wenn nicht frühzeitig die Kollegen in die Entscheidung mit einbezogen würden. Dies gilt insbesondere dann, wenn die Kollegen die Entscheidung schlussendlich realisieren sollen. Insofern gehört es bei mir zu einer seit längerer Zeit bewährten Praxis, dass ich meine Mitarbeiter in wichtige Entscheidungen miteinbeziehe. Dabei helfen einfache Fragen:

- Wie sehen Sie das?
- Was meinen Sie?
- Gibt es weitere Punkte, die relevant sind?

Es geht dabei nicht darum, dass Sie die Antworten auf die Fragen auf ihre Mitarbeiter verlagern. Das wäre eher ein Zeichen von Führungsschwäche. Es geht schlussendlich darum, dass Sie im Rahmen der Entscheidungsfindung auf das Know-how Ihrer Mitarbeiter zurückgreifen und dabei wertvolle Informationen bekommen, die Sie vielleicht noch nicht bedacht haben.

3.5 Menschen entwickeln und fördern

Der Erfolg einer WP/StB-Praxis hängt entscheidend von der Qualifikation der Mitarbeiter ab. Dies betrifft sowohl die fachliche Qualifikation als auch die persönliche Qualifikation. Mit der persönlichen Qualifikation eng verbunden ist die soziale Kompetenz eines Mitarbeiters sowie seine Soft Skills. Eine wesentliche und wichtige Aufgabe eines erfolgreichen Professionals ist deshalb die fachliche und persönliche Entwicklung und Förderung seiner Mitarbeiter. Wer andere Menschen entwickeln und fördern will, sollte zwei Voraussetzungen mitbringen:

1. Er sollte die Bereitschaft haben, sich selbst fachlich und persönlich weiterentwickeln zu wollen.
2. Er sollte ein positives Vorbild sein.

Ein Professional, der meint, dass nach einem bestandenen Examen zum Wirtschaftsprüfer und/oder Steuerberater der Zenit der fachlichen und persönlichen Qualifikation erreicht ist, bringt schlechte Voraussetzungen mit, um andere Menschen zu entwickeln und fördern. Weit überwiegend ist er dazu nicht geeignet. Denn mit den bestandenen Berufsexamen steht ein Professional regelmäßig erst am Anfang seiner beruflichen Karriere.

Dies gilt auch dann, wenn er schon viele Jahre Berufserfahrung bis zum Ablegen der Berufsexamen hat. Vielmehr ist dem Beruf eines Wirtschaftsprüfers und Steuerberaters die Bereitschaft zum lebenslangen Lernen immanent.

Wenn man Professionals entwickeln will, dann muss man etwas von ihnen verlangen. Professionals entwickeln sich mit und an ihren Aufgaben. Für mich gilt der Grundsatz, Mitarbeiter zu fördern und zu fordern, aber nicht zu überfordern. Mitarbeiter wollen entsprechend ihrer Leistungsfähigkeit gefördert und gefordert werden. Und da diese Leistungsfähigkeit sehr individuell ist, kann es kein einheitliches Vorgehen bei der Mitarbeiterentwicklung geben. Das fängt schon damit an, dass Mitarbeiter auf völlig unterschiedlichen Wegen Informationen aufnehmen und verarbeiten. Es gibt Mitarbeiter, die lernen am besten durch Lesen. Andere lernen am besten, indem sie zuhören. Andere Professionals lernen am besten durch Tun.

Die großen Wirtschaftsprüfungsgesellschaften verfügen alle über interne Ausbildungsprogramme. Die Mitarbeiter durchlaufen eine Vielzahl von Schulungen im Rahmen ihrer verschiedenen Laufbahnstufen. Außergewöhnliche Leistungen werden von außergewöhnlichen Mitarbeitern erbracht. Da Professionals verschiedene Lernphasen in ihrer Berufslaufbahn durchlaufen und eine Höher- und Weiterentwicklung nur durch Übertragung der richtigen Aufgaben zum richtigen Zeitpunkt stattfindet, gilt es Menschen entsprechend ihres Stärkenprofils gezielt zu entwickeln und zu fördern. Dies setzt jedoch die Kenntnis des Stärkenprofils eines Mitarbeiters voraus. Oft sind die Stärken der Mitarbeiter nicht bekannt. Stattdessen werden interne Ausbildungsprogramme durchlaufen, die keinen Bezug zum Stärkenprofil eines Mitarbeiters haben. In den ersten Jahren der beruflichen Tätigkeit wird diese Vorgehensweise oft damit begründet, dass es sich bei den internen Schulungen um Basiswissen handelt, das unabhängig von den individuellen Stärken eines Mitarbeiters bei jedem Mitarbeiter vorausgesetzt wird. Dabei kann es sich im Ergebnis jedoch ausschließlich um Fachwissen handeln. Denn nur die fachliche Qualifikation auf bestimmten Gebieten kann standardisiert auf jeden Mitarbeiter übergewälzt werden. Damit wird dann sichergestellt, dass eine bestimmte fachliche Grundqualifikation bei jedem Mitarbeiter vorhanden ist. Freilich gilt dies auch nur solange, wie der Mitarbeiter in den internen Schulungen auch das Wissen tatsächlich erwirbt. Oft wird nämlich nach den fachlichen Schulungen nicht durch Tests auch geprüft, ob das Fachwissen tatsächlich auch erworben wurde. Denn nur angewendetes Wissen ist tatsächlich erworbenes Wissen.

i

Hinweis:
Eine große Wirtschaftsprüfungsgesellschaft (Big Four) hat vor Jahren bereits entschieden, die Schulungen auf dem Gebiet der Unternehmensbewertung weit überwiegend nicht mehr intern durchzuführen, sondern schickt alle ihre (jüngeren) Mitarbeiter zur EACVA im Rahmen einer externen Fortbildung. Dort müssen sie am Ende einer Trainingswoche ein zweiteiliges Examen zum Certified Valuation Analyst (CVA) ablegen. Der erste Teil des Examens besteht aus einem Multiple Choice Test, der über 5 Stunden geht. Sofern Teil I bestanden wurde, muss der Teilnehmer einen praktischen Bewertungsfall im Teil II bearbeiten. Hierzu bewertet er nach verschiedenen Methoden ein börsennotiertes Unternehmen und muss seine Ergebnisse in einem

Bewertungsgutachten niederschreiben. Diese Vorgehensweise hat mehrere Vorteile für das Big Four Unternehmen:

1. Die Mitarbeiter lernen nicht nur theoretisches Wissen im Rahmen der CVA-Trainingswoche, sondern sie müssen in einem zweiteiligen Examen ihrem Arbeitgeber auch beweisen, dass sie das Wissen anwenden können.
2. Der international anerkannte Qualifikationsnachweis des CVA dokumentiert gegenüber Mandanten und Wettbewerbern die Qualifikation der Mitarbeiter.
3. Der Mitarbeiter hat in einer WP/StB-Praxis, in der Titel und Berufsexamen ein wichtiges Qualifikationskriterium sind, auch einen Qualifikationsnachweis und Titel erworben.
4. Die externen Kosten liegen nicht wesentlich über den internen Kosten, da der größte Kostenblock ohnehin der Umsatzausfall der WP/StB-Praxis ist, wenn die Mitarbeiter keine Umsätze generieren können.
5. Da in einer CVA-Trainingswoche regelmäßig auch viele Mitarbeiter von potenziellen neuen Mandanten anwesend sind, besteht eine nicht unbeträchtliche Chance während der CVA-Trainingswoche wertvolle Kontakte zu knüpfen.

Ausgangspunkt der Mitarbeiterentwicklung sind die im 2. Kapitel dargestellten Grundsätze erfolgreicher Professionals. Diese Grundsätze sind die Basis für die Persönlichkeitsentwicklung der Mitarbeiter. Ein Professional, der Mitarbeiterverantwortung hat, sollte diese Grundsätze im Berufsalltag vorleben. Als positives Vorbild hat er dadurch die Möglichkeit, dass seine Mitarbeiter diese Grundsätze im Handeln verinnerlichen.

Der Grundsatz Stärken nutzen hat bei der Mitarbeiterentwicklung dabei eine besondere Bedeutung. Die bereits vorhandenen Stärken eines Professionals gilt es weiter zu entwickeln. Sowohl die Stärken, die bereits identifiziert bzw. erkannt wurden, als auch die Stärken, die aufgrund bestimmter Indizien vermutet werden können. Die Mitarbeiterentwicklung muss also stärkenorientiert sein. Viele Mitarbeiterentwicklungssysteme sind hingegen schwächenorientiert und haben das Ziel Schwächen zu verringern oder zu eliminieren. Erfolgreich werden Professionals jedoch niemals auf einem Gebiet sein, wo sie Schwächen haben. Sie werden es in der Regel auf diesem Gebiet auch dann nicht sein, wenn sie die Schwächen beseitigt haben. Professionals werden nur auf den Gebieten erfolgreich sein können, wo sie etwas können. Sie also ihre Stärken haben. Der Erfolg wird dort sehr viel schneller eintreten und sichtbarer sein. Ein Professional mit Führungsverantwortung sollte also die Stärken seiner Mitarbeiter erkennen und sie dort einsetzen, wo sie ihre Stärken ausspielen und weiterentwickeln können. Damit einher geht die Frage, wie Professionals mit Führungsverantwortung die Stärken ihrer Mitarbeiter erkennen.

Hier sind zwei Fälle zu unterscheiden:

1. Neueinstellungen
2. Bereits vorhandene Mitarbeiter

Ad 1.: Neueinstellungen

Die Mitarbeiterentwicklung und -förderung beginnt bereits bei der Einstellung von Mitarbeitern. Da zu diesem Zeitpunkt regelmäßig nur Einstellungsgespräche geführt wurden und/oder Tests und ggf. Assessment Center durchgeführt wurden, können bei den meisten neuen Mitarbeiter deren Stärken lediglich vermutet werden. Es gibt zwei Tests, die Ihnen zumindest wertvolle Hinweise über potenzielle Stärken von Mitarbeitern geben können und wichtige Erkenntnisse im Hinblick auf die Führung von Mitarbeitern:

- Profile XT Test
- DISG-Persönlichkeitstest

Ein international anerkannter Test ist der **Profile XT**. Er unterstützt darin Stärken kennenzulernen und sich der eigenen Entwicklungsfelder und der der Mitarbeiter bewusster zu werden. Profile XT ist das gemeinsame Ergebnis von Entwicklungspsychologen von PROFILES International und Wissenschaftlern der Universität von Texas. Mit mehr als 400.000 Bewerbern und Stelleninhabern, die an der Entwicklung dieser Technologie teilgenommen haben, stellt das Instrument einen repräsentativen Querschnitt von Berufs- und Einkommensgruppen, Bildungsniveaus, Firmen und Industriezweigen dar. „Profile XT" ist eines der technologisch modernsten, dreidimensionalen Online-Führungsinstrumente. Es kann von jedem mit dem Internet verbundenen Rechner aus durchgeführt werden, wobei die Bearbeitung online weltweit in über 30 Sprachen möglich ist. Es gibt diverse Anbieter, die über Google leicht gefunden werden können.

Das Ziel von „Profile XT" ist die Erreichung des optimalen „Job-Match". Dazu werden die erfolgsrelevanten Eigenschaften einer Person (z.B. Verhaltensmerkmale, Berufsinteressen, Denkmuster) mit den Anforderungen ihrer Tätigkeit in Verhältnis verglichen und auf ihre Passgenauigkeit hin überprüft. Das Verfahren wird infolge seiner hohen wissenschaftlichen Absicherung heute weltweit in allen Branchen und Berufszweigen eingesetzt. Das System umfasst:

- Anforderungsprofil ⇒ WELCHE Anforderungen hat die Arbeit?
- Denkmuster ⇒ KANN die Person die Arbeit machen?
- Verhaltensmerkmale ⇒ WIE wird die Person die Arbeit machen?
- Berufsinteressen ⇒ WILL die Person die Arbeit machen?
- Job Match ⇒ PASSEN Person und Arbeit zusammen?

Die Anwendungsbereiche gehen über die Personalauswahl bei Neueinstellungen hinaus:

- Potenzialanalyse
- Coachings
- Trainings
- Beförderungen

Das Anforderungsprofil ist dabei genauso wichtig wie das Personenprofil. Denn nur wenn Sie genau wissen, welchen Mitarbeiter Sie brauchen, werden Sie erkennen, wenn Sie ihn gefunden haben.

Sowohl der Profile XT Test als auch der DISG-Persönlichkeitstest sind nicht ausschließlich für Neueinstellungen konzipiert, sondern geben wertvolle Informationen auch über Professionals, die schon länger in Ihrem Unternehmen sind. Der **DISG-Persönlichkeitstest** führt zu einem bestimmten Persönlichkeitsprofil. Die Persönlichkeit eines Professionals zeigt sich darin, wie er sich in bestimmten Situationen verhält. Erfolgreiche Professionals kennen ihre Verhaltenstendenzen. Sie lernen, ihren eigenen Stil so anzupassen, dass sie in einem größeren Aktionsradius effektiver agieren können. Das DISG-Persönlichkeitsprofil hilft Ihnen, Ihre Selbstkenntnis zu verbessern und eine größere Anpassungsfähigkeit gegenüber anderen Menschen zu entwickeln.

Alle Merkmale einer Person bilden ihre Persönlichkeit. Ein Teil dieser Merkmale ist sichtbar, ein anderer Teil ist nicht unmittelbar sichtbar. Für uns sichtbar ist das Verhalten. Andere Merkmale wie unausgesprochene Gedanken oder nicht gezeigte Gefühle bleiben unsichtbar. Bei DISG interessiert das von außen Sichtbare, nämlich das Verhalten von Menschen. DISG ist also noch mehr ein Verhaltensprofil als ein Persönlichkeitsprofil. Jeder Professional sollte sein eigenes Verhalten hinterfragen. Wer nicht lernt, sein Verhalten auf sein berufliches (und privates) Umfeld abzustimmen, fühlt sich bald als Fremdkörper. Wer sein Verhalten nie hinterfragt, wird es aller Voraussicht nach schwer haben. Dies gilt sowohl für das berufliche als auch private Umfeld.

DISG steht als Akronym für **D** wie **dominant**, **I** wie **initiativ**, **S** wie **stetig** und **G** wie **gewissenhaft**. Es geht im Ursprung auf William Moulton Marston, einen amerikanischen Psychologen, zurück, der in Harvard 1921 abschloss. Die vier englischen Begriffe Dominance (Dominanz), Inducement (Veranlassung), Submission (Unterwerfung) und Compliance (Befolgung, Einhaltung) wurden dann von John G. Geier an der University Minnesota zum heute anerkannten DISG-Modell weiterentwickelt.

Ziel des DISG-Modells ist es, bestimmte Persönlichkeitstypen zu benennen, ihre Kernmerkmale deutlich zu machen und darauf basierend ihr „typisches" Kommunikationsverhalten zu erkennen. Wenn ein Professional das Kommunikationsverhalten eines Mitarbeiters erkannt hat, kann er gezielt sein eigenes Kommunikationsverhalten auf den Mitarbeiter einstellen. Gleichermaßen gilt das für Professionals gegenüber ihren Vorgesetzten. Die folgende Abbildung zeigt die vier verschiedenen Persönlichkeitstypen sowie ihre zentralen Eigenschaften zur Identifikation eines Typs. Jedem Typ ist eine Farbe zugeordnet:

Dominant = Dunkelrot, Initiativ = Hellrot, Stetig = Dunkelgrau und Gewissenhaft = Hellgrau

Abb. 22 Eigenschaften von Menschen nach dem DISG-Persönlichkeitsmodell

Das Persönlichkeitsmodell, basierend auf D, I, S und G beschreibt das Verhalten eines Professionals, das immer eine Kombination aller vier Verhaltenstendenzen ist. Die Verhaltensweisen, die intensiver vorhanden sind, gebrauchen Sie öfter. Das „beste" Profil gibt es nicht. Alle Verhaltensstile können mehr oder weniger effektiv sein. Jeder Professional hat auch oft Verhaltensweisen von verschiedenen Verhaltensstilen. Lothar Seiwert und Friedbert Gay haben in ihrem Buch *„Das 1x1 der Persönlichkeit"* verschiedene gute und kurze Tests zur Ermittlung Ihres individuellen Persönlichkeitsprofils und Ihrer Ausprägungen von D, I, S und G. Regelmäßig wird eine Verhaltenstendenz stärker ausgeprägt sein als alle anderen Verhaltenstendenzen. Ein Professional ist dann am effektivsten, wenn er sein eigenes Verhalten und den Verhaltensstil anderer verstehen, die Erfordernisse der jeweiligen Situation einschätzen und sein Verhalten entsprechend anpassen kann.

Erfolg oder Misserfolg von Teams in WP/StB-Praxen werden vom persönlichen Verhaltensstil jedes Mitglieds und von den Interaktionen zwischen den einzelnen Teammitgliedern bestimmt. Um die Reibungsverluste untereinander zu vermindern, muss man die individuellen Unterschiede im Team verstehen, respektieren und schätzen lernen. Wer sich intensiver mit dem DISG-Persönlichkeitsmodell und seiner Anwendung in der Praxis beschäftigen will, findet in *„Das 1x1 der Persönlichkeit"* wertvolle Hinweise. Die folgende Tabelle, die hier nur auszugsweise dargestellt ist, stammt aus dem Buch und zeigt wie das DISG-Persönlichkeitsprofil in Teams genutzt werden kann.

Teamarbeit	D	I	S	G
Wert für das Team	Richtungsweisend, ergreift die Initiative, Motor	Stellt Kontakt zu Menschen her, beeinflusst andere	Arbeitet kontinuierlich, spezialisiertes Arbeiten, schafft Beziehungen	Konzentriert sich auf Details, achtet auf Standards
Stärken	Ziel- und ergebnisorientiert, ausdauernd, löst Probleme schnell	Begeisterung, motiviert und gewinnt andere, setzt sich ein	Kann mit anderen gut umgehen, gutes Teammitglied	Gründlich, ausdauernd, analysiert alle Daten mit Präzision
Mögliche Schwächen	Unsensibel gegenüber Gefühlen anderer, ungeduldig, autoritär	Impulsiv, konzentriert sich ungern auf Fakten und Details	Opfert Ergebnisse für harmonische Beziehungen, wird nur ungern initiativ	Sehr vorsichtig, zu gründlich, vergisst darüber Termine
Motiviert durch	Ergebnisse, Herausforderungen, Taten, Aktionen	Anerkennung, Zustimmung, Beifall, gesehen werden	Beziehungen, Anerkennung, Verständnis, Wertschätzung	Qualität, Bestätigung, Dinge „richtig" tun zu können
Wäre effektiver durch	Zuhören	Sich eine Denkpause gönnen und Daten mit einbeziehen	Die Initiative ergreifen, positiv auf Änderungen reagieren	Die eigenen Vorstellungen anderen mitteilen

Abb. 23 So gelingt Teamarbeit nach Lothar Seiwert und Friedbert Gay aus „Das 1x1 der Persönlichkeit" (© 1996–2019 persdog Management GmbH, D-75196 Remchingen. Alle Inhalte urheberrechtlich geschützt. Alle Rechte vorbehalten.)

Es ist offensichtlich, dass unter den Wirtschaftsprüfern und Steuerberatern häufig G-Typen anzutreffen sein werden und in einer WP/StB-Praxis viele gewissenhafte Menschen sind.

Praxistipp:
Nutzen Sie die Kenntnis des DISG-Persönlichkeitsprofils bei der Einstellung von Mitarbeitern und in der Probezeit. Vor einigen Jahren hatte ich mal einen jungen Assistenten eingestellt, der absolut ungeeignet für die Tätigkeit eines Wirtschaftsprüfers und Steuerberaters war. Für Wirtschaftsprüfer und Steuerberater ist Genauigkeit wichtig, bei allem was sie tun. Ziel sollte es stets sein, stimmig bis ins letzte Detail zu arbeiten. Wer nicht exakt arbeiten will, ist in einer WP/StB-Praxis nicht richtig aufgehoben. Ich hatte gegen Ende der Probezeit ein Gespräch mit ihm und konnte dabei das DISG-Modell sehr gut nutzen. Ich konnte ihm anhand des DISG-Modells begründen, weshalb ich ihm dringend geraten hatte in einer anderen Branche zu arbeiten.

Das DISG-Modell eignet sich ebenfalls sehr gut zur Analyse der bereits vorhandenen Mitarbeiter. Wer schwache Ausprägungen im Bereich der Dominanz und der Initiative hat, tut sich mit der Mitarbeiterführung schwer. Manche Professionals sind besser als Experten ohne Personalverantwortung tätig.

Ad 2.: Bereits vorhandene Mitarbeiter

Bei bereits vorhandenen Mitarbeitern können zwar ebenfalls der Profile XT Test und der DISG-Persönlichkeitstest durchgeführt werden, aber eine viel bessere und zuverlässige Beurteilung sind die Aufgaben, Leistungen und die Ergebnisse, die der Professional bisher erzielt hat. Eine erfahrene Führungskraft sollte in der Regel nach 3 bis 5 übertragenen Aufgaben erkennen können, ob der Mitarbeiter für eine bestimmte Tätigkeit geeignet ist oder nicht. Wenn ich mit einem neuen Mitarbeiter zusammenarbeite, kann ich deshalb schon in den ersten Wochen der Probezeit erkennen, ob das Potenzial für einen Professional auf dem Gebiet der Unternehmensbewertung vorhanden ist oder nicht.

Effektive Professionals multiplizieren ihr fachliches Know-how und ihr Know-how auf dem Gebiet der Persönlichkeitsentwicklung. Knowledge-Sharing sollte eine Maxime eines jeden Wirtschaftsprüfers und Steuerberaters sein. Wer Wissen hortet, weiß, dass er vielleicht imstande sein wird, außergewöhnliche Leistungen allein zu erbringen, außergewöhnliche Leistungen eines Teams werden dadurch aber verhindert. Wer dies weiß, wird darauf hinarbeiten, seine Mitarbeiter zu entwickeln und zu fördern.

Zwar können Menschen in letzter Konsequenz nur sich selbst entwickeln und praktisch alle guten Professionals waren Selbstentwickler; dennoch hatten die meisten von ihnen Vorbilder und Mentoren, die ihnen Impulse zur Weiterentwicklung gaben und sie förderten. Man kann gar nicht oft genug betonen, dass Menschen sich mit und an ihren Aufgaben entwickeln. Deshalb sollten die Aufgaben die Mitarbeiter nicht überfordern, aber sie sollten groß genug sein, sodass die Mitarbeiter daran wachsen können. Sie müssen demnach größer und schwieriger als die bisherigen Aufgaben sein.

Integraler Bestandteil bei der Entwicklung von Menschen ist das Feedback, das sie möglichst unmittelbar im Zusammenhang mit der Erledigung von Aufgaben erhalten sollten. Die meisten Manager und Unternehmer sind in der Regel sparsam mit Lob und großzügig bei der Aussprache von Kritik. Zu selten wird dabei bedacht, dass der Mitarbeiter nicht noch einmal gesagt bekommen muss, was er alles falsch gemacht hat. In der Regel weiß er dies meist nach einem Fehltritt selbst. Viel wichtiger ist das Feedback im Hinblick darauf, wie er es in der Zukunft besser machen kann. Dies ist ein echter Beitrag zur Entwicklung von Menschen.

Praxistipp:
Integraler Bestandteil eines jeden Qualitätssicherungssystems einer WP-Praxis sind mindestens einmal im Jahr Leistungsbeurteilungen der Mitarbeiter. Dieses institutionalisierte Feedback ist für Mitarbeiter in den ersten drei Berufsjahren auch wichtig. In dieser Zeit hat ein Mitarbeiter genügend Gelegenheiten seine fachliche und persönliche Kompetenz zu zeigen. Seine Stärken sollten zu diesem Zeitpunkt bekannt sein und die weitere Entwicklung des Mitarbeiters darauf ausgerichtet werden.

Unabhängig von der zeitlichen Zugehörigkeit eines Mitarbeiters zum Unternehmen halte ich das unmittelbare Feedback in bestimmten Situationen für wesentlich wichtiger als institutionalisierte, standardisierte Beurteilungsgespräche zu einem späteren Zeitpunkt. Meine Mitarbeiter erhalten unmittelbar nach Telefonkonferenzen, Meetings oder nach der Erledigung bestimmter Aufgaben ein Feedback. Nicht selten rufe ich einen Mitarbeiter nach einer Telefonkonferenz an und spreche ihm meine Anerkennung aus, wenn er komplexe Sachverhalte einem Mandanten in leicht verständlicher Sprache übermitteln konnte.

Dies gilt gleichermaßen für erledigte Aufgaben. Wenn etwas schlecht erledigt wurde, insbesondere auch vor dem Hintergrund der beruflichen Erfahrung eines Mitarbeiters, sage ich dies einem Mitarbeiter auch sehr direkt. Für die meisten Beobachter wäre diese Ansprache dann zu direkt und nicht wenige würden behaupten, dass die Art und Weise der Kommunikation demotivierend sein könnte.

Ich stehe auf dem Standpunkt: Wenn etwas Mist ist, ist es auch legitim, das so auszusprechen. Dies blumig in schöne Worte zu hüllen ergibt für mich wenig Sinn, weil es bei mir nicht authentisch wäre. Selbstverständlich gilt es bei all diesen Feedbackgesprächen, dass der Mitarbeiter respektiert wird und ihm eine Hilfestellung zu seiner fachlichen und persönlichen Weiterentwicklung unmittelbar beim Feedback gegeben wird. Aus Fehlern lernt man nur dann, wenn man weiß, wie es richtig geht. Dieses unmittelbare positive und negative Feedback halte ich für wesentlich wirksamer als ein zu einem wesentlich späteren Zeitpunkt durchgeführten Beurteilungsgespräch.

3.6 Kontrollieren

Die letzte Aufgabe ist das Kontrollieren. Mit einem Wirtschaftsprüfer über Kontrolle zu reden, ist wie Wasser ins Meer zu tragen. Die Kontrolle ist die DNA eines Wirtschaftsprüfers. Es geht mir jedoch in diesem Kapitel nicht um die Kontrollen im Rahmen einer Abschlussprüfung oder um das Vieraugenprinzip im Rahmen der Durchführung der beruflichen Tätigkeit eines Wirtschaftsprüfers oder Steuerberaters. Es geht hier um die Aufgabe der Kontrolle im Rahmen des Managements der Mitarbeiter einer WP-Praxis. Hierzu gehören auch alle Mitarbeiter, die nicht im Rahmen der Abschlussprüfung, Steuerberatung oder Unternehmensberatung tätig sind.

Viele werden jetzt spontan an die Qualitätskontrolle und an das Peer Review denken. Vielleicht überspringt der eine oder andere auch dieses Kapitel, weil er eben keine Lust mehr hat sich mit Fragen der Qualitätskontrolle zu beschäftigen, da er dies ohnehin im Rahmen seiner beruflichen Tätigkeit dauernd tut. Vieles ist dazu in den Qualitätskontrollhandbüchern einer WP-Praxis niedergeschrieben und es ergibt keinen Sinn, in einem Buch über Soft Skills für Wirtschaftsprüfer und Steuerberater über die Qualitätskontrollen zu schreiben, die regelmäßig einem Peer Review unterliegen. Jedoch unterliegen der Qualitätskontrolle durch das Peer Review nur bestimmte Tätigkeiten von Wirtschaftsprüfern. Steuerberater und Unternehmensberater hingegen unterliegen nicht dem Peer Review. Insofern gibt es auch Professionals, die weniger tief im Thema der Qualitätskontrolle und Qualitätskontrollhandbüchern vertraut sind. In jedem Fall sind Professionals in WP/StB-Praxen mit dem Thema Kontrolle mehr oder weniger intensiv vertraut, weshalb ich in diesem Kapitel mehr über das „wie" möglicher Kontrollen als das „was" schreiben.

Wer Qualität will, muss kontrollieren! Qualitätssicherungssysteme und Qualitätskontrollen sind aus diesem Grund im ureigensten Interesse einer jeden WP/StB-Praxis. Wenn ein Professional an Qualität im Management von Mitarbeitern interessiert ist, kann er das Thema Kontrolle nicht nur aus der Perspektive seiner beruflichen Tätigkeit als Wirtschaftsprüfer und Steuerberater sehen, sondern muss sie auf alle anderen Bereiche im Management einer WP/StB-Praxis übertragen.

Grundlage der Kontrolle sollte jedoch Vertrauen gegenüber den Mitarbeitern sein. Vertrauen in die Leistungsfähigkeit und in die Leistungsbereitschaft eines Mitarbeiters. Wenn ein Professional nicht auf die Leistungsfähigkeit und Leistungsbereitschaft eines Mitarbeiters vertrauen kann, dann hat er kein Kontrollproblem, sondern ein Problem bei der Stellenbesetzung. Außerdem kann ohnehin nichts erreicht werden, wenn ein Mitarbeiter nicht leistungsfähig oder leistungsbereit ist.

Deshalb ist die entscheidende Frage: „Wie sollte ein Qualitätssicherungs- und Kontrollsystem aufgebaut sein?" Es sollte auf jeden Fall Elemente der Selbstkontrolle enthalten. Aus diesem Grund sind die in Teil 2 dargestellten Grundsätze „Selbstverantwortung" und „Ergebnisorientierung" so wichtig. Mitarbeiter sind für die Ergebnisse verantwortlich, die sie selbst verursacht haben. Ohne Zielklarheit und ein gemeinsames Verständnis für von allen akzeptierten Richtlinien sowie Strukturen und Systeme, die diese Prozesse unterstützen, wird Qualitätskontrolle basierend auf dem Prinzip der Selbstverantwortung nicht funktionieren.

Dieser Ansatz hat Auswirkungen auf den kontrollierenden Professional. Seine Aufgabe verschiebt sich vielmehr vom „Big Boss" zu einem Coach. Folgende Fragen gegenüber seinen Mitarbeitern helfen ihm dabei, weiter seiner neuen Rolle gerecht zu werden:

- Wie läuft es?
- Was lernen Sie gerade?
- Was sind Ihre Ziele oder was versuchen Sie gerade zu erreichen?
- Wie kann ich Ihnen helfen?
- Wie gut bin ich als Helfer?

Ohne gegenseitiges Vertrauen und gegenseitige Verantwortlichkeit wird ein solches System nicht funktionieren.

Folgende Fragen dienen zur Orientierung:

1. Warum wird kontrolliert?
2. Was wird kontrolliert?
3. Wer wird kontrolliert?
4. Wie wird kontrolliert?

Es gibt zwei wichtige Aufgaben von Kontrollen:

- Maßnahme zur Qualitätssicherung
- Identifizierung von Hindernissen auf dem Weg zum Ziel

Sämtliche Maßnahmen zur Qualitätssicherung im Rahmen der Auftragsabwicklung sollen hier nicht weiter thematisiert werden. Hierzu hat das IDW eine Vielzahl an Standards und Literatur (u.a. WPH Edition) veröffentlicht, die sich ausgiebig mit dem Thema beschäftigen. Im Hinblick auf die Identifizierung von Hindernissen auf dem Weg zu den Zielen gilt es jedoch regelmäßig durch Fragen und Inaugenscheinnahmen die Mitarbeiter zu kontrollieren.

Hinweis:
Viele Professionals kontrollieren ihre Mitarbeiter hinsichtlich ihrer erfassten Zeiten bei Aufträgen. Je nachdem wie ausgeprägt das Kontrollbewusstsein eines Professionals ist, kann dies täglich, wöchentlich oder monatlich sein. Seit vielen Jahren vertraue ich meinen Mitarbeitern, dass sie effektiv und effizient arbeiten. Dieses Vertrauen setzt jedoch einen gewissen Erfahrungsstand eines Professionals voraus. Ein Berufseinsteiger kann per se noch nicht effektiv und effizient arbeiten, sondern muss dies erst noch lernen. Bei Berufseinsteigern können Sie deshalb, wie folgt beschrieben nicht vorgehen.

Meine eigentliche Kontrolle der erbrachten Zeiten findet regelmäßig erst im Rahmen der Rechnungsstellung und Abrechnung von Aufträgen statt. Seit rund 20 Jahren bin ich inzwischen unternehmerisch tätig und hatte mit wenigen Ausnahmen keine Probleme bei der Abrechnung der Zeiten meiner Mitarbeiter. Wenn ich der Auffassung war, dass die Zeiten für bestimmte Tätigkeiten zu umfangreich waren, habe ich nach Rücksprache mit den Mitarbeitern, diese entweder nicht in Rechnung gestellt oder zu verminderten Stundensätzen. Wichtig ist in diesem Zusammenhang das Gespräch mit dem betroffenen Mitarbeiter. Ich habe dann nach den Gründen für den zeitlichen Mehraufwand gefragt. Wenn die Gründe für mich nachvollziehbar waren und die Zeiten auch bei anderen Professionals mit vergleichbarer Berufserfahrung angefallen wären, habe ich sie abgerechnet. Wichtig ist außerdem in diesem Zusammenhang, dass der jeweils kontrollierende Professional über ausreichend Erfahrungen für die benötigte Zeit bestimmter Tätigkeiten verfügt. Dies ist nur dann der Fall, wenn er viele der zu kontrollierenden Tätigkeiten selbst einmal im Rahmen seiner Berufslaufbahn ausgeführt hat. Im Kern plädiere ich also für Selbstverantwortung und Selbstkontrolle meiner Mitarbeiter.

Oft stelle ich meinen Mitarbeitern die Frage, ob sie anstelle des Mandanten bereit wären das Honorar für die von ihnen erbrachten Zeiten zu bezahlen. Dann lasse ich zunächst die Mitarbeiter selbst einen Vorschlag machen, wie viel der erbrachten Stunden sie den Mandanten in Rechnung stellen würden. In den meisten Fällen haben die Mitarbeiter ein sehr gutes Gefühl, was in solchen Fällen in Rechnung gestellt werden kann. Schlussendlich entscheide ich aber als verantwortlicher Partner, in welcher Höhe die Zeiten abgerechnet werden. Dabei habe ich stets einen Marktpreis für die jeweilige Leistung im Kopf. Diese Vorgehensweise führt dazu, dass die Mitarbeiter sensibel im Hinblick auf die von Ihnen erbrachten Leistungen sind und bei der Erfassung ihrer Zeiten auch schon an die Rechnungsstellung gegenüber dem Mandanten denken.

Die Art und Weise was und wie kontrolliert wird, sagt viel über eine WP/StB-Praxis aus. Die Kontrolle von Personen sollte dabei möglichst individuell sein. Es ist ein Unterschied, ob und wie eine WP/StB-Praxis einen langgedienten Mitarbeiter kontrolliert, der stets zuverlässig und gewissenhaft gearbeitet hat, oder neue Mitarbeiter, die sich erst noch bewähren müssen. Es gibt Professionals, die Musterbeispiele an Korrektheit und Zuverlässigkeit sind. Wenn Sie solche Mitarbeiter auf einmal anfangen zu kontrollieren, ist das für diese nicht nur ein Vertrauensentzug, sondern im hohen Maße demotivierend. Auf der anderen Seite wäre es fahrlässig, wenn Sie die Arbeiten eines Mitarbeiters, der sich noch in der Probezeit befindet, nicht so intensiv kontrollieren würden, dass Sie bei schlechten Arbeitsergebnissen ihn noch in der Probezeit wieder entlassen können.

Da jede Kontrolle der Qualitätssicherung dient und Fehler dadurch vermieden werden sollen, steht die Kontrolle in einer WP/StB-Praxis in einem engen Zusammenhang damit, wie das Unternehmen bei „Fehlern" von Mitarbeitern umgehen will. Die Fehlerkultur respektive der Umgang mit Fehlern von Mitarbeitern sagt viel über die Unternehmenskultur einer WP/StB-Praxis sowie die Führungsphilosophie eines Professionals aus. Wo Menschen arbeiten, passieren auch Fehler. Das unterscheidet uns Menschen von Maschinen, wobei auch Maschinen nicht immer fehlerfrei arbeiten. Die entscheidende Frage lautet jedoch, wie geht ein Professional oder ein Unternehmen mit den Fehlern ihrer Mitarbeiter um?

Beispiel

Die Mitarbeiter unserer Unternehmen arbeiten in einem Familienunternehmen. Dies betone ich stets bei der Einstellung von neuen Mitarbeitern. Seit fast 30 Jahren bin ich Mitglied in dem Verband DIE FAMILIENUNTERNEHMER. Bei Familienunternehmen wird regelmäßig eine langfristige Zusammenarbeit angestrebt und Entscheidungen werden vor dem Hintergrund der Nachhaltigkeit getroffen. Familienunternehmer setzen sich sehr häufig für ihre Mitarbeiter ein.

Bei Einstellungsgesprächen rede ich sehr offen mit den potenziellen neuen Mitarbeitern über das Thema Lügen. In vielen Industrieunternehmen ist es nicht unüblich, dass Mitarbeiter sich untereinander anlügen. Insbesondere werden eigene Fehler vertuscht. Fehler vertuschen und lügen sind für mich ein absolutes „no go". Das sage ich im Rahmen der Einstellungsgespräche und weise sofort darauf hin, dass schon die erste Lüge ein Kündigungsgrund wäre, unabhängig davon, ob er arbeitsrechtlich Bestand hätte oder nicht.

In der Pfalz gibt es ein Sprichwort, das lautet: „Wenn die Milch verschüttet ist, dann ist sie verschüttet!" Dieses Sprichwort soll zum Ausdruck bringen: Wenn etwas schief gegangen ist, kann man es nicht mehr ändern und muss sich damit abfinden. Dieses Sprichwort zitiere ich dann in Einstellungsgesprächen und sage dem Mitarbeiter, dass das Vertuschen von Fehlern eine Zusammenarbeit nachhaltig stören würde und mit der Konsequenz einer Kündigung zu rechnen ist. Ich sage dann den jeweiligen potenziellen neuen Mitarbeitern, dass es mir bei Fehlern ausschließlich darum geht, wie diese in der Zukunft vermieden werden können. Denn, wenn ein Fehler entstanden ist, ist das eine unabänderbare Tatsache. Es kann dann nur noch um Beseitigung des Fehlers gehen und um entsprechende Maßnahmen einzuleiten, damit der gleiche Fehler in der Zukunft nicht mehr passiert.

Warum bin ich in Einstellungsgesprächen gleich so hart und direkt? Ich will damit zwei Dinge erreichen:

1. Die Mitarbeiter sollen gleich zu Beginn ihrer Tätigkeit wissen, was die Konsequenz in meinem Familienunternehmen wäre, wenn sie lügen.

2. Die Mitarbeiter sollen wissen, dass ein Fehler keine negative Konsequenz nach sich zieht, sofern er denn offen kommuniziert wird.

Mit Fehlern meine ich im Übrigen, Fehler im Zusammenhang mit einer beruflichen Tätigkeit. Dies ist ganz klar von strafrechtlich relevanten Dingen abzugrenzen. Wer Fehler im strafrechtlichen Sinne begeht, muss selbstverständlich dafür auch die Verantwortung tragen.

In einem engen Zusammenhang mit der Aufgabe der Kontrolle steht das Controlling einer WP/StB-Praxis. Unter Controlling wird regelmäßig die Planung und Steuerung sowie auch die Kontrolle von Unternehmen verstanden. Eine WP/StB-Praxis nutzt häufig zur Steuerung ihrer Kanzlei bestimmte Kennzahlen. Idealerweise handelt es sich dabei um Werttreiber oder sogenannte „Key Performance Indicators" (KPI). Solche Kennzahlen können unter anderem sein:

- Umsatz je Mitarbeiter
- abrechenbare Stunden je Mitarbeiter
- Deckungsbeitrag je Mitarbeiter
- Neue Mandanten je Partner
- Neu akquirierter Umsatz je Partner
- Ergebnis vor Partnervergütungen
- ...

Je nachdem wie offen diese Kennzahlen und auf welchen Ebenen diese im Unternehmen kommuniziert werden, können sie motivierend und demotivierend für die Mitarbeiter sein. Mir geht es hier nicht um die Bewertung einzelner Kennzahlen sowie die Erörterung der damit verbundenen Vor- und Nachteile einer jeden Kennzahl. Wer den Teamgeist in einer WP/StB-Praxis fördern will, sollte sich bewusst sein, dass nicht jede Kennzahl in diesem Sinn förderlich ist.

Beispiel

Wenn beispielsweise der Umsatz eines Mitarbeiters im Fokus einer Kennzahl steht, dann sind für einen Mitarbeiter nur solche Tätigkeiten erstrebenswert, die ihm einen möglichst hohen Umsatz bringen. Es gibt jedoch eine Reihe von Tätigkeiten in allen Bereichen einer WP/StB-Praxis, die wichtig sind, aber keinen Umsatz bringen. Darüber hinaus hängt der abrechenbare Umsatz eines Mitarbeiters auch von dem jeweiligen Auftrag ab. Es gibt Aufträge, die höhere durchschnittliche abrechenbare Stunden respektive einen höheren Deckungsbeitrag erwirtschaften als andere Aufträge. Insbesondere bei Mandanten, die schon seit vielen Jahren der WP/StB-Praxis treu sind, werden manchmal Stundensätze vereinbart, die niedriger sind als bei einmaligen neuen Mandanten. Wenn beispielsweise ein Mitarbeiter eine ausgezeichnete Leistung gegenüber einem langjährigen Mandanten erbringt, er jedoch aus strategischen Gründen gegenüber dem Mandanten aufgrund niedrigerer Stundensätze in der Folge auch geringere

Umsatzerlöse erwirtschaftet, wäre es unbillig, wenn der Mitarbeiter beispielsweise einem Malus im Rahmen der jährlichen Tantieme bekommen würde.

Darüber hinaus gibt es eine Vielzahl von Tätigkeiten in einer WP/StB-Praxis, die ohnehin nicht zu abrechenbaren Stunden führen, aber für die Entwicklung der Kanzlei wichtig sind. Wenn der Umsatz je Mitarbeiter jedoch eine zentrale Kennzahl für eine WP/StB-Praxis ist, werden nur wenige Mitarbeiter bereit sein, wirklich wichtige und strategische Aufgaben für die Kanzlei zu übernehmen. Dies gilt es auch bei anderen Kennzahlen zu beachten.

4 Werkzeuge

Beim letzten Teil geht es um Werkzeuge zum Management und zur erfolgreichen Bewältigung der Aufgaben. Wer sich erfolgreich und andere führen will, sollte die folgenden Werkzeuge beherrschen. Wirksames Management steht und fällt mit der richtigen Nutzung der Werkzeuge. Professionals denken bei Tools üblicherweise an ihren Computer und Software-Anwendungen (Apps) oder an ihr Smartphone und ihr Tablet. Das folgende Kapitel wird technische Hilfsmittel nur erwähnen, nicht jedoch behandeln. Vielmehr geht es bei den hier dargestellten Werkzeugen für ein wirksames Management um das Selbstmanagement, die Psyche, in Form der mentalen Stärke, um die Rhetorik und die Art und Weise wie Professionals kommunizieren sowie um Kommunikationsmittel. Abschließend stelle ich ein Tool mit der Work-Life-Balanced-Scorecard dar, das Ihnen hilft Balance in Ihr Leben zu bringen und damit die Aspekte des beruflichen Erfolgs und des privaten Glücks zu verbinden.

Für einen Spitzensportler ist es selbstverständlich, dass er regelmäßig trainiert. Nur durch wiederholtes Üben gelangt er zur Meisterschaft. Wer eine Sprache erlernen will, weiß, dass dies nur durch regelmäßiges Üben gelingen wird. Was für einen Sportler oder einen Menschen, der einer Sprache lernen will, selbstverständlich ist, sollte auch für einen Professional selbstverständlich sein. Zur Beherrschung der nachfolgenden Werkzeuge gibt es nur einen Weg: regelmäßiges Trainieren! Wirtschaftsprüfer und Steuerberater haben häufig den Hang zum Perfektionismus. Manchmal kann Perfektionismus daran hindern, dass Menschen beginnen zu handeln. Deshalb kann es nützlich sein, wenn Professionals nicht immer perfektionistisch sind. Bei der Anwendung der nachfolgenden Werkzeuge sollten Professionals durchaus jedoch das Ziel haben, diese möglichst perfekt auch in ihrem beruflichen und privaten Alltag anzuwenden.

Es bedarf zur Anwendung der folgenden Werkzeuge keines besonderen Talents. Jeder Professional kann lernen, mit diesen Werkzeugen umzugehen und sie von Tag zu Tag immer besser einzusetzen. Dennoch gilt es darauf hinzuweisen, dass die Start-Voraussetzungen nicht bei allen Professionals gleich sein werden. Denn insbesondere sowohl die rhetorischen Fähigkeiten als auch die mentale Stärke hängen stark davon ab, welche Erfahrungen, Vorbilder und Konditionierungen ein Professional in der Vergangenheit hatte. Wer beispielsweise in einem Elternhaus oder Umfeld aufgewachsen ist, indem ein oder beide Elternteile oder andere Familienmitglieder über ausgeprägte rhetorische Fähigkeiten verfügten, hat eindeutig Vorteile im Vergleich zu einem Professional, dessen Eltern oder familiäres Umfeld weniger rhetorisch stark waren.

Die im Folgenden für Wirtschaftsprüfer und Steuerberater dargestellten Werkzeuge unterscheiden sich teilweise wesentlich im Vergleich zu den Werkzeugen, die Malik in seinem Buch „Führen, Leisten, Leben“ darstellt. Dieses Buch trägt den Titel „Wertvolle Soft Skills für Wirtschaftsprüfer und Steuerberater“. Die tägliche Anwendung der nachfolgenden Soft Skills sind besonders wertvoll. Wer in seiner Persönlichkeitsentwicklung einen großen Schritt nach vorne machen will, sollte sich nicht nur intensiv mit diesen Werkzeugen auseinandersetzen, sondern sie in seinen Alltag integrieren. Diese Soft Skills standen nicht auf einem Lehrplan in der Ausbildung, im Studium oder bei einem Berufsexamen. Deshalb wird für die meisten Professionals vieles neu sein. Wer an einem Buffet immer das gleiche isst und nie etwas Neues probiert, wird niemals in den Genuss kommen, wie andere Gerichte schmecken. Deshalb will ich Sie ermutigen, die nachfolgenden Werkzeuge auszuprobieren. Ein Professional, der immer das Gleiche tut, wird immer die gleichen Resultate erzielen. Nur wenn Sie etwas verändern, wird sich auch etwas in ihrem Leben verändern. Wer sich verbessern will, wendet diese Werkzeuge an. Sicher wird es auch Professionals unter Ihnen geben, die die nachfolgenden Werkzeuge bereits als wichtig eingestuft haben und sie für ihr Berufs- und ihr Privatleben nutzen. Wenn dies der Fall ist, nutzen Sie meine Impulse, um die Anwendung der Werkzeuge zu optimieren. Die hier dargestellten Werkzeuge sind der Schlüssel für ein erfolgreiches Berufsleben und glückliches Privatleben.

4.1 Selbstmanagement

Sie selbst sind der Ausgangspunkt eines wirksamen und erfolgreichen Managements. Wer sich selbst nicht managen kann, kann auch andere nicht managen. Deshalb ist Ihre persönliche Arbeitsmethodik und Produktivität so wichtig. Das Selbstmanagement steht in einem engen Zusammenhang mit den Grundsätzen der Fokussierung und der Ergebnisorientierung. Darüber hinaus bildet das Selbstmanagement die Brücke zu Ihren Zielen. Die folgende Abbildung zeigt die Zusammenhänge.

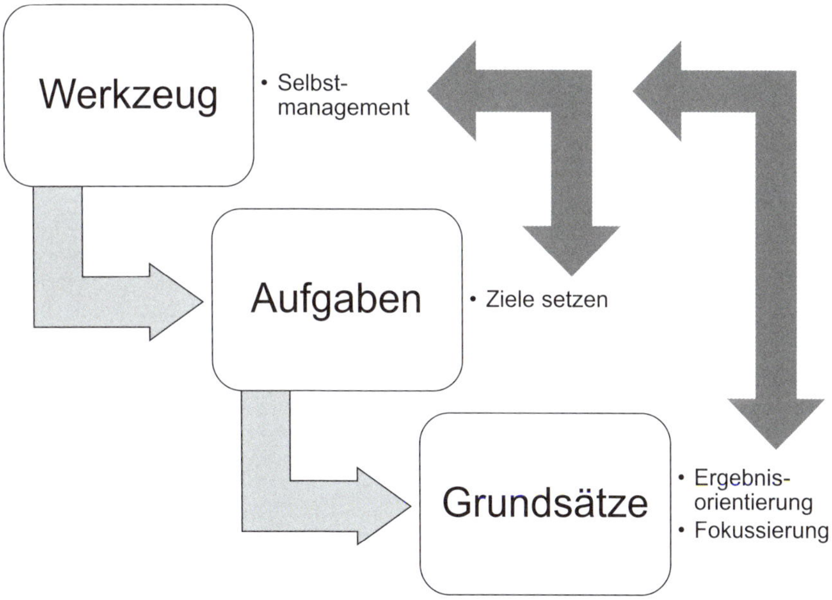

Abb. 24 Zusammenhang zwischen Selbstmanagement und Aufgaben und Grundsätzen

Fokussierung und Ergebnisorientierung sind die Grundsätze, die im Mittelpunkt des Selbstmanagements eines Professionals stehen sollten. Die persönliche Arbeitsmethodik eines Professionals ist darauf ausgerichtet, fokussiert zu sein und Resultate zu erzielen. Ein Professional will berufliche und private Ziele erreichen. Das Selbstmanagement dient dazu diese Ziele zu erreichen. Die Abbildung zeigt die Wechselwirkung zwischen den Grundsätzen und Aufgaben eines Professionals und seinem Werkzeug Selbstmanagement. Zielklarheit ist die Voraussetzung dafür, dass ein Professional im Rahmen seines Selbstmanagement seine Aktivitäten auf seine Ziele ausrichtet. Der Grundsatz der Fokussierung hilft dabei sich auf das Wesentliche zu konzentrieren. Da jeder Professional schon am Anfang das Ende im Sinn haben sollte, gilt es stets im Rahmen des Selbstmanagements und der Planung der beruflichen und privaten Aktivitäten das anvisierte Ergebnis im Kopf zu haben. Demnach sind alle Aktivitäten auf die gewünschten Ergebnisse auszurichten.

i

Hinweis:
Bereits während meines Studiums der Betriebswirtschaftslehre an der Universität Mannheim war ich zunächst nebenberuflich und später dann hauptberuflich in der Finanzberatung unternehmerisch tätig. Schon als Student und junger Unternehmer wurde mir sehr schnell klar, dass die persönliche Arbeitsmethodik und Produktivität für meinen späteren beruflichen Erfolg eine entscheidende Rolle spielen werden. Damals hatte ich mir die ersten Bücher von Lothar Seiwert, dem „Zeitmanagement-Papst" in Deutschland, gekauft. Seine Bücher haben mich geprägt. Inzwischen kennen wir uns schon seit einigen Jahren persönlich und sind freundschaftlich verbunden. Auch heute interessiert mich noch alles zu den Themen eines effektiven und effizienten Selbstmanagements. Die stetige Verbesserung meiner persönlichen Arbeitsmethodik ist für mich nach wie vor wichtig. Ich interessiere mich deshalb immer noch für alles, was mir hilft produktiver zu werden. Die Verbesserung der persönlichen Arbeitsmethodik ist ein lebenslanger Lernprozess.

Die wenigsten Menschen können spontan beantworten, wie viele Stunden ein normales Kalenderjahr üblicherweise hat. Bei 365 Tagen im Jahr sind das 8.760 Stunden. Damit stehen jedem Menschen gleich viele Stunden in einem Jahr zur Verfügung. Die entscheidende Frage ist jedoch, was tun Sie in diesen 8.760 Stunden? Angenommen Sie benötigen durchschnittlich 7 Stunden Schlaf am Tag, dann können Sie 2.555 Stunden von den 8.760 Stunden abziehen, um auf 6.205 Stunden Wachzeit zu kommen. Warum rechne ich Ihnen dies vor? Mir geht es darum, dass ich Ihnen bewusst machen will, wie viele Stunden Sie im Jahr haben, die Sie produktiv, nützlich und glücklich verbringen können. Was tun Sie in dieser Zeit und stimmt das mit Ihren Plänen überein?

Die bewusste Planung und ein effektives und effizientes Selbstmanagement ist der Anfang zu einem erfolgreichen und glücklichen Leben. Beim Grundsatz der Fokussierung hatte ich bereits dargestellt, weshalb es so wichtig ist sich auf Weniges zu konzentrieren. Ich hatte das Extrem-Pareto-Prinzip und die Konzentration auf die EINE Sache vorgestellt. Fokussierung ist dabei der zentrale Schlüssel zum beruflichen und privaten Erfolg. Wer berufliche und private Ziele erreichen will, findet durch Anwendung des Lebensprinzips „The ONE Thing" den Weg, wie die Ziele erreicht werden können. Keller und Papasan geben wertvolle Hinweise, wie Sie sich ausgezeichnet selbst managen können. In ihrem Buch klären sie zu Beginn über die folgenden sechs Irrglauben auf, wenn es um persönliche Produktivität geht. Diese sechs Irrglauben verhindern ihrer Meinung nach beruflichen und privaten Erfolg. Deshalb gilt es zunächst zu erkennen, dass sie Ihrem beruflichen und privaten Erfolg im Weg stehen.

Abb. 25 Sechs Irrglauben des Erfolgs nach Keller und Papasan

1. Alles ist gleichermaßen wichtig

Beim Grundsatz der Fokussierung hatte ich bereits dargestellt, dass nicht alles gleichermaßen wichtig ist. Dies gilt es beim Selbstmanagement stets zu beachten. Anstatt der Nutzung von To-Do-Listen hatte ich mich dafür ausgesprochen, dass Sie besser Erfolgslisten führen, die sich an Ihren Zielen und anvisierten Ergebnissen orientieren. Nicht alle Aktivitäten sind gleichermaßen wichtig für Ihren beruflichen und privaten Erfolg. Erfolgreiche Menschen können Wesentliches von Unwesentlichem unterscheiden. Erfolgslisten sind kurz und fokussieren sich auf die wesentlichen Aktivitäten. Erfolgreiche Menschen kennen ihre Prioritäten, die zum Erfolg führen. Dies setzt jedoch die richtigen Entscheidungen voraus. Im Kern geht es also um die Frage, wie jeder die richtigen Aktivitäten in seinen unterschiedlichen Lebensbereichen auswählt, sodass schrittweise ein erfolgreiches und glückliches Leben entsteht. Wer mehr erreichen will, reduziert auf das Wesentliche. Auf die EINE Sache. Wer erfolgreich sein will, muss das tun, worauf es am meisten ankommt. Suchen Sie so lange nach der wichtigsten Aktivität, bis Sie die EINE Sache gefunden haben, auf die es ankommt. Nicht alles ist gleichermaßen wichtig.

2. Mit Multitasking erreiche ich mehr

Zu glauben mit Multitasking mehr zu erreichen, ist ein Irrglaube. Chris Bailey hat sich in seinem Buch „Hyperfocus: Wie man weniger arbeitet und mehr erreicht“ u.a. mit dem Multitasking intensiv auseinandergesetzt. Er stellt dar, wie wir mit äußeren und inneren Ablenkungen umgehen und weshalb die Hyperfokussierung so wichtig ist. Er sieht im Multitasking eine Falle der ständigen Unterbrechungen. Wenn wir versuchen, durch Multitasking mehrere Aufgaben gleichzeitig zu erledigen, halten wir uns selbst dauernd davon ab, dass wir die EINE Sache tun und zu Ende bringen. Durch die Hyperfokussierung auf eine einzige wichtige Sache können wir unsere Produktivität maximieren.

3. Wer erfolgreich sein will, muss ein diszipliniertes Leben führen

Wer erfolgreich sein will, muss die richtigen Dinge tun. Für viele Menschen ist unmittelbar mit einem erfolgreichen Leben verbunden, dass sie immer und dauernd auch sehr diszipliniert sein müssen. Wer niemals diszipliniert ist, wird ganz sicher nicht erfolgreich. Viel wichtiger ist es jedoch, Erfolgsgewohnheiten zu entwickeln. Hierzu ist eine selektive Disziplin notwendig. Forscher des University College London haben herausgefunden, dass es im Durchschnitt 66 Tage dauert, bis ein Mensch sich eine neue Gewohnheit antrainiert hat. Dabei sollten Sie sich immer auf eine Gewohnheit konzentrieren, die Sie sich neu aneignen wollen. Mentales Training sowie Autosuggestionen unterstützen hierbei den Veränderungsprozess. Sie können erfolgreich sein, wenn Sie das Prinzip der selektiven Disziplin anwenden. Finden Sie die richtigen Erfolgsgewohnheiten und seien Sie solange diszipliniert bis Ihr Unterbewusstsein diese Erfolgsgewohnheit automatisch anwendet. Es ist ein Irrglaube zu meinen, dass Sie in jedem Punkt immer und überall diszipliniert sein müssen, um erfolgreich zu sein.

4. Willenskraft lässt sich jederzeit herstellen

Wer Höchstleistungen erbringen will, braucht hierfür ausreichend Energie. Willenskraft lässt sich jedoch nicht jederzeit herstellen. Wer erschöpft ist, verfügt über deutlich weniger Willenskraft und Energie. Krankheiten, Burnout-Syndrome sowie Erschöpfungszustände verringern erheblich die Willenskraft Ihren Zielen nachzugehen und ein erfolgreiches Leben zu führen. Deshalb ist es wichtig, dass jeder genau bestimmt, was am wichtigsten ist, was die EINE Sache ist, um dafür seine Willenskraft einzusetzen. Ernähren Sie sich richtig und regelmäßig und achten Sie darauf, dass Sie immer über ausreichend Energie- und Kraftreserven verfügen. Hierzu gehört auch ausreichend Schlaf. Jeder Mensch verfügt über unterschiedliche Schlafgewohnheiten. Bestimmen Sie Ihren individuellen Schlafbedarf. Erledigen Sie das Wichtigste immer zuerst am Tag, wenn Ihre Willenskraft noch unverbraucht ist. Sorgen Sie mit gesunder Ernährung für genügend Energie und Willenskraft. Maximale Willenskraft bedeutet maximalen Erfolg. Es ist ein Irrglaube zu meinen, dass Sie Willenskraft jederzeit herstellen können. Die richtigen Rahmenbedingungen sind notwendig. Mentales Training hilft die Willenskraft zu stärken.

5. Eine gute Work-Life-Balance ist Voraussetzung für ein erfolgreiches Leben

Wer außergewöhnlich erfolgreich sein will, muss sich mit seiner ganzen Zeit und Energie auf die EINE Sache konzentrieren, die zum Erfolg führt. Dass ein Leben im Gleichgewicht sein muss, um erfolgreich zu sein, ist ein Irrglaube. Lebenszweck und Lebenssinn sind die Dinge, die ein erfolgreiches Leben ausmachen. Wer seine Lebensaufgabe und seinen Lebenssinn kennt, wird die Dinge verfolgen, die im Einklang mit seiner Lebensaufgabe und seinen Lebenssinn stehen. Außerordentliche Ergebnisse erfordern fokussierte Aufmerksamkeit und Zeit. Zeit für die EINE Sache zu haben, bedeutet keine Zeit für eine andere Sache zu haben. Und das macht Ausgewogenheit zu einem Ding der Unmöglichkeit.

Beispiel

Wer die Berufsexamen zum Steuerberater und Wirtschaftsprüfer bestehen will, weiß, dass dies nur gelingen kann, wenn man fokussiert ist. In der Vorbereitungszeit auf die Berufsexamen wird eine Balance im Leben nur selten möglich sein. Dies gilt insbesondere in der Zeit, in der ein Professional noch in den beruflichen Alltag eingebunden ist und sich noch nicht in der Freistellungszeit befindet. Auch im späteren Verlauf des Berufslebens eines Professionals wird es immer wieder Phasen geben, in denen eine Balance zu anderen Lebensbereichen nur schwer möglich ist, wenn der berufliche Erfolg im Mittelpunkt seiner Aktivitäten steht. In diesen Lebensphasen verbringt ein Professional die meiste Zeit mit beruflichen Aktivitäten. Die Zeit mit der Familie und Freunden sowie anderen privaten Aktivitäten tritt in diesen Phasen in den Hintergrund und findet bisweilen überhaupt nicht statt.

Erfolgreiche Menschen haben immer wieder Lebensphasen, die eine Work-Life-Balance unmöglich machen. Wer beruflich erfolgreich sein will, muss immer wieder bereit sein auch auf Balance in seinem Leben zu verzichten. Damit ist nicht gemeint, dass Sie sich ausschließlich und immer auf ihr Berufsleben konzentrieren sollen. Sie brauchen Ihr Privatleben für einen Ausgleich. Sie führen ein glückliches Leben, wenn

Ihr Leben im Einklang mit Ihrer Lebensaufgabe und Ihrem Lebenssinn steht. Wer jedoch sein Privatleben dauerhaft vernachlässigt, darf sich nicht wundern, wenn ihm der nötige Ausgleich und die Energie für das Erreichen seiner Lebensaufgaben fehlt.

6. Groß ist schlecht und macht Angst

Wer außergewöhnlich erfolgreich sein will, braucht große und ambitionierte Ziele. Groß ist schlecht und macht Angst, ist ein Irrglaube. Viele Menschen haben nicht den Mut, groß zu denken, weil sie nicht an einen großen Erfolg glauben. Wer klein denkt, wird jedoch niemals Großes erreichen. Keiner von uns kennt wirklich seine eigenen Grenzen. Deswegen denken Sie groß. Sich anspruchsvolle und große Ziele zu setzen, ist ein wesentliches Erfolgsmerkmal. Groß steht für das herausragende, für das außergewöhnliche Ergebnis. Deshalb formulieren Sie ehrgeizige und große Ziele. Setzen Sie sich ein Ziel, das so weit oberhalb Ihrer eigentlichen Vorstellungen liegt, dass Sie einen Plan entwickeln müssen, der Ihr eigentliches Ziel geradezu garantiert. Dabei gilt es eingefahrene Wege zu verlassen. Visualisieren Sie Ihr Ziel und stellen Sie sich den Weg vor, wie Sie das Ziel erreichen. Wenn Ihnen das nicht gelingt, suchen Sie Menschen, die ihr Ziel bereits erreicht haben. Lernen Sie, was diese Menschen getan haben, um ihr Ziel zu erreichen. Und schließlich fürchten Sie keine Misserfolge mehr. Misserfolge sind regelmäßig ein Teil ihres Wegs zu außergewöhnlichen Ergebnissen und Erfolgen.

Wirksames und erfolgreiches Selbstmanagement

Im Kern geht es bei einem wirksamen Selbstmanagement um die Frage, wie jeder die richtigen Aktivitäten in seinen unterschiedlichen Lebensbereichen auswählt, sodass schrittweise ein erfolgreicheres und glücklicheres Leben entsteht. Außergewöhnliche Erfolge hängen von den Entscheidungen ab, die wir treffen, und den Aktivitäten, die zur Erreichung der Ziele notwendig sind. Die Antwort auf diese Frage ist nicht immer leicht. Die Frage nach der EINEN Sache zielt darauf ab, das Große und Ganze im Auge zu haben. Das „Big Picture“. Auf der anderen Seite können Sie täglich fokussiert bleiben, wenn Sie danach fragen: „Was ist die EINE Sache, die ich **gerade jetzt tun** kann, sodass alles andere einfacher oder überflüssig wird.“ Die Frage nach dem „gerade jetzt“ führt dazu, dass Sie sich immer in der Gegenwart auf die wichtigste Tätigkeit fokussieren.

Um außergewöhnliche Erfolge zu erreichen, ist es notwendig, dass Sie möglichst produktiv sind. Möglichst produktiv sind Sie, wenn Sie das Werkzeug des Selbstmanagements beherrschen. Eine hohe persönliche Produktivität geht also einher mit einem wirksamen Selbstmanagement. Ein wirksames Selbstmanagement ist jedoch kein reiner Selbstzweck. Wirksames Selbstmanagement ist ein Baustein zu einem erfolgreichen und glücklichen Leben. Deshalb macht persönliche Produktivität nur dann Sinn in Ihrem Leben, wenn Sie wissen, weshalb Sie produktiv sein sollen. Der Ausgangspunkt ist deshalb, dass Sie den Sinn Ihres Lebens kennen. Hier wird die Wechselwirkung zwischen dem Werkzeug des Selbstmanagements und der Aufgabe Ziele setzen besonders deutlich. Keller und Papasan haben in ihrem Buch The ONE Thing die folgenden sechs Schritte ausführlich dargestellt, weil sie hierin den Schlüssel für einen außergewöhnlich erfolgreiches Leben sehen. Die folgende Abbildung fasst die zentralen Gedanken von Keller und Papasan zusammen.

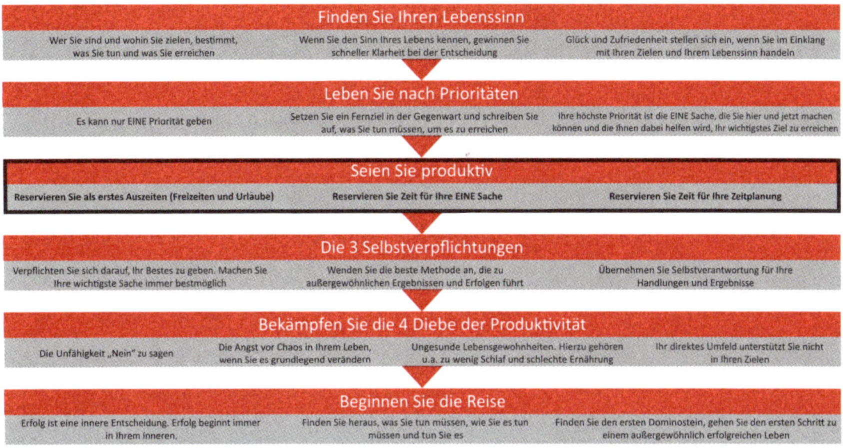

Abb. 26 Sechs Schritte zu außergewöhnlichen Erfolgen nach Keller und Papasan

Der Ausgangspunkt zur persönlichen Produktivität ist Ihr Lebenssinn. Wer Sie sind und wohin Sie zielen, bestimmt, was Sie tun und was Sie erreichen. Deshalb steht auch zu Beginn einer jeden Zielsetzung die Kenntnis des Sinns. Nur durch die Kenntnis des Sinns bekommen Ziele eine Bedeutung. Dies gilt sowohl für den Unternehmenssinn als auch für Ihren persönlichen Lebenssinn. Die Frage nach dem Warum muss also geklärt sein. Wenn Sie wissen Warum, ist der nächste Schritt die Frage nach dem Wie und den Prioritäten. Prioritäten ergeben sich aus Ihren Zielen. Wir haben bei den Aufgaben den Punkt **„Ziele setzen"** bereits behandelt, weshalb ich an dieser Stelle nicht weiter darauf eingehen werde. Beim Selbstmanagement geht es mir um Ihre persönliche Produktivität und wie Sie die Diebe der Produktivität am besten bekämpfen können.

Besonders erfolgreiche Professionals sind auch besonders produktive Menschen. Wenn es stimmt, dass Zeit Geld ist, dann ist es vielleicht der beste Weg, die Qualität Ihres Zeitmanagement-Systems danach zu beurteilen, wie viel Geld Sie damit verdienen. Besonders produktive Menschen erledigen mehr als andere. Sie erzielen bessere Ergebnisse und verdienen weitaus mehr als der Rest, weil sie die maximale Zeit darauf verwenden, ihre höchste Priorität, ihre EINE Sache mit maximaler Produktivität zu erledigen.

Erfolgreiche Menschen vereinbaren Termine mit sich selbst für diese EINE Sache und schützen diese Zeitblöcke mit aller Macht. *„Was ist heute die EINE Sache, die ich für meine EINE Sache tun kann, sodass, wenn ich dies tue, alles andere einfacher oder sogar überflüssig wird?"* Um außergewöhnliche Erfolge zu erreichen, ist es notwendig, dass Sie Zeitblöcke für folgende drei Punkte fest einplanen, in dem Sie hierfür Termine mit sich selbst machen.

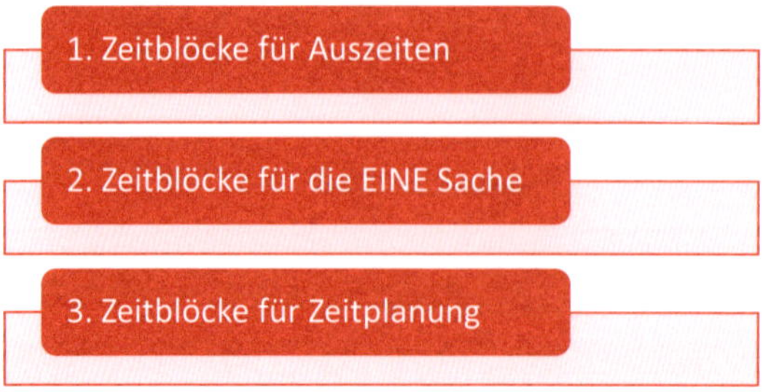

Abb. 27 Drei Schlüssel zur persönlichen Produktivität nach Keller und Papasan

Zeitblöcke für Auszeiten

Erholung ist genauso wichtig wie die Arbeit. Wer außergewöhnliche Erfolge erreichen und Höchstleistungen erbringen will, braucht Auszeiten. Ruhezeiten und Zeiten der Regeneration, in der Sie Ihre Batterien wieder aufladen können. Deshalb steht an erster Stelle die Reservierung eines Zeitblocks für Auszeiten. Dazu gehören Freizeit, Urlaub und Erholungszeiten. Spitzensportler können nur dann Höchstleistungen im Wettkampf erbringen, wenn sie zwischen den Wettkämpfen ausreichend Zeit für eine Regeneration haben. Dies gilt für erfolgreiche Menschen in anderen Berufssparten gleichermaßen. Besonders erfolgreiche Menschen beginnen ein neues Kalenderjahr, indem sie vorab ihre Auszeiten festlegen.

Vermutlich werden jetzt viele Wirtschaftsprüfer einwenden, dass sie zu Beginn eines Kalenderjahres eine Vielzahl von Jahresabschlussprüfungen einplanen, weil dies der Beruf eines Wirtschaftsprüfers mit sich bringt. Dies ändert jedoch nichts daran, dass auch ein Wirtschaftsprüfer Zeitblöcke für Auszeiten einplanen kann. Auszeiten können auch verlängerte Wochenenden sein.

> **Hinweis:**
> Oliver Kahn schreibt in seinem Buch *„Ich. Erfolg kommt von innen"*, dass er es nicht versteht, weshalb Top-Manager stolz darauf sind, an 7 Tagen in der Woche möglichst viele Stunden zu arbeiten. Profi-Fußballer könnten nur dann absolute Top-Leistungen abrufen, wenn sie die Zeiten zwischen den Spielen optimal für Regeneration nutzen würden. Professionals hingegen glauben, dass sie rund um die Uhr leistungsfähig sind. Je gestresster jedoch ein Professional ist, desto wahrscheinlicher wird es, dass er Fehler macht und wichtige Dinge bei der beruflichen Tätigkeit übersieht.

Professionals sollten Auszeiten zur Regeneration einplanen. Die Planung von Auszeiten an erster Stelle wird vermutlich bei einigen Professionals auf Widerstand stoßen. Zumal für viele der Beruf auch Berufung ist und er gerne ausgeübt wird. Wenn Professionals jedoch ihren Beruf auch besonders gut ausüben wollen, brauchen sie Auszeiten.

Zeitblöcke für die EINE Sache

Nachdem Sie Zeitblöcke für Auszeiten reserviert haben, machen Sie Termine in Ihrem Terminkalender mit sich selbst für Ihre EINE Sache. Ihre wichtigste Arbeit kommt erst an zweiter Stelle. Denn Sie können keinen nachhaltigen beruflichen Erfolg erzielen, wenn Sie keine Auszeiten einlegen.

Peter F. Drucker hat gesagt: *„Effizient ist, wenn man die Dinge richtig macht. Effektivität ist, wenn man das Richtige macht."* Besonders erfolgreiche Menschen wissen das und planen ihren Tag um ihre EINE Sache, wobei sie morgens wie ein Unternehmer arbeiten, um Dinge zu erschaffen und nachmittags wie ein Manager, um Dinge zu überwachen und delegieren. Der wichtigste Termin an jedem Tag ist der Termin mit sich selbst. Die produktivsten Professionals arbeiten dabei ergebnisorientiert. Sie hören nicht auf, bis die EINE Sache erledigt ist.

Hinweis:
Viele Professionals werden jetzt einwenden, dass sie eine Vielzahl von Sachaufgaben an jedem Arbeitstag zu erledigen haben. Insbesondere jüngere Professionals üben nicht die Rolle eines Managers aus und können keine Aufgaben delegieren. Sie erledigen ausschließlich Sachaufgaben, die ihnen übertragen werden. Wirtschaftsprüfer und Steuerberater hingegen sind sehr wohl regelmäßig in der Rolle eines Managers. Wer jedoch das Prinzip der EINEN Sache verstanden hat, wendet dies auch auf seine Sachaufgaben an. Insofern ist das Prinzip unabhängig davon, ob ein Professional eine Managementaufgabe erfüllt oder nicht. Denn nahezu jede Aufgabe lässt sich regelmäßig in mehrere andere Teilaufgaben zerlegen. Und immer wieder gilt es sich auf die EINE Sache zu konzentrieren, die einen möglichst großen Beitrag zu Erfüllung der jeweiligen Aufgabe leistet.

Wenn ein Professional nicht jeden Tag Zeit reserviert, in der er sich der EINEN Aufgabe widmet, wird er diese niemals erledigen.

Zeitblöcke für Zeitplanung

Der dritte Punkt, für den Sie einen Zeitblock reservieren, ist Ihre Planungszeit. Reservieren Sie jede Woche durch einen Termin mit sich selbst einen Zeitblock für Ihre Zeitplanung. In dieser Zeit überprüfen Sie Ihre Wochen-, Monats- und Jahresziele und beurteilen Ihren jeweiligen Status quo. Legen Sie die Aktivitäten fest, die Sie zu der EINEN Sache führen, die alles andere leichter oder überflüssig macht. In dieser Zeit widmet sich ein Professional seiner Positionsbestimmung. Er überlegt sich, ob er auf dem Weg zur Zielerreichung ist oder vom Weg abgekommen ist. Schauen Sie sich Ihre Ziele an und fragen Sie sich, ob sie auf dem richtigen Weg sind. Reservieren Sie jede Woche 1 Stunde, um ihre Ziele zu überprüfen und ihre Planung für die nächste Woche schriftlich zu machen. Eine gute Wochenplanung ist die Basis für Ihren beruflichen und privaten Erfolg. Ein Wochenplanung ist außerdem dazu geeignet festzustellen, ob Sie Balance in Ihrem Leben haben.

Praxistipp:
Seit jetzt mehr als 20 Jahren nehme ich mir – meist am Wochenende – die Zeit für meine Wochenplanung. Dabei nutze ich eine Mindmap, weil diese mir sofort einen Blick auf alle meine Wochenaktivitäten zeigt. Dabei kann ich einzelne Aktivitäten priorisieren und optisch hervorheben. Durch die Einbindung weiterer Bilder prägen sich die einzelnen Aktivitäten tief bei mir ein und helfen mir fokussiert zu bleiben. Bleiben bestimmte Aktivitäten unerledigt, kann ich sie in die nächste Woche übertragen. Dies gilt gleichermaßen, wenn sich Termine verschieben bzw. Aktivitäten erst zu einem späteren Zeitpunkt erledigt werden müssen.

Die Mindmap enthält sowohl Aktivitäten im Hinblick auf meine Sachaufgaben als Wirtschaftsprüfer und Steuerberater als auch Management-Aktivitäten. Sie dient mir außerdem als Kontrolle. Denn in einer Wochenplanung dokumentiere ich schließlich, was ich tue, um meine beruflichen und privaten Ziele zu erreichen.

Die nachfolgende Mindmap zeigt das Gerüst meiner Wochenplanung. Meine konkreten Aktivitäten habe ich einerseits aus Verschwiegenheitsgründen und andererseits, weil sie auch private Aktivitäten enthalten, nicht dargestellt.

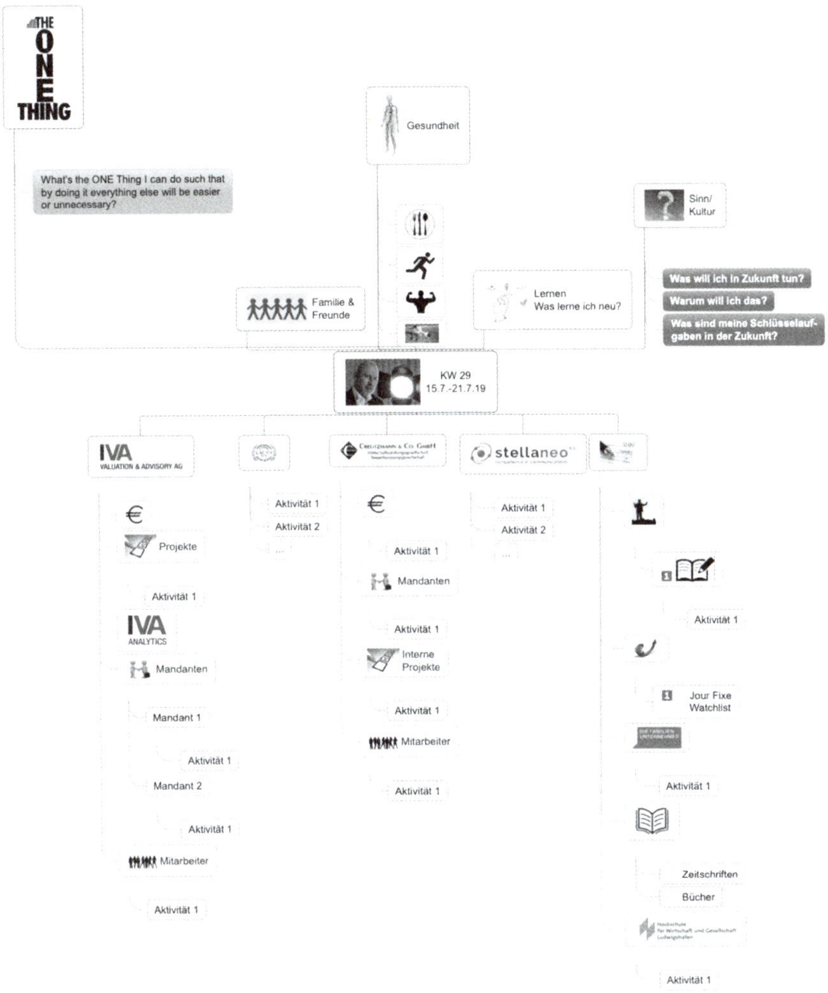

Abb. 28 Beispielhafte Struktur einer Wochenplanung

Bekämpfen Sie die 4 Diebe der Produktivität

Mit der Fokussierung einher geht die grundlegende Entscheidung, dass Sie bestimmte Dinge nicht tun wollen. Die folgenden vier Diebe der Produktivität gilt es zu beachten, wenn Sie ein besonders außergewöhnlich erfolgreiches Leben führen wollen.

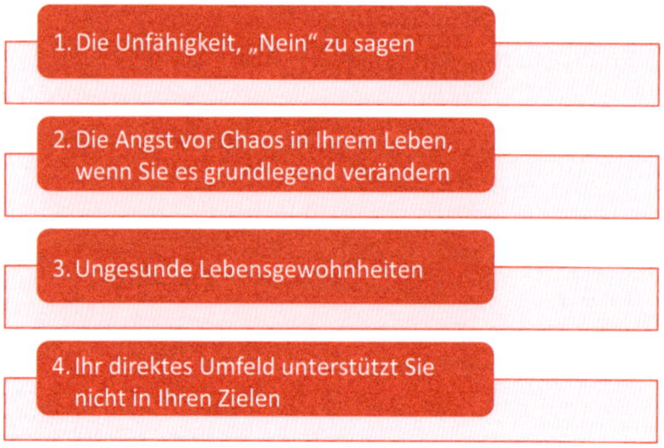

Abb. 29 Vier Zeitdiebe der Produktivität nach Keller und Papasan

Die Unfähigkeit „Nein" zu sagen

Wenn Sie besonders erfolgreich sein wollen, müssen Sie sich auf die EINE Sache fokussieren. Das „Ja" sagen zu der EINEN Sache bedeutet im Umkehrschluss, dass Sie weitaus häufiger „Nein" zu vielen anderen Sachen sagen müssen. Wenn Sie zu allem und jedem „Ja" sagen, bedeutet das, dass Sie sich von Ihren eigentlichen Zielen verabschieden müssen. Je mehr Sie sich verzetteln, desto weniger erfolgreich werden Sie sein. Wenn Sie versuchen, es allen recht zu machen, werden Sie es vor allem einer Person nicht recht machen: sich selbst. Der Schlüssel zum Misserfolg eines Professionals ist der Versuch, es allen recht zu machen. Wenn ein Professional nicht in der Lage ist, oft „Nein" zu sagen, wird er nie wirklich in der Lage sein, zu Erreichung seiner Ziele „Ja" zu sagen. Besonders erfolgreiche Menschen haben viel öfter „Nein" in ihrem Leben als „Ja" gesagt. Die Fähigkeit „Nein" zu sagen ist gelebte Fokussierung. Fokussierung bedeutet „Nein" zu sagen.

Die Angst vor Chaos in Ihrem Leben, wenn Sie es grundlegend verändern

Die Konzentration auf EINE Sache hat eine Konsequenz: Andere Dinge bleiben liegen. Das kann leicht zu Chaos in Ihrem Leben führen. Diese Art von Chaos ist unvermeidlich. Lernen Sie, das auszuhalten. Wenn Sie immer die gleichen Dinge tun, werden Sie immer die gleichen Resultate erzielen. Nur wenn Sie Dinge ändern, werden Sie andere Resultate erzielen. Wenn Sie den Grundsatz der Fokussierung in Ihrem Leben befolgen, bleiben also unweigerlich andere Dinge liegen.

Ungesunde Lebensgewohnheiten

Ungesunde Lebensgewohnheiten und schlechte Ernährung gefährden Ihre Gesundheit. Wenn Sie gesundheitlich angeschlagen sind, können Sie keine Höchstleistungen vollbringen. Das hindert Sie außergewöhnlich produktiv zu sein. Wir wünschen uns und anderen Menschen häufig Gesundheit an erster Stelle. Oft strapazieren wir jedoch unseren Körper so sehr, dass wir unsere Gesundheit aufs Spiel setzen. Im Mittelpunkt eines gesunden Lebens stehen drei Punkte:

1. Ausreichend Schlaf
2. Eine gesunde Ernährung
3. Genügend Bewegung

Wer permanent Schlafmangel hat, kann nicht produktiv sein. Die Konzentrationsfähigkeit lässt nach und damit auch die Leistungsfähigkeit. Eine gesunde Ernährung ist Voraussetzung dafür, dass wir genügend Energie für die Bewältigung unserer Aufgaben haben. Wirtschaftsprüfer und Steuerberater haben eine überwiegend sitzende Tätigkeit in ihrem Beruf. Evolutionsbiologisch waren wir Jäger und unser Körper ist darauf ausgerichtet, dass wir uns täglich bewegen. Bewegung respektive sportliche Aktivitäten führen zur Vitalität und geben uns Kraftreserven. Gesunde Lebensgewohnheiten sind die Basis für eine hohe Produktivität.

Sehr produktive Professionals nutzen die folgenden Quellen um Energie zu tanken.

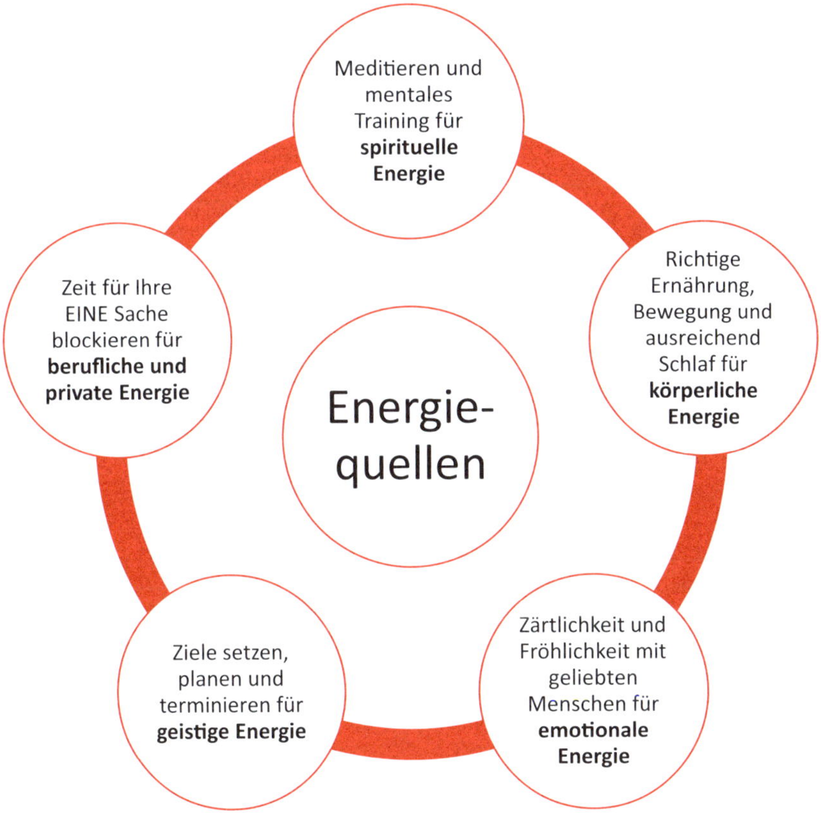

Abb. 30 Energiequellen in Anlehnung an Keller und Papasan

Ein erfolgreicher und produktiver Professional verfügt über Kraftreserven. Er hat ausreichend Energie zur Bewältigung der täglichen Aufgaben. Woraus ein Professional schlussendlich seine Energie zieht, ist egal. Aufgrund der Einzigartigkeit eines Menschen sind die zuvor dargestellten fünf Energiequellen vermutlich bei keinem hinsichtlich der Bedeutung identisch. Die Wichtigkeit einer Energiequelle ist individuell. Für mich hat beispielsweise die körperliche Energie eine besondere Bedeutung. Da für mich ein gesunder Körper die Voraussetzung für geistige Höchstleistungen ist, ernähre ich mich bewusst, sorge für ausreichend Schlaf und bewege mich regelmäßig.

Als Wirtschaftsprüfer und Steuerberater sind Sie im Erstellen von Bilanzen erfahren. Erstellen Sie Ihre Energiebilanz. Auf der Aktivseite stehen Ihre Energiespender und auf der Passivseite ihre Energieräuber. Maximieren Sie die Energiespender und minimieren Sie die Energieräuber. Leben Sie im Energieüberschuss. Prüfen Sie, ob Sie einen Energieräuber zu einem Energiespender oder zu einem neutralen Posten machen können. Denn im Sinne der Polarität könnte in jedem Energieräuber auch eine positive Energie stecken.

Ihr direktes Umfeld unterstützt Sie nicht bei Ihren Zielen

Sofern Ihr Umfeld Ihre Ziele nicht unterstützt, verlieren Sie erheblich an Produktivität. Ihr Umfeld sind all diejenigen, die Sie jeden Tag sehen, mit denen Sie Zeit verbringen. Das sind die Ihnen vertrauten Menschen in Ihrer unmittelbaren Umgebung. Damit jedoch außerordentliche Ergebnisse erzielen können, müssen diese Menschen Ihre Ziele unterstützen und dürfen Sie nicht konterkarieren. Deshalb ist es empfehlenswert sich mit Menschen zu umgeben, die das gleiche Mindset wie Sie haben. Idealerweise umgeben Sie sich mit Menschen, die Sie motivieren. Jeder Mensch kann zu jedem Zeitpunkt ein Zeitdieb werden. Er kann Ihre Aufmerksamkeit von Ihrer wichtigsten Arbeit ablenken und Ihnen Produktivität nehmen. Damit Sie außerordentliche Ergebnisse erzielen können, müssen die Menschen in Ihrem Umfeld Sie und Ihre Ziele unterstützen.

Wenn Sie in einem Umfeld leben, dass Sie negativ beeinflusst und Ihre Ziele nicht unterstützt, wird die Zielerreichung deutlich schwerer. Jeder Wirtschaftsprüfer und Steuerberater, der die Berufsexamina bestanden hat, weiß wie wichtig es ist, dass das private Umfeld das Bestehen des Berufsexamens unterstützt. Jede Ablenkung aus dem privaten Umfeld kann ein Stolperstein sein und das Bestehen des Examens verhindern. Aber auch die Kollegen, mit denen Sie in ein Berufsexamen gehen, sollten das gleiche Mindset wie Sie haben. Erfolgreiche Menschen umgeben sich mit erfolgreichen Menschen. Wenn Sie sich mit erfolgreichen Menschen umgeben, können Sie von diesen lernen und die Wahrscheinlichkeit steigt, dass auch Sie erfolgreich werden. Wenn ein Professional sich mit ehrgeizigen, motivierten und leistungsstarken Menschen umgibt, stärkt das seine eigene Motivation und steigert seine eigene Leistung.

Die drei Selbstverpflichtungen

Es erfordert drei „Commitments“, um außergewöhnliche Erfolge durch das Reservieren von Zeitblöcken bzw. Terminen mit sich selbst zu erzielen. Die folgenden drei Selbstverpflichtungen sind Voraussetzung für außergewöhnliche Ergebnisse.

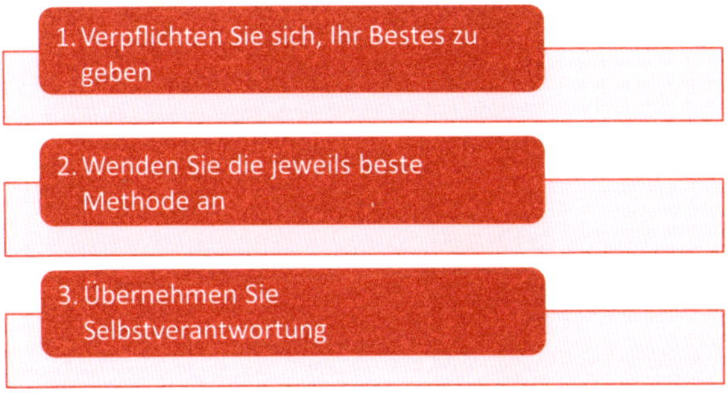

Abb. 31 Drei Selbstverpflichtungen nach Papasan und Keller

Verpflichten Sie sich darauf, immer Ihr Bestes zu geben. Machen Sie Ihre wichtigste Sache immer bestmöglich, mit dem Ziel der Beste auf einem bestimmten Gebiet zu werden. Dabei wenden Sie die beste Methode an, die zu außergewöhnlichen Ergebnissen und Erfolgen führt. „Thinking out of the box" hilft Ihnen dabei. Disruption ist in nahezu jeder Industrie aktuell ein Thema. Nutzen Sie den Gedanken bei der Identifikation der besten Methode für Ihre Zielerreichung. Verlassen Sie eingetretene Pfade. Wer immer das Gleiche tut, wird auch immer dort landen, wo er bisher schon angekommen ist. Übernehmen Sie Selbstverantwortung für Ihre Handlungen und Ergebnisse. Der Grundsatz der Selbstverantwortung ist wichtig. Es besteht zweifelsfrei eine Beziehung zwischen Ihren Handlungen in der Vergangenheit und Ihrer aktuellen Lebenssituation. Übernehmen Sie stets selbst Verantwortung für Ihr Leben. Nur wer die Verantwortung für sein Leben übernimmt, ist proaktiv und in der Rolle des Aktiven. Alle anderen sind stets Opfer der Umstände. Suchen Sie sich einen Mentor oder einen Coach, der Sie auf Ihrem Weg zu außergewöhnlichen Erfolgen unterstützt.

Beginnen Sie die Reise

Beginnen Sie die Reise mit dem ersten Schritt. Die Konzentration auf die EINE Sache ist der Beginn eines kompletten Umdenkens. In der Vielseitigkeit liegt der Misserfolg begraben. Außerordentliche Erfolge erfordern, dass Sie sich auf das Wesentliche konzentrieren. Denken Sie dabei in großen Dimensionen und Ihr Leben hat eine Chance zu wachsen. Handlung baut auf Handlung auf. Gewohnheiten bauen auf Gewohnheiten auf. Erfolg baut auf Erfolg auf. Der richtige Dominostein setzt eine ganze Kette an Dominosteinen in Gang, die einer nach dem anderen umfallen, wenn Sie die EINE Sache tun, die zum Erfolg führt. Leben Sie Ihr Leben so, dass Sie am Ende möglichst wenig bereuen müssen. Erfolg ist eine innere Entscheidung. Erfolg beginnt in Ihrem Inneren. Sie wissen, was Sie tun müssen. Ein wirksames Selbstmanagement ist die Basis für ein erfolgreiches und glückliches Leben und Voraussetzung dafür, dass Sie in der Lage sind andere zu managen.

4.2 Mentales Training

Mentales Training mit der Zielsetzung mental stark zu werden, ist eines der wertvollsten Werkzeuge eines erfolgreichen Professionals. Vielleicht ist es das wertvollste Werkzeug eines Professionals, wie folgende Abbildung zeigt.

Abb. 32 Zusammenhang Mentales Training zu Grundsätzen und Zielen

Das mentale Training ist das zentrale Werkzeug zur Programmierung der Grundsätze eines Professionals. Darüber hinaus hilft es berufliche und private Ziele zu erreichen. Die Einhaltung der Grundsätze ist eine wichtige Voraussetzung für den Erfolg eines Professionals. Das mentale Training hilft Ihnen diese Grundsätze zu erlernen und sie einzuhalten. Außerdem unterstützt es bei der Zielerreichung. Beim Grundsatz der Ergebnisorientierung hatte ich bereits darauf hingewiesen, wie wichtig das mentale Training und mentale Stärke für Sportler ist. Sportler haben Wettkampfziele und wollen diese erreichen. Sie wollen gewinnen. Professionals haben ebenfalls berufliche und private Ziele, die sie erreichen wollen. Hier erfahren Sie jetzt, wie Sie das mentale Training in Ihrem beruflichen und privaten Alltag als Professional einsetzen können, um Ihre Ziele zu erreichen.

Mentale Stärke ist die Basis für den beruflichen und privaten Erfolg. Nur wer in kritischen Lebenssituationen mental stark ist, gewinnt. Das Gewinnen oder das Verlieren in bestimmten Lebenssituationen entscheidet sich im Kopf. Im Berufsleben gibt es regelmäßig Situationen, in denen man mental stark sowie gelassen und souverän reagieren müssen. Dies können Verhandlungssituationen, Mitarbeitergespräche, Präsentationen, Vorträge, Bewerbungsgespräche, Prüfungssituationen usw. sein. Die Anzahl der Situationen lässt sich vielfach erweitern. Was im Spitzensport längst anerkannt ist, ist im Berufsleben auch heute noch nicht sehr verbreitet.

Hinweis:
Warum ist mentales Training so wichtig? Bei vielen Menschen haben sich seit ihrer Geburt meist unbewusst Programme, Glaubenssätze und Verhaltensmuster gebildet. Sie sind oft die entscheidenden Ursachen für Misserfolge im Berufs- und Privatleben. Die Veränderung dieser Programme, Glaubenssätze und Verhaltensmuster ist ein Prozess, der sich nicht von heute auf morgen vollzieht. Hierzu bedarf es in der Regel eines Trainingsprogramms, das über einen längeren Zeitraum geht. Der Zeitraum hängt von der Intensität der Programme, Glaubenssätze und Verhaltensmuster sowie der Bereitschaft des Einzelnen zur Veränderung ab.

Mentales Training macht einen Professional mental stark. Das mentale Training kommt aus der Psychologie des Spitzensports und wird dort zur Lern- und Leistungsoptimierung eingesetzt. Das Mentale Training wird nach Eberspächer definiert als das planmäßig wiederholte und bewusste Sich-Vorstellen einer Bewegung ohne deren gleichzeitige praktische Ausführung. Das mentale Training ist dabei auch als eine Art Simulation zu verstehen, die durchaus identisch mit der tatsächlichen Erfahrung sein kann, nur dass diese Erfahrung sich komplett in der Vorstellung abspielt. Ziel im Sport ist es, durch das intensive Vorstellen eines Bewegungs- oder Handlungsablaufs die Bewegungsausführung positiv zu beeinflussen.

Nach Jan Mayer und Hans-Dieter Hermann besteht die Herausforderung des sportpsychologischen Trainings unter anderem darin, dass Sportler unter stressreichen Umständen, wie z.B. in entscheidenden Wettkampfsituationen, häufig Schwierigkeiten haben, sich auf das Wesentliche zu konzentrieren. Bei einem Elfmeter geht es für den Schützen darum, keine negativen Selbstgespräche vor dem Schuss zu führen. Der Schütze muss mit Selbstvertrauen an sich glauben und zu 100% davon überzeugt sein, dass er den Elfmeter ins Tor schießt. Wer auch nur minimal an sich zweifelt, wird mit hoher Wahrscheinlichkeit verschießen. Auch Golfspieler kennen dies: Nach einem misslungenen Abschlag landet der Ball in einem Bunker. Ein Golfspieler, der jetzt negative Selbstgespräche auf dem Weg zum Bunker mit sich selbst führt, wird auch den nächsten Schlag mit einer hohen Wahrscheinlichkeit nicht optimal treffen. Wer sich näher für das Thema Mentale Strategie beim Golfspiel interessiert, kann ein Interview mit mir zu dem Thema unter https://soundcloud.com/pascale_fahrni/mentale-strategien-fur-dein-golfspiel-interview-mit-andreas-creutzmann (zuletzt abgerufen am 30.08.2019) abrufen.

Aber auch Wirtschaftsprüfer und Steuerberater mit Prüfungsangst im Rahmen ihrer Berufsexamen kennen diese Stresssituationen. Wer einmal ein Berufsexamen oder eine andere Prüfung nicht bestanden hat, obwohl er sich intensiv darauf vorbereitet hat, war dem Prüfungsdruck mental vermutlich nicht gewachsen. Wenn ein Professional im Rahmen eines Pitchs um einen Auftrag oder bei einem Vortrag vor einem Publikum nicht überzeugt, obwohl er rhetorisch sonst über entsprechenden Fertigkeiten verfügt, hat er vermutlich ebenfalls mental versagt. Mentale Stärke ist also nicht nur im Leben eines Spitzensportlers wichtig, sondern auch im beruflichen und privaten Alltag.

Gerade in wichtigen Situationen beschäftigen sich viele Professionals mit Dingen, die in der aktuellen Situation überhaupt nicht weiterhelfen. Das können Ablenkungen auf dem

Smartphone sein. Das können Gedanken an ein mögliches Scheitern in der bestimmten Situation sein oder auch Ablenkungen von Kollegen, Mandanten, Familie und Freunden sein. Das ist ein weiterer Grund, weshalb Multitasking kein Erfolgsfaktor ist. Wenn Anforderungen steigen und Höchstleistungen von einem Professional erwartet werden, darf er sich nur noch mit einer Sache beschäftigen und muss fokussiert sein. Viele Professionals beschäftigen sich bei Mandanten- oder Mitarbeitergesprächen mit möglichen Szenarien in der Zukunft oder auch mit Ereignissen aus der Vergangenheit. Das können beispielsweise Erinnerungen an vergleichbare – positive oder negative – Erlebnisse mit Mandanten und Mitarbeitern sein. Die situativen Bedingungen sind dabei häufig ursächlich dafür, dass ein Professional den Fokus verliert. Das mentale Training hilft einem Professional die Fertigkeit in bestimmten Situationen Denk- und Vorstellungsprozesse aktiv zu gestalten, zu erlernen. Durch das mentale Training soll die Überzeugung wachsen, dass ein Professional auch in widrigen oder kritischen Situationen bestehen und bestimmte Handlungsmuster abrufen kann.

Mayer und Hermann haben in ihrem Buch das mentale Training im Spitzensport auf den Bereich Beruf und Wirtschaft übertragen. Dabei wurden auch die Unterschiede von Training und Wettkampf systematisiert. Folgende Kriterien einer wettkampfähnlichen Situation haben sie zusammengefasst:

- Ein Wettkampf geht immer mit einer Prognose, also einer an die Handlung und das Ergebnis gestellten Erwartung einher.
- Ein Wettkampf bzw. sein Ergebnis hat immer positive oder negative Konsequenzen.
- Im Wettkampf muss die Leistung zu einem externen vorgegebenen Zeitpunkt erbracht werden.
- Im Wettkampf hat man keine Möglichkeit, eine misslungene Aktion zu wiederholen.

Diese Unterscheidung von Training und Wettkampf findet sich nicht nur im Sport, sondern auch in vielen Leistungssituationen des Berufslebens wieder. In vielen Situationen des beruflichen Alltags wird von einem Professional das Bestmögliche erwartet (Prognose). Die Konsequenzen beim Misslingen einer beruflichen Handlung können gravierend sein (Haftungsrisiko), der Zeitpunkt ist oft von außen vorgegeben und die Nichtwiederholbarkeit erklärt sich oft von selbst, wenn man sich die täglichen Anforderungen von Wirtschaftsprüfern und Steuerberatern vor Augen führt. Diese wettkampfähnlichen Anforderungen des Berufslebens werden von vielen Professionals als Belastung wahrgenommen. Ein Professional fühlt sich unter Druck, weil Leistungsfähigkeit und Leistungsorientierung im Berufsalltag häufig vorausgesetzt werden.

In diesem Zusammenhang müssen die Begriffe Belastung und Beanspruchung unterschieden werden. Der Begriff der Belastung kommt eigentlich aus der Physik und meint einen ganz bestimmten Druck, der auf ein bestimmtes Material ausgeübt wird. Dagegen ist der Begriff der Beanspruchung abzugrenzen. Beanspruchung ist das jeweilige Erleben dieser Belastung. Eine Belastung kann für zwei Professionals gleich groß sein, sie wird jedoch von beiden ganz unterschiedlich erlebt. Hieraus entsteht individuell Stress.

Beispiel
Für den Professional ist die fristgerechte Fertigstellung eines Prüfungsberichts oder einer gutachtlichen Stellungnahme unter sonst gleichen Bedingungen eine Tätigkeit, die ihm keinen Stress verursacht. Ein anderer Professional empfindet bei der identischen Tätigkeit schon allein deshalb Stress, weil ein vorgegebener Abgabetermin besteht.

Das Stressempfinden eines Professionals ist sehr individuell. Das Entstehen von Stress ist das Resultat einer unterschiedlichen Interpretation eines bestimmten Ereignisses. Für den einen Professional ist es eine Freude, die Prüfungsergebnisse vor dem Mandanten zu präsentieren, für einen anderen ist jeder Vortrag vor einem Publikum eine Stresssituation. Inwieweit eine Situation für einen Professional als Bedrohung oder Herausforderung interpretiert wird, hängt auch mit seiner individuellen Einschätzung seiner zur Verfügung stehenden Ressourcen zusammen. Viele Professionals brauchen bestimmte Drucksituationen, um Höchstleistungen abzurufen. Andere Professionals zerbrechen an ihnen. Die Bewältigung von Stresssituationen setzt folgende drei Kompetenzen voraus:

- Sachkompetenz (Fachwissen)
- Sozialkompetenz im Umgang mit Mandanten und Mitarbeitern
- Selbstkompetenz im Umgang mit Stresssituation

Diese Kompetenzen können im Rahmen von Trainings-, Ausbildung-, Qualitätssicherungs- und Qualitätskontrollprogrammen üblicherweise trainiert werden. Das mentale Training kam im Rahmen der Ausbildung von Wirtschaftsprüfern und Steuerberatern genutzt werden, um Alltagsroutinen zu trainieren und zu automatisieren und um Stresssituationen vorzubereiten. Dadurch soll auch die Qualität der Entscheidungen verbessert werden.

Praxistipp:
Zur Selbstkompetenz beim Umgang mit Stress gehört auch die Erkenntnis, dass Stress häufig nur aus zwei Gründen entsteht, die beide beherrschbar sind:

1. das Erfüllen der Erwartungen anderer.
2. das Erfüllen der eigenen Erwartungen an sich selbst.

In vielen Lebenssituationen wollen Professionals die Erwartungen anderer erfüllen. Das können beispielsweise die Erwartungen von Vorgesetzten oder Mandanten sein. Es können aber auch die Erwartungen des Lebenspartners im privaten Umfeld sein. Wer sich bewusst ist, dass die Erwartungen anderer eben die Erwartungen anderer sind und nicht die eigenen Erwartungen an sich selbst, wird mit dieser Art von Stress sehr viel besser umgehen können.

Wenn es sich ein Professionell zur Aufgabe gemacht hat, stets die Erwartungen anderer zu erfüllen, wird dies unweigerlich zu Stress führen. Damit ist im Übrigen nicht gemeint, dass ein Professional gleichgültig gegenüber seiner Umwelt reagieren sollte. Denn die Qualitätsanforderungen und Qualitätsansprüche, die innerhalb einer WP-Praxis bestehen, gilt es sehr wohl zu beachten. Mir geht es jedoch darum, dass sich ein

Professionell stets bewusst sein sollte, dass die Erwartungen anderer ihm nur dann Stress verursachen können, wenn er diese erfüllen will. Sich von den Erwartungen anderer ein Stück weit zu befreien, ist ein großer Schritt in Richtung Stressfreiheit.

Viel entscheidender ist der zweite Punkt. Die eigenen Erwartungen an sich selbst. Wenn Sie das Gefühl haben sollten, dass Sie Ihre eigenen Erwartungen an sich selbst nicht erfüllen können, wird dies zwangsläufig zu Stress führen. Seinen eigenen Erwartungen nicht gerecht zu werden, kann ein wahrer Hort des Stresses sein. Hier gilt es sein Selbstbild zu überprüfen und genau zu wissen, ob die eigenen Erwartungen an sich selbst realistisch oder unrealistisch sind. Wer beispielsweise nicht über ausreichend berufliche Erfahrungen auf einem bestimmten Gebiet verfügt, sollte nicht die Erwartung an sich selbst haben, dass er dort fehlerfrei Dienstleistungen erbringen kann.

Mentales Training, mit dem Ziel mental stark zu werden, besteht aus drei Komponenten:

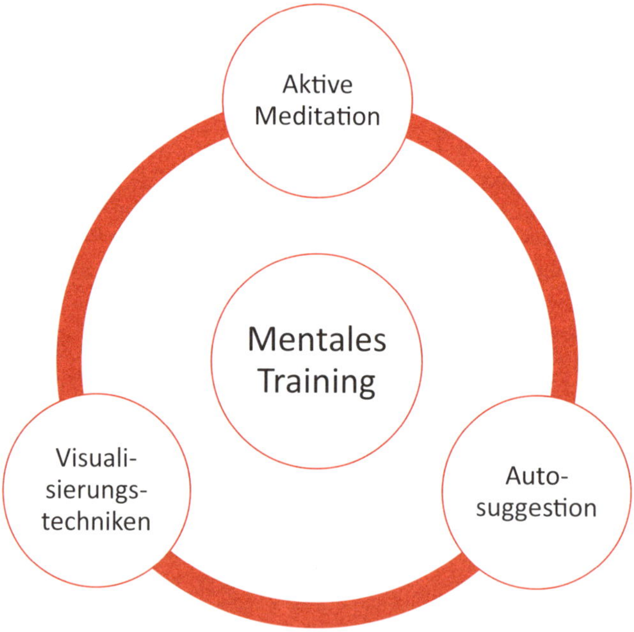

Abb. 33 Ebenen des mentalen Trainings

Aktive Meditation

Meditation (lateinisch meditatio zu meditari „nachdenken, nachsinnen, überlegen") ist eine Praxis, mit der sich durch Achtsamkeits- oder Konzentrationsübungen der Geist beruhigen und sammeln soll.

Durch den Einsatz von Musik und Suggestionen wird bei **aktiven Meditationen** der Alpha-Zustand, d.h. ein Zustand der Entspannung, angestrebt. Der Ausgangspunkt der Meditation ist dabei die richtige Atemtechnik. Es wird zwischen **Bauchatmung** (abdominale Atmung) und **Brustatmung** (kostale Atmung) unterschieden. Bei der Bauchatmung wird bei der Einatmung das Zwerchfell nach unten bewegt, sodass der Brustraum mit der Lunge nach unten erweitert wird. Die Organe im Bauch werden dabei nach unten bzw. vorne bewegt und die Bauchdecke wölbt sich nach außen. Bei der Brustatmung hebt und weitet sich bei der Einatmung vor allem der Brustkorb durch Aktivierung der Muskeln zwischen den Rippen.

Es ist sehr wirkungsvoll und jederzeit möglich, sich auf die eigene Atmung zu konzentrieren. Die Wahrnehmung unserer Atmung führt uns automatisch in unseren Körper hinein, sodass wir Signale wahrnehmen können, die uns vorher vielleicht entgangen sind. Ein weiterer Vorteil besteht darin, dass Sie beim Achten auf den Atem sich ganz in der Gegenwart befinden. Das Empfinden der Atmung tritt nur in der Gegenwart auf. Das erscheint Ihnen jetzt vielleicht trivial, aber wir verbringen einen Großteil unserer Zeit mit unseren Gedanken nicht in der Gegenwart, sondern sind mit Vergangenen und mit Zukünftigem beschäftigt. Ein bewusstes Atmen kann dann wie eine Auszeit sein bzw. einen Ausstieg ermöglichen, um sich von negativen Gedanken zu befreien und in der Gegenwart zur Besinnung zu kommen. Durch eine vertiefte Bauchatmung ist es das Ziel, in einen entspannten Zustand zu kommen.

Wenn Sie Ihre Atmung kontrollieren können, können Sie auch ihren Körperzustand, Ihre Gedanken und Ihre Emotionen kontrollieren. Es ist nicht möglich, ruhig, langsam und tief zu atmen und gleichzeitig total verkrampft zu sein. In Stressphasen dominiert oft der flache Atem (Brustatmung).

Hinweis:
Prüfen Sie, wie oft Sie in einer Minute ein- und ausatmen und, ob es sich dabei um eine Brust- oder Bauchatmung handelt. Weniger ist mehr: Streben Sie 6 bis 7 Atemzüge in der Minute mit einer Bauchatmung an. Legen Sie die Hände auf ihren Bauch und atmen tief ein und langsam aus. Ihre Bauchdecke sollte sich auf und abwärts bewegen. Die Anzahl und Tiefe der Atemzüge pro Minute richtet sich auch nach der benötigten Sauerstoffmenge. Wenn Sie liegen, brauchen Sie weniger Sauerstoff, als wenn Sie sportlich aktiv sind. Der Richtwert von 6 bis 7 Atemzüge bezieht sich auf einen entspannten Zustand.

Bewusstes Atmen ist der einfachste Weg, um in einen Alpha-Zustand zu gelangen. Es ist eine sehr gute Möglichkeit, Energie zu tanken und die beste Methode, Ängste, Nervosität und Hektik abzubauen.

Praxistipp:
Seit fast 30 Jahren beginne ich morgens im Auto auf dem Weg ins Büro ein Ritual. Ich praktiziere das sogenannte psychogene Atem- und Stimmtraining nach Nikolaus B. Enkelmann (www.enkelmann.de; zuletzt abgerufen am 24.09.2019),

das ich seit vielen Jahren um Übungen von Patric P. Kutscher erweitert habe (http://mce-rhetorik.de; zuletzt abgerufen am 24.09.2019). Mit der Audiodatei „Ein positiver Tag beginnt" von Nikolaus B. Enkelmann können Sie die Bauchatmung leicht trainieren. Durch Kombination mit einem Stimmtraining hilft mir das Atemtraining meine Stimme zu trainieren. Bei den Übungen von Nikolaus B. Enkelmann auf der Audiodatei „Ein positiver Tag beginnt" werden beispielsweise nach einem intensiven Zug des Einatmens die Vokale a, e, i, o und u beim Ausatmen gesprochen. Diese werden so lange gesprochen, bis sich Ihre Atmung auf genau 6 bis 7 Atemzüge pro Minute einpendelt.

Die Bauchatmung hilft Ihnen in den Alpha-Zustand, einen Zustand der Entspannung, zu kommen. Bei der aktiven Meditation kommt zusätzlich zur Bauchatmung beim mentalen Training eine Stimme, die ihnen positive Texte suggeriert. Nikolaus B. Enkelmann hat eine Vielzahl solcher aktiven Meditationen für das mentale Training aufgenommen. Das Ziel dieser Suggestionen besteht darin, dass sich positive Glaubenssätze tief in Ihrem Unterbewusstsein verankern. Dadurch sollen gegebenenfalls negative Glaubenssätze durch positive Glaubenssätze ersetzt werden. Bereits während dem Studium habe ich regelmäßig die CD „Ich kann, was ich will" gehört. Dieses mentale Training stärkt das Selbstvertrauen und den Glauben an die eigene Kraft. Wer die englische Sprache gut beherrscht und im Zeitalter der Digitalisierung auf webbasierte Audiodateien zurückgreifen möchte, soll mir eine Mail unter andreas.creutzmann@creutzmann.de mit dem Stichwort *„Motivation für Professionals"* schreiben. Ich versende dann eine Playlist englischer Suggestionen, die ich unter Spotify zusammengestellt habe und regelmäßig aktualisiere. Diese Suggestionen haben häufig mehr einen motivierenden Charakter, wohingegen die Suggestionen von Nikolaus B. Enkelmann darauf zielen im Alpha-Zustand das Unterbewusstsein zur programmieren. Bei der Spotify-Playlist handelt es sich demnach mehr um etwas Komplementäres zu den Suggestionen von Nikolaus B. Enkelmann.

i

Hinweis:
Es ist selbstverständlich, dass sowohl bei Prüfungen im Studium als auch bei den Berufsexamen zunächst das Lernen und Training die Voraussetzung für jeden Erfolg sind. Kein Spitzensportler geht in einen Wettkampf, ohne vorher trainiert zu haben. Das Beherrschen des Stoffs oder einer bestimmten Tätigkeit ist stets Voraussetzung für den Erfolg. Beim mentalen Training geht es schlussendlich darum, dass Sie dann in einer beruflichen Stress- oder Prüfungssituation oder als Sportler bei einem Wettkampf optimale Leistungen abrufen können.

Autosuggestion

Die zweite Komponente des mentalen Trainings ist die **Autosuggestion**. Autosuggestionen sind Trainingseinheiten zur Steigerung des Selbstbewusstseins und zur Konzentration auf die wesentlichen und wichtigen Dinge. Ein mental starker Manager und Unternehmer wird bei Präsentationen, in Verhandlungen mit Kunden, bei Reden und Vorträgen souverän und glaubwürdig auftreten. Mentale Stärke ist die Grundlage für eine überzeugende Rhetorik, die ein weiteres wichtiges Werkzeug eines erfolgreichen Professionals ist.

Während es bei der Suggestion um die Beeinflussung durch andere geht, ist die Autosuggestion die Kunst der Selbstbeeinflussung. Seit unserer Geburt hören wir eine Vielzahl von fremden Suggestionen. Diese kommen aus dem privaten Umfeld oder von Medien. Viele dieser Suggestionen haben sich tief in unserem Unterbewusstsein verankert und sind oft negativ. Oft haben wir sie unreflektiert übernommen und sind zu negativen Glaubenssätzen geworden. Autosuggestionen sind Befehle an das Unterbewusstsein, die Ihnen helfen mental stark zu sein. Dadurch können Sie negative Programmierungen und Fremdprogrammierungen überspielen und neu programmieren. Sie können sich Zielvorstellungen eingeben. Sie verstärken dadurch aufbauende Denkstrukturen. Ihr Unterbewusstsein können Sie nicht neu bedenken. Ihr Unterbewusstsein müssen Sie besprechen. Deshalb wirken Autosuggestionen nur dann, wenn sie gesprochen werden. Das gesprochene Wort hat eine deutlich stärkere Wirkung auf das Unterbewusstsein als ein Gedanke. Je häufiger Sie ihr Unterbewusstsein durch Autosuggestionen besprechen, desto schneller werden Sie damit Erfolg haben.

Praxistipp:
Sprechen Sie Autosuggestionen laut und deutlich. Wenn Sie Gelegenheit haben, dies vor einem Spiegel zu tun, nutzen Sie diese Gelegenheit. Blicken Sie sich in diesem Fall in die Augen. Wiederholen Sie die Autosuggestion so oft wie möglich. Das kann im Auto, beim Laufen, im Bad, beim Sport etc. sein.

Es gibt zwei Arten von Autosuggestionen:

1. Kurze Sätze (Affirmationen und Glaubenssätze)
2. Längere Autosuggestionen mit mehreren Sätzen

Das Wort „Affirmation“ beinhaltet das lateinische Wort „firmare“, was so viel bedeutet wie „bestätigen, bekräftigen“. Eine Affirmation ist ein bejahender, leistungsfördernder, bekräftigender Satz, der – wenn Sie ihn oft genug laut oder innerlich wiederholen – Gedanken, Überzeugungen, Fühlen und Handeln lenkt. Affirmationen sind demnach kurze, einfache, klare, positiv bzw. bejahende, leicht auszusprechende formulierte Sätze in der Gegenwartsform, die stets mit „Ich“ beginnen. Sie können diese einfachen Sätze täglich mehrmals wiederholen. Im Gegensatz zu den bereits dargestellten negativen Glaubenssätzen handelt es sich hier um positive Glaubenssätze.

Beispiel
Hier ist eine Auswahl an positiven Affirmationen und Glaubenssätzen:

- Ich bin ein guter Vorgesetzter
- Ich bin fachlich sehr qualifiziert
- Ich kann gute Beziehungen zu meinen Mandanten aufbauen
- Ich kann gute Beziehungen zu meinen Mitarbeitern aufbauen

- Ich sehe Umsatzmöglichkeiten bei meinen Mandanten
- Ich bin auf dem Weg zum Partner in meiner WP-Praxis
- Ich erreiche die nächste Laufbahnstufe
- Ich finde es großartig, wie ich meinen Lebensunterhalt verdiene
- Ich liebe den Beruf des Wirtschaftsprüfers/Steuerberaters
- Ich bin verantwortlich für mein Leben
- Ich finde mein Leben aufregend
- Ich mag mich
- Ich bin ein liebenswerter Mensch
- Ich vertraue mir und meiner Intuition
- Ich fühle mich von Tag zu Tag und in jeder Hinsicht besser
- Ich bin gesund
- Ich bin voller Energie
- Ich ernähre mich gesund
- ...

Bei den längeren Texten geht regelmäßig ein Auswendiglernen damit einher. Dabei werden sie sich Sätze leichter merken können, die bereits ihren Glaubenssätzen gehören und mit denen Sie sich identifizieren. Bei neuen Glaubenssätzen, die Ihnen bisher fremd waren, dauert es regelmäßig länger, bis Sie sie auswendig können. Nutzen Sie die Gegenwartsform und positive Formulierungen. Das Unterbewusstsein arbeitet mit Bildern. Wenn ich Ihnen sage, dass Sie nicht an einen rosaroten Elefanten denken sollen, denken Sie trotzdem an das Bild eines rosaroten Elefanten. Das Wort „nicht" verhindert nicht das Bild des rosaroten Elefanten. Also verwenden Sie stets positive Formulierungen und vermeiden Sie Negierungen. Nikolaus B. Enkelmann hat eine Vielzahl positiver Autosuggestionen in seinen Büchern niedergeschrieben. In seinen Büchern und beim Institut Enkelmann in Königstein finden Sie genügend Anregungen. Und auch unter Google finden Sie eine Vielzahl an Beispielen.

In meinem WP-Examen hatte ich in der schriftlichen Prüfung im Fach Recht die Note mangelhaft. Da die schriftliche Note stärker gewichtet wurde als die mündliche Note musste ich die Note gut in der mündlichen Prüfung bekommen, um das WP-Examen auf dem Gebiet Recht zu bestehen. Da ich zu diesem Zeitpunkt schon mehrere Jahre das mentale Training durch Suggestionen und Autosuggestionen praktizierte, hatte ich die folgende Autosuggestion formuliert und sie in den Wochen vor der mündlichen Prüfung jeweils einmal am Tag viermal hintereinander vor einem Spiegel gesprochen.

Beispiel

Ich bin fest entschlossen, die Chancen in der mündlichen Prüfung zu nutzen. Wer große Ziele erreichen will, muss felsenfest an sich glauben und sich höchste Leistungen zutrauen.

Meine Prüfer sind von meiner fachlichen Qualifikation überzeugt und ich werde jede Frage zu ihrer Zufriedenheit beantworten. Wer erfolgreich sein will, muss im Sprechen beherrscht und im Tonfall seiner Stimme absolut sicher sein. Ich weiß, dass für die

Macht der Sprache, die innere Sicherheit ausschlaggebend ist. Das ist eine Frage des Vertrauens zur eigenen Kraft.

Ich kann im Sprechen nur dann sicher sein, wenn ich innerlich sicher bin. Ich bin sicher, vollkommen sicher und werde kämpfen bis zum Schluss, egal was passiert.

Ich glaube an meinen Erfolg und bestehe das WP-Examen.

Am Tag der mündlichen Prüfung war ich wie in Trance. Kurz vor Beginn der mündlichen Prüfung im Fach Recht, nachdem ich schon in Prüfungswesen und Betriebswirtschaft geprüft worden war, starrte ich aus dem Fenster des Warteraums vor dem Prüfungssaal und war durch und durch fokussiert. Zum Zeitpunkt meiner mündlichen Prüfung wurde das KontraG eingeführt und der Kaufmannsbegriff im HGB reformiert. Eigentlich wäre zu erwarten gewesen, dass diese Gesetzesänderungen genügend Stoff für einen angehenden Wirtschaftsprüfer in einer mündlichen Prüfung hergeben. Stattdessen wurde mir zu Beginn der Prüfung folgender Fall gestellt: Ein Wirtschaftsprüfer würde sich bei der Aidshilfe engagieren und hätte darüber hinaus schon seit vielen Jahren keine Gehilfen mehr auf dem Gebiet der Wirtschaftsprüfung ausgebildet. Die Wirtschaftsprüferkammer fordert ihn auf hierzu Stellung zu nehmen. Die Frage an mich lautete: Was antworten Sie der Wirtschaftsprüferkammer? Und auch die zweite Frage hatte weder etwas mit dem KontraG noch mit der Reform des Kaufmannsbegriffs im HGB zu tun. Es ging um eine vergleichende Werbung von einem Sportgeschäft, das behauptete, dass der Wettbewerber über ein bestimmtes Produkt nicht verfügen würde und dies nur von dem Sportgeschäft bezogen werden könnte, das mit dem Produkt warb. Auf die erste Frage antwortete ich zunächst: „Ein Wirtschaftsprüfer hat zwar ein sehr inniges und intensives Verhältnis mit seinen Mandanten, aber ich schätze die Infektionsgefahr durch Übertragung des Aidsvirus als gering ein.“ Das war gewiss nicht die Antwort auf die Frage, die der Prüfer erwartet hatte, aber sie brachte mir von mehreren Seiten der Prüfer ein Lachen ein. Ich redete zwar dann im Anschluss über die WPO und die Berufssatzung, aber vermutlich hatte auch dies nichts mit der erwarteten Antwort des Prüfers zu tun. Da jedoch mein Prüfungskollege neben mir, ein Rechtsanwalt, ebenfalls keine sehr sinnige Antwort auf die Frage gab, war der flapsige Einstieg wohl nicht schädlich. Die zweite Frage konnte ich jedoch aufgrund meines langjährigen Lesens diverser Tageszeitungen mit einem entsprechenden EuGH-Urteil beantworten.

Ich habe die Prüfung mit gut bestanden und kam so an einer Ergänzungsprüfung vorbei. Ohne das mentale Training und die zuvor dargestellte Autosuggestion hätte ich keine Chance auf ein Bestehen im Fach Recht gehabt. Mein Wille, die Prüfung zu bestehen und meine Bereitschaft, mich um Kopf und Kragen zu reden, führten zum Erfolg.

Visualisierungstechniken

Die dritte Komponente des mentalen Trainings ist der Einsatz von **Visualisierungstechniken**. Im Leistungssport wird die Kraft der Visualisierung schon lange angewandt. Mit inneren Bildern können sowohl vergangene Situationen noch einmal durchgespielt und zu einem positiven Ergebnis geführt werden, als auch neue Situationen im Vorfeld durchlebt und positiv vorbereitet werden. Sportler nutzen die Macht ihrer inneren Bilder z. B.,

- um Bewegungsvorstellungen zu optimieren,
- um sich zu motivieren, indem sie Erinnerungen an Erfolgsmomente abrufen,
- zur Psychoregulation, um mit Ruhebildern eine Blitzentspannung herbeizuführen, oder
- um angestrebte Ziele zu visualisieren.

Beim Visualisieren geht es also um Ihre Einbildungs- und Vorstellungskraft. Es ist wissenschaftlich nachgewiesen, dass Gedanken und innere Bilder immer auch Auswirkungen auf Ihre Emotionen und Ihren Körper sowie Ihre Handlungen haben. Unter dem Begriff Placebo-Effekt ist in der Medizin seit langem bekannt, dass Medikamente auch ohne Wirkstoffe eine heilende Wirkung haben können, wenn der Patient nur daran glaubt und sich vorstellt, dass das Medikament heilt.

Wir haben eine Vielzahl von Bildern im Kopf und verfügen über unser individuelles Heimkino. Diese Filme laufen fast ständig zu jeder Tageszeit ab. Ein Gedanke wird zu einem Bild und hat die Tendenz sich zu realisieren. Wir stellen uns etwas vor unserem geistigen Auge vor. Je intensiver und klarer das Bild ist, desto mehr Energie erhält es und desto wahrscheinlicher wird es, dass sich dieses Bild verwirklicht. Suggestionen und Autosuggestionen wirken durch das gesprochene Wort unmittelbar auf das Unterbewusstsein. Mit der Visualisierung machen wir diese Ziele jetzt sichtbar, sodass sie noch stärker in unserem Unterbewusstsein verankert werden. Die Visualisierung der Suggestionen und Autosuggestion führen zur mentalen Stärke beim mentalen Training.

Ihre Vorstellungskraft hängt von folgenden Faktoren ab:

- Entspannungs- und Konzentrationsfähigkeit
- Tagesform
- Anzahl der durchgeführten Visualisierungsübungen (Trainingsintensität)
- Glaube an die Methode

Das Phänomen, dass die intensive innere Vorstellung einer Bewegung die Tendenz hat, sich auch auf die physische Ebene zu übertragen, wird in der Fachsprache als „Carpenter-Effekt“ (ideomotorischer Effekt) bezeichnet. Im Spitzensport werden Zielzustände visualisiert. Die Sportler stellen sich in allen Einzelheiten vor, wie sie den Wettbewerb oder das Spiel gewinnen. Neben der Visualisierung werden auch andere Sinnesorgane eingebunden, sofern dies zielführend ist. Dazu gehört auch das Hören, das Fühlen, das Riechen, das Schmecken und Berühren. Der Zweck der Visualisierungstechniken für Sportler liegt u.a. in folgenden Anwendungsfeldern begründet, die größtenteils auch auf das Berufs- und Privatleben übertragen werden können:

- Lernen einer (neuen) Technik
- Verfeinern und Präzisieren von bereits erlernten Techniken
- Stabilisieren von Techniken

- Routinetätigkeiten abrufen
- Taktiken einprägen
- Verhaltensweisen erlernen
- Automatismen abrufen
- Konzentration
- Ziele vorstellen
- Ausdauer- und Krafttraining vorstellen
- Herausforderungen meistern
- allgemeine Entspannung auf körperlicher, mentaler und emotionaler Ebene
- Beim Visualisieren gibt es zwei verschiedene Perspektiven:
- Kameraperspektive oder Zuschauerperspektive (externale Perspektive)
- Schauspielerperspektive (internale Perspektive)

Bei der Kameraperspektive beobachtet sich ein Professional von außen, wohingegen er bei der Schauspielerperspektive Teil der Szene ist und sozusagen im Film mitspielt.

Praxistipp:
Sowohl im Berufsleben als auch im Privatleben gibt es immer wieder Ereignisse, die nicht den Zielvorstellungen eines Professionals entsprechen. Das können vergangene Verhandlungssituationen, Mandantengespräche, Präsentationen oder auch Mitarbeitergespräche sein. Während dieser Ereignisse ist man Teil der Szene und es gelingt regelmäßig nicht, eine Kamera- oder Zuschauerperspektive einzunehmen. Die retrospektive Betrachtung solcher Ereignisse aus Sicht einer Kameraperspektive hilft Ihnen jedoch, in Zukunft bessere Ergebnisse als in der Vergangenheit zu erzielen. Hierzu nehmen Sie die Kameraperspektive ein und beobachten sich, wie sie sich in der entsprechenden Situation verhalten haben. Stellen Sie sich in diesem Zusammenhang dann folgende Fragen:

- Wie hätte ich mich anders in der Situation verhalten können?
- Was hätte ich noch sagen können?
- Welche Fragen hatte ich stellen können?
- Welche anderen Optionen hätte es gegeben?

Die Antworten auf diese Fragen könnten ein Quantensprung in Ihrer Persönlichkeitsentwicklung sein.

Wer in der Lage ist, die Kameraperspektive einzunehmen, trainiert sich auch in andere Menschen hinein zu versetzen, und er übt ebenfalls die Visualisierung. Das Einnehmen einer anderen Perspektive ist eine wichtige Voraussetzung für ein empathisches Verhalten. Wer sich nicht in andere Menschen hineinfühlen kann, wird selten gute Beziehungen zu anderen Menschen aufbauen. Die Visualisierung kann außerdem in Slow Motion (Zeitlupe) oder Realtime (Echtzeit, normales Tempo) durchgeführt werden.

Die Visualisierung verbunden mit positiven Gedanken und positiven Bildern verursachen positive Gefühle bei Ihnen. Diese positiven Gefühle sind wichtig, wenn Sie Höchstleistungen erbringen wollen. Mit negativen Gefühlen sind keine Spitzenleistungen möglich. Innere Bilder vom Erfolg, Glück oder Gesundheit bewirken positive Gefühle. Sie aktivieren Energien und stärken das Immunsystem. Aus diesem Gefühl heraus können Sie erfolgreich handeln. Sie befreien Sie von negativen Gefühlen, die Sie am Erfolg hindern könnten.

Bei den Autosuggestionen kommt es auf die Wortwahl und die genaue Zielvorgabe an. Bei der Visualisierung kommt es auf die Deutlichkeit bzw. die Eindeutigkeit in der Vorstellung an. Verschwommenheit in der Visualisierung ergibt Verschwommenheit in der Ausführung. Nikolaus B. Enkelmann nennt folgende 6 Schritte zu aufbauenden Bildern:

1. Farben
2. Gegenstände
3. Fantasiebilder
4. Veränderung
5. Vom Bild zum Film
6. Der Film von der Zukunft

Im **ersten Schritt** stellen Sie sich einige Farben in Ihren Gedanken vor. Denken Sie an verschiedene Rottöne. Oder denken Sie an verschiedene Grüntöne. Falls Sie Schwierigkeiten haben sollten, sich bestimmte Farben richtig vorzustellen, dann suchen Sie in Ihrem Gedächtnis nach Beispielen. Sofern Ihnen dies auch nicht weiterhilft, holen Sie sich Farbbögen oder suchen im Internet verschiedene Farbskalen.

Beim **zweiten Schritt** schließen Sie die Augen und stellen Sie sich einen Gegenstand aus dem Raum vor, indem Sie sich gerade befinden. Das kann ein Schreibtisch oder ein Stuhl oder etwas anderes sein. Welche Farbe hat der Tisch? Wie fühlt sich der Tisch an, wenn Sie mit der Hand über den Tisch streichen? Integrieren Sie in das Bild alles, was Sie innerlich abrufen können. Benutzen Sie dafür alle Sinne: Augen, Tastsinn und Geruchssinn. Jetzt stellen Sie sich vor, dass auf den Tisch etwas zu essen und zu trinken steht. Stellen Sie sich vor, wie Sie das Essen essen und das Getränk trinken. Wie schmecken das Essen und der Wein? Welchen Geruch hat das Essen und der Wein? Stellen Sie sich vor, dass auf dem Tisch eine geschnittene Zitrone liegt. Beißen Sie herzhaft in die Zitrone und essen das Fruchtfleisch. Achten Sie auf Ihren Körper, wenn Sie in Gedanken in die Zitrone beißen. Sofern ihre Vorstellungskraft schon stark genug ist, sollte Ihr Körper bei dem Gedanken an einen Biss in eine Zitrone reagieren. Dies ist ein einfaches Beispiel, wie Sie körperliche Reaktionen nur durch Gedanken und Bilder hervorrufen können.

Beim **dritten Schritt** denken Sie an Fantasiebilder. Stellen Sie sich Dinge vor, die es in Wirklichkeit nicht gibt oder die Sie noch nie gesehen haben. Lassen Sie vor Ihrem geistigen Auge ein Raumschiff, eine Fee oder ein anderes Fantasiebild entstehen. Sofern es Ihnen nicht auf Anhieb gelingt sich ein Fantasiebild vorzustellen, malen Sie Ihre Fantasie auf ein Blatt Papier. Schließen Sie erneut die Augen und stellen Sie sich ihre Fantasiebilder vor. Vermutlich ist dieser Schritt für einen Professional, der üblicherweise nur an Prüfungsnachweise und Dokumentationen glaubt, der schwierigste Schritt.

Beim **vierten Schritt** beginnen Sie, die Bilder zu verändern. Machen Sie beispielsweise aus einer Rotweinflasche eine Weißweinflasche oder aus einem Esstisch einen Schreibtisch. Sie können auch aus einem VW einen Ferrari machen. Sie sind der Maler Ihrer Gemälde, der Architekt Ihrer Bilderwelt und der Regisseur Ihres imaginären Films.

Beim **fünften Schritt** lernen Ihre Bilder laufen. Sehen Sie beispielsweise einen Hund beim Spazierengehen, wie sich bewegt, riecht, andere Hunde begrüßt, rennt oder knurrt. Alternativ können Sie sich auch vorstellen, dass Sie einen Film über Ihren letzten Geburtstag drehen. Sehen Sie alle Einzelheiten des Tagesverlaufs. Wann sind Sie aufgestanden, was haben Sie angezogen, wer hat Sie angerufen, hatten Sie unerwarteten Besuch oder Gäste eingeladen? Ihr innerer Film sollte chronologisch sein.

Beim **sechsten Schritt** befinden Sie sich schon auf der Meisterschaft zur Imagination. Jetzt können Sie beginnen Zukunftsfilme zu drehen. Sie können jetzt Ihre Ziele in einem Film darstellen. Dafür sollten Sie ein ganz klares Bild von Ihrer Zukunft entwickeln. In einem Werbespot der Firma Nike wird eindrucksvoll am Beispiel von Robert Lewandowski in der Praxis gezeigt, wie ein Fußballprofi zur Vorbereitung auf ein Spiel visualisiert (Abfrage am 21.07.2019: https://www.youtube.com/watch?v=SVxoZj8DGWY, Nike Football Presents: Pro Genius Visualisation ft. Robert Lewandowski). Dabei werden alle Sinne genutzt.

Beispiel

Visualisierung kann ein Professional sowohl in seinen beruflichen Alltag als auch in seinen privaten Alltag integrieren. Stellen Sie sich in allen Einzelheiten vor, wie Sie Mandanten- und Mitarbeitergespräche führen. Je detaillierter Ihre Vorstellungskraft, desto besser. Denken Sie dabei an einen positiven Verlauf des Gesprächs. D. h. nicht, dass der Gesprächspartner stets positiv reagiert. Seien Sie vielmehr vorbereitet darauf, wie Sie bei negativen Reaktionen auf Ihren Gesprächspartner reagieren. Was sagen Sie und wie sagen Sie es?

Auch in Ihrer Partnerschaft und im Umgang mit Ihren Kindern können Sie die Kraft der imaginären Bilder nutzen. Stellen Sie sich genau vor, wie Sie mit Ihrem Partner umgehen wollen und was Sie sich wünschen, wie Ihr Partner mit Ihnen umgeht. Gedanken sind Kräfte und haben die Tendenz sich zu realisieren.

Bei der Visualisierung sollte Ihr innerer Film so fest in Ihnen verankert sein, dass er sofort abläuft, wenn Sie an Ihr Ziel denken. Ihre Autosuggestionen müssen zu Ihren Bildern passen. Bild und Wort müssen übereinstimmen. Im Zustand der Entspannung wird Ihnen die Visualisierung leichter fallen. Richard Bach sagt in Die Möwe Jonathan: *„Man muss schon da sein, bevor man angekommen ist.“*

Wer nicht an den Erfolg glaubt, wird ihn auch nicht erreichen. Ein Ziel, das wir nicht zu sehen, nicht zu visualisieren und nicht als Bild vor Augen zu erkennen vermögen, verliert die Kraft der Orientierung. Wie sollen wir etwas erreichen können, wenn wir es uns nicht einmal vorstellen können? Eine wichtige Voraussetzung für das mentale Training ist demnach eine entsprechende Vorstellungsfähigkeit. Entwickeln Sie diese Vorstellungsfähigkeit durch wiederholtes Training.

Das Werkzeug mentales Training macht Sie mental stark. Durch Suggestionen, Autosuggestionen und Visualisierungstechniken lernen Sie Ihre Gedanken und Emotionen zu steuern. Das Atemtraining hilft Ihnen in einen entspannten Zustand zu kommen. Im Zustand der Entspannung können Sie gezielt Ihr Unterbewusstsein positiv beeinflussen. Dadurch können Sie besser mit Druck in Stresssituationen umgehen. Das mentale Training mit dem Ziel mental stark zu werden, ist Teil der Persönlichkeitsentwicklung. Sie verändern ihr Selbstbild und gewinnen Selbstvertrauen. Sie können ihr Verhalten und ihre Überzeugungen optimieren. Sie verarbeiten negative Ergebnisse besser und glauben an Ihren Erfolg.

Das mentale Training soll Sie in die Lage versetzen, sich selbst durch Meditationen, Autosuggestionen und Visualisierungstechniken zu beeinflussen. Es gibt jedoch Dinge im Leben, die sind nicht von Ihnen beeinflussbar. Für diese Dinge gilt auch der Grundsatz der Selbstverantwortung nicht. Das mentale Training und die mentale Stärke sind ein wichtiges Werkzeug, um Ihre Ziele zu erreichen. Auch hier wird noch einmal deutlich, weshalb es so wichtig ist, sich ganz genau über seine Ziele im Klaren zu sein. Denn nur durch exakt definierte Ziele können Sie Ihr Unterbewusstsein beim mentalen Training eindeutig programmieren. Wer nur vage Vorstellungen von seinen Zielen hat oder gar in einer Wunschwelt lebt, wird nicht in der Lage sein, sein Unterbewusstsein eindeutig zu programmieren. Das mentale Training ist vermutlich das wertvollste Werkzeug auf dem Weg zu Ihrer Zielerreichung. Es ist darüber hinaus die Basis für das nächste Werkzeug eines erfolgreichen Professionals.

4.3 Rhetorik

Der Begriff Rhetorik kommt aus dem Altgriechischen und bedeutet übersetzt „die Redekunst". Die Aufgabe der Rhetorik ist es, den Zuhörer von einer Aussage zu überzeugen oder zu einer bestimmten Handlung zu bewegen. Dabei will sie Mittel bereitzustellen, die nötig sind, um eine Gemeinsamkeit zwischen Redner und Zuhörer oder zwischen Gesprächspartnern herzustellen und Unterschiede herauszufinden.

Bei der Rhetorik geht es im Kern um das **Wie**! Wie wirke ich auf andere und wie kann ich andere durch Sprache beeinflussen? Inwieweit die Beeinflussung eine Manipulation sein kann, soll an dieser Stelle nicht weiter erörtert werden. Zumal es eine ethische Frage ist. Mit einem Messer können Sie einen Menschen umbringen oder etwas schneiden. Das gleiche gilt im übertragenen Sinn auch für die Rhetorik. Wie jemand Rhetorik nutzt, liegt in seiner ethischen Verantwortung. Will er Menschen manipulieren oder beeinflussen. Manipulation von Menschen ist nach meinem Verständnis die verdeckte Einflussnahme auf Menschen zu deren Nachteil. Rhetorik mit dem Ziel einer positiven Beeinflussung zum Vorteil eines Menschen durch eine offene Kommunikation grenze ich gegenüber der Manipulation ab.

In der Rhetorik spielt der Inhalt der Worte nicht immer die entscheidende Rolle. Die Stimme und die Körpersprache eines Menschen entscheiden oft viel häufiger, ob jemand überzeugend wirkt oder nicht. Das gilt sowohl beruflich als auch privat. Professionals wollen überzeugen. Sie wollen Mandanten überzeugen. Sie wollen Mitarbeiter überzeugen. Und sie wollen privat auch ihre Lebenspartner, Kinder und Freunde überzeugen. In diesem Sinn ist die Rhetorik ein wichtiges Werkzeug eines Professionals für das Marketing, insbesondere dafür wie der Professional sich selbst gegenüber Mandanten und wie er sein Unternehmen verkauft.

Hierzu bedarf es einer Persönlichkeit, die vertrauenserweckend ist. Nur wer das Vertrauen von anderen gewinnt, wird überzeugen. Er wird andere beeinflussen können und sie motivieren seinen Empfehlungen nachzugehen. Auch Mitarbeiter werden einem Professional nur folgen, wenn sie ihm vertrauen und er überzeugend ist. Deshalb ist das Werkzeug der Rhetorik ein wichtiges Instrument zur erfolgreichen Meisterung der Aufgaben eines Professionals.

Der Forscher Albert Mehrabian, von der University of California in Los Angeles, hat zu Beginn der 1970er Jahre in einer Studie die Wirkungsfaktoren von Menschen untersucht. Er wurde oft zitiert, dass die Wirkung von Menschen zu 93% von der Stimme und der Körpersprache eines Menschen abhängen würde und nur 7% auf den Inhalt der Worte entfallen würde. Viele haben das die 55-38-7-Regel nach Mehrabian genannt, weil angeblich der größere Einfluss von der Körpersprache (55%) und der Stimme (38%) ausgehen würde (zusammen 93%) und der Inhalt vergleichsweise unbedeutend sei. Mehrabian hat danach in mehreren Interviews klargestellt, dass seine Studie oft missinterpretiert wurde. Er wollte damit nicht aussagen, dass nur 7% einer Nachricht über den Inhalt, also die gesprochenen Worte, transportiert wird. Für einen Professional wäre es auch fatal, da er doch sein Fachwissen bei seinen Kunden „verkauft" und dem Inhalt seiner Aussagen häufig auch eine große Bedeutung zukommt.

Unabhängig von dem „richtigen" Verhältnis des Einflusses von Inhalt, Stimme und Körpersprache in der Rhetorik wird auch jeder Professional bestätigen, der selbst schon als Zuhörer Teil eines Auditoriums war, dass ein Redner mit einer langweiligen Stimme und Körpersprache regelmäßig einschläfernd wirkt und es nur schwer gelingt, solch einem Redner konzentriert zuzuhören.

Hinzu kommt, dass leider nur wenige Redner geschult wurden, wie Menschen Informationen verarbeiten. Viele Lehrer wissen nach wie vor nicht, dass Schüler und Studierende Informationen im Wesentlichen über drei Sinneskanäle wahrnehmen:

- Visuell (Sehen)
- Auditiv (Hören)
- Kinästhetisch (Fühlen)

Die Sinneskanäle olfaktorisch (Geruch) und gustatorisch (Geschmack) spielen bei Reden und in der Gesprächsführung regelmäßig keine Rolle. Bei den meisten Menschen ist ein Sinneskanal dominant. Und dies ist weit überwiegend der visuelle Sinneskanal. Intuitiv scheint vielen Lehrern klar zu sein, dass Dinge, die auf der Tafel stehen, per Flipchart oder Beamer an die Wand geworfen werden, besser in Erinnerung bleiben als nur das gesprochene Wort. Jedoch spielt auch die Wortwahl des Redners eine entscheidende Rolle.

Ein Mensch, der weit überwiegend **visuell** Informationen verarbeitet, gebraucht auch in seiner Sprache Bilder und visuelle Ausdrücke und sollte Informationen von Rednern und Gesprächspartnern mit folgenden Ausdrücken vermittelt bekommen: „Sehen, schauen, blicken, beobachten, beäugen, gucken, leuchten, scheinen, sichtbar, überschaubar, scheinbar, hell, dunkel, weitsichtig sein, Überblick, Durchblick haben, Klarheit gewinnen, Klärung verlangen, bei Licht besehen, einen Sachverhalt beleuchten/erhellen, Scheinargument, durchsichtige Argumentation, übersichtliche Raumaufteilung, dunkle Gestalten, undurchsichtige Persönlichkeit, unübersehbar, nachsichtig sein, vorsichtig sein, vorausschauend sein, überblicksweise, Ausstrahlung haben, Einblicke gewähren, einsichtig sein, jemanden beschatten, gute Beobachtungsgabe besitzen."

Menschen, die hauptsächlich **auditiv** Informationen aufnehmen, verwenden häufig folgende Ausdrücke und sollten Botschaften gleichermaßen auditiv vermittelt bekommen: „Laut, leise, das hört sich gut an, taub auf den Ohren sein, Radau, trampelig, poltern, klapperig, musikalisch, unüberhörbar, tröpfeln, hämmernd, schrill, piepsig, dunkel, rauh, winselnd, wimmernd, kreischend, schnappend, heiser, röchelnd, nicht auf den Mund gefallen sein, nicht auf einen hören, betäubend, Stecknadel fallen hören, im Einklang sein, seine Ruhe haben, in Ruhe lassen, die Engel singen hören, Süßholz raspeln, wie ein Huhn gackern, es hat klick gemacht, das Gras wachsen hören, stumm wie ein Fisch, die Stille ertragen."

Bei **kinästhetischen** Menschen werden in der Sprache Gefühle angesprochen. Folgende Begriffe verwenden u.a. Menschen, die überwiegend kinästhetisch Informationen verarbeiten: „im siebenten Himmel schweben, auf den Boden fallen, in ein Loch fallen, über dem Boden schweben, sich fallen lassen, mit beiden Füßen auf dem Boden stehen, sich geborgen fühlen, in mir kommt die Kälte hoch, mir läuft eine Gänsehaut über den Rücken, ich fühle mich beschwingt, das Herz klopft vor Freude im Leib, mir schlägt das Herz bis zum Hals, das Herz tut mir weh, das Blut stockt mir in den Adern, mir zieht sich der Magen zusammen, dreht sich um, mir wird schwindlig, mir sausen die Ohren, mir kribbelt es in den Händen, mir bricht der Schweiß aus, mir schlottern die Glieder, mir lacht das Herz."

Die Kenntnis, wie Menschen Informationen verarbeiten, ist gleichermaßen wichtig bei Reden und in der Gesprächsführung mit Mandanten und Mitarbeitern. Bei Mandanten und Mitarbeitern kann ein Professional gezielt auf den dominanten Sinneskanal seines Gesprächspartners eingehen, in dem er ganz bewusst den jeweiligen dominanten Sinneskanal im Gespräch anspricht. Bei Reden vor einem größeren Publikum geht das nicht, und es gilt dort möglichst abwechselnd alle Sinneskanäle in einem Vortrag anzusprechen. Der visuelle Sinneskanal hat dabei die größte Bedeutung, weil dieser bei den meisten Menschen dominant ist.

Wenn ein Professional eine Rede hält oder ein Mandanten- oder ein Mitarbeitergespräch führt, will er die volle Aufmerksamkeit seines Gegenübers. Die Kenntnis über die Informationsverarbeitung von Menschen ist dabei jedoch nur der Ausgangspunkt für einen guten Rhetoriker. Es gilt, die Überzeugungskraft eines Professionals durch eine wirksame Rhetorik zu stärken. Dies geschieht durch ein Training auf drei Ebenen, wie die folgende Abbildung zeigt.

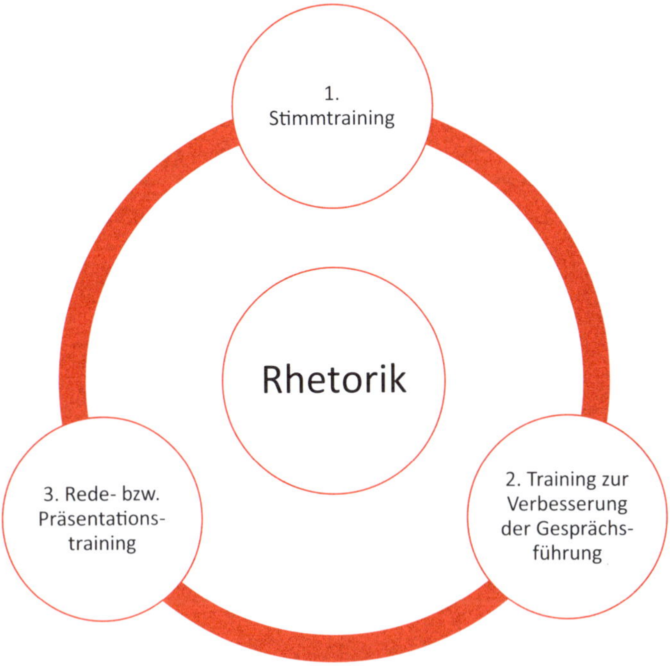

Abb. 34 Rhetoriktraining

Reden lernt ein Professional nur durch das Reden. Viele glauben, dass sie reden können, nur allein deshalb, weil ihnen viele Menschen zuhören. Schlechte Beispiele hierfür sind oft Politiker. Politiker haben häufig Gelegenheit in der Öffentlichkeit zu reden. Und nur, weil sie die Möglichkeit haben öffentlich zu reden, glauben nicht wenige davon, dass sie besonders gute Redner seien.

Professionals, die einem rhetorisch starken Umfeld aufgewachsen sind, tun sich meistens leichter mit der Rhetorik. Sie hatten das Glück, positive Vorbilder in der Kindheit und der Jugend zu haben und sind meist rhetorisch versierter als Professionals, die weniger rhetorisch starke Eltern oder ein rhetorisch starkes Umfeld hatten. Der Ausgangspunkt eines jeden Rhetoriktrainings sollte ein Stimmtraining sein.

1. Stimmtraining

Die erste Ebene ist das Stimmtraining. Nikolaus B. Enkelmann sagte: *„Wer an der Stimme arbeitet, arbeitet am Kern seiner Persönlichkeit."* Stimme und Sprache stehen in einem sehr engen Zusammenhang mit Ihrer gesamten Persönlichkeit. Die Stimme gibt Aufschlüsse und Rückschlüsse über Ihre Persönlichkeit. Über unsere Stimme offenbaren wir uns. Sie verrät schonungslos unser tatsächliches Befinden, unsere Tagesverfassung, unsere Ängste, unsere Freude und im weitesten Sinn auch unsere seelische Verfassung. Wir können jemanden anlächeln, wenn uns nach Weinen zumute ist. Wir können versteinert schauen und keine Miene verziehen, wenn uns jemand beleidigt. Wenn wir jedoch den Mund aufmachen, ist am Ton unserer Stimme unsere tatsächliche Einstellung und Verfassung hörbar.

Beispiel
Denken Sie an den Anruf einer Ihnen sehr vertrauten Person. Das kann der Lebenspartner, die Kinder oder auch die Eltern sein. Sie erkennen sofort am Klang der Stimme, wie es dem Menschen geht. Wenn Sie länger mit einem Mitarbeiter zusammengearbeitet haben und Sie ihn besser kennen, können Sie auch am Klang seiner Stimme seine Gefühlslage erkennen.

Wenn ein Professional Angst, Stress oder Minderwertigkeitsgefühle hat, wird sich das häufig in entsprechenden Blockaden der Stimme äußern. Wenn Sie innerlich erregt sind, dann reagiert hierauf auch regelmäßig Ihre Stimme. Gerade in kritischen Mandanten- oder Mitarbeitergesprächen, wenn Sie nicht möchten, dass Ihr gegenüber Einblick in Ihre emotionale Verfassung hat, bringt dies Ihre Stimme zu Tage. Umgekehrt erkennen Ihre Gesprächspartner Ihre Kraft und Ihr Selbstwertgefühl, wenn sich Ihre Stimme frei und ihrer Natur gemäß im Körper und nach außen hin entfalten kann. Aus diesem Grund ist ein Stimmtraining immer auch ein Persönlichkeitstraining. Es kann sich keine „Stimme bilden“ und lässt sich keine Rhetorik trainieren, ohne dass Sie als Mensch nicht innerlich auch mitreifen. Die Arbeit an Ihrer Stimme, die Entwicklung und Entfaltung Ihres eigenen Stimmpotenzials geht immer auch mit einer geistig-körperlich-seelischen Entwicklung und Entfaltung einher. Sprechtechnische Übungen gehen aus diesem Grund Hand in Hand mit der Erweiterung der eigenen Ausdrucksfähigkeit.

Ihre Stimme ist genauso einzigartig wie Ihr Fingerabdruck. Ihre Präsentationsfolien können abgeschrieben werden. Auch Ihre Unterlagen können andere verwenden. Ihre Stimme hingegen gehört nur Ihnen. Sie ist nicht kopierbar. Ihre Stimme und Ihre Sprechweise sind immer individuell. Mit Ihrer Stimme verleihen Sie Ihrer Präsentation immer Ihren ureigenen Stil. Es kommt Ihre Persönlichkeit zum Ausdruck. Das Wort „Persönlichkeit“ kommt aus dem lateinischen Wortstamm „personare“, was übersetzt so viel bedeutet wie widerhallen, laut erschallen, seine Stimme erschallen lassen. Ihr Gegenüber schließt aus dem Klang Ihrer Stimme demnach meistens auf Ihre Persönlichkeit. Darüber hinaus assoziieren viele Menschen bestimmte Charakterzüge im Zusammenhang mit bestimmten Stimmqualitäten. Wenn Ihr äußeres Erscheinungsbild nicht zu Ihrer Akustik passt, dann haben Sie in der Wahrnehmung anderer Menschen ein Kompetenzproblem. Und Kompetenzprobleme kann sich ein Professional nicht leisten.

Wichtig ist also, wie Ihre Stimme wahrgenommen wird. Haben Sie schon einmal Ihre Stimme mit Ihrem Smartphone aufgenommen und sie sich angehört? Viele Menschen sind überrascht, wenn sie das erste Mal ihre aufgenommene Stimme hören. Viele Menschen assoziieren gewisse Charakterzüge mit bestimmten Stimmen. Spricht jemand beispielsweise recht langsam und bedächtig und macht lange Pausen, empfinden viele Menschen, dass so ein Mensch kein Lebenstemperament und kein Feuer hat. Oft wird so jemand als Schlaftablette bezeichnet. Die Stimme entscheidet bei einem Gespräch innerhalb von wenigen Sekunden darüber, ob und wie wir beim anderen ankommen. Welche Zu-stimmung, welchen An-klang, welches Echo wir erreichen.

Viele Forschungsergebnisse zeigen, dass Menschen mit warmer und tiefer Stimme lieber gehört werden als Menschen mit hoher, sich überschlagender Stimme. Tiefe Stimmen genießen häufig einen Vertrauensvorschuss und werden als kompetent, selbstsicher und glaubwürdig eingestuft. In Filmen haben beispielsweise der Nikolaus oder andere autoritäre Personen regelmäßig dunkle und sonore Stimmen. Diese Stimmen gelten als Merkmal für Weisheit und Macht. Schrille Piepsstimmen lösen dagegen unangenehme Gefühle beim Gegenüber aus. Eine leblose und schwache Stimme wirkt wie ein Einschlafmittel. Ein Professional wird keine starke Überzeugung und hohe Kompetenz ausstrahlen, wenn seine Stimme schwach und dünn ist. In diesem Fall denken seine Zuhörer, dass dem Professional das Thema ziemlich egal sein muss und es ihm an Qualifikation mangelt.

Die gute Nachricht an dieser Stelle ist, dass ihre Stimme veränderbar ist. Wer My Fair Lady kennt, weiß was Professor Higgins sagte: *„Wenn man einem Menschen eine neue Stimme gibt, gibt man ihm auch einen neuen Charakter.“* Ein Stimmtraining mit einfachen und regelmäßigen Übungen kann die Stimmbildung in kurzer Zeit wesentlich positiv beeinflussen. Im Mittelpunkt steht hierbei die Verbesserung der Atemtechnik mit dem Ziel, eine angenehme, vertrauensvolle und überzeugende Stimme zu erhalten. Ausgangspunkt ist dabei die Bauchatmung. Bereits im Kapitel mentales Training wurde das psychogene Atem- und Stimmtraining erwähnt. Die nachfolgende Stimmübung zur Verbesserung ihrer Stimmqualität stammt von Nikolaus B. Enkelmann und seiner Audiodatei „Ein positiver Tag beginnt“.

Praxistipp:

1. Atmen Sie aus und atmen Sie ein und sprechen Sie jeden einzelnen Buchstaben mit lauter Stimme bis Ihnen der Atem ausgeht: **I-E-A-O-U**. Behalten Sie die Reihenfolge bitte ein. Mit dem Buchstaben „I“ beginnen wir mit der höchsten Frequenz. Legen Sie Ihre Hand auf den Kopf und Sie fühlen ein leichtes Vibrieren. Durch das Sprechen dieses Buchstabens wird der Kopfbereich besser durchblutet und mit mehr Energie versorgt. Das „E“ aktiviert den Halsbereich. Wenn Sie Ihre Hände an die Kehle legen, können Sie das spüren. Das „A“ mit einem weit geöffneten Mund wirkt sich positiv auf den Brustbereich aus. Das „O“ wirkt sich auf den Oberbauch aus. Mit dem „U“ wird der untere Bauchbereich mit Energie versorgt. Sprechen Sie diese Buchstabenkombination fünfmal hintereinander. Wenn Ihnen Ihre Stimme zu hell erscheint, sprechen Sie mehrmals das „U“ täglich. Außerdem können Sie Texte im Flüstern ablesen, um eine tiefere Stimme zu bekommen.
2. Atmen Sie aus und atmen Sie ein und summen leise mit geschlossenen Lippen: **MMMM**. Wenn Ihnen der Atem ausgeht, wiederholen Sie diese Übung mit jeweils mehr Kraft dreimal. Beim dritten Mal geben Sie die größtmögliche Kraft in Ihr MMMM. Spüren Sie die starke Vibration im Brust- und Bauchraum? Diese Übung trainiert diesen Bereich.

3. Die nächste Übung trainiert die Aussprache. Sie führt zu einer kraftvollen, ausdrucksstarken Aussprache. Atmen Sie aus und atmen Sie ein und sprechen Sie dann das Zungen-R: **RRRRRRR**. Sprechen Sie laut und mit einem total übertriebenen „R" folgende Worte: Reiben, rollen, raffen, reisen, reich, Rebe, Erfolg, wir, wirr, irr, verirren etc.
4. Beenden Sie das Stimmtraining mit der **Tarzan-Übung**. Das ist nicht nur eine Atem- und Stimmübung, sondern eignet sich auch als Prophylaxe gegen Erkältungen. Sie atmen wieder aus und tief ein. Ballen Sie Ihre Hände zu Fäusten. Nun sprechen Sie langsam die Buchstaben der ersten Übung. Während Sie einen Buchstaben sprechen, trommeln Sie mit Ihren Fäusten auf dem oberen Brustansatz. Nicht in Schulterhöhe oder zu nah am Hals.

Notieren Sie nach drei Monaten Übung, was sich an Ihrer Stimme verändert hat mit welchem Maße:

- Stimmlage
- Sprechtempo
- Lautstärke der Stimme
- Volumen
- Aussprache
- Klangfarbe (Timbre)
- Modulation
- Überzeugungskraft

Wenn Sie das Stimmtraining mit dem mentalen Training verbinden wollen, dann empfehle ich Ihnen folgende Autosuggestion von Nikolaus B. Enkelmann:

„Ich bin fest entschlossen, die Chancen meines Lebens zu nutzen.

Wer erfolgreich sein will, muss im Sprechen beherrscht und im Tonfall seiner Stimme absolut sicher sein.

Ich weiß, dass für die Macht der Sprache die innere Sicherheit ausschlaggebend ist.

Das ist eine Frage des Vertrauens zur eigenen Kraft. Ich kann im Sprechen nur dann sicher sein, wenn ich innerlich sicher bin. Ich bin sicher, vollkommen sicher und frei von allen Hemmungen!"

Das Atem- und Stimmtraining ist die Basis für eine erfolgreiche Gesprächsführung.

2. Training zur Verbesserung der Gesprächsführung

Für Professionals sind Gespräche mit folgenden Personengruppen zu unterscheiden:

- Mandantengespräche
- Mitarbeitergespräche

Die erfolgreiche Gesprächsführung ist in beiden Fällen wichtig für den beruflichen Erfolg. Für ein erfolgreiches Privatleben sind die Gespräche mit dem Lebenspartner, der Familie und Freunden ausschlaggebend. Worte können motivieren oder demotivieren. Worte können helfen Ziele zu erreichen oder sie zu verfehlen. Worte können Mandanten und Mitarbeiter überzeugen, begeistern oder zum Verlust der Mandatsbeziehung oder des Mitarbeiters führen. Worte können Menschen verbinden oder entzweien. Worte können Mitarbeiter zu außergewöhnlichen Leistungen beflügeln oder der Keim für Misserfolge sein. Jedoch besteht Kommunikation keinesfalls nur aus Worten. Auch Schweigen, Körpersprache, Handeln oder Nicht-Handeln haben einen Mitteilungscharakter. Eine wirksame Kommunikation ist besonders wichtig, wenn Menschen Ziele erreichen wollen. Sei es beruflich oder privat. Wie aber kommuniziert man wirksam? Im Mittelpunkt einer erfolgreichen Gesprächsführung steht die wirksame Kommunikation von Menschen.

Inhalts- und Beziehungsebene unterscheiden

Unter einer wirksamen Kommunikation wird eine Kommunikation verstanden, die zu einem bestimmten Ziel führt. Hierzu gehört nicht nur das Akquisitions- oder Mitarbeitergespräch, sondern auch der Small Talk, der in der Regel eine Beziehung zwischen den Gesprächspartnern aufbauen will. In der Kommunikationspsychologie wird zwischen Inhalts- bzw. Sachebene und Beziehungsebene unterschieden.

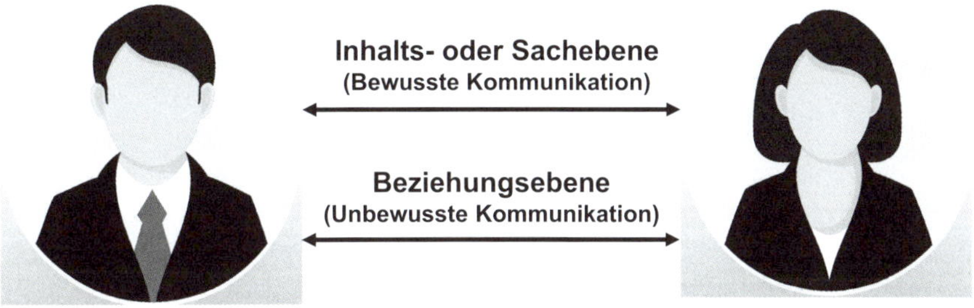

Abb. 35 Inhalts- oder Sachebene und Beziehungsebene in der Kommunikation

Auf der Inhaltsebene oder Sachebene werden in der Kommunikation „objektiv" überprüfbare Tatsachen rationalen Inhalts wie z.B. Termine, Beschäftigungsdauer etc. übermittelt. Auf der Inhaltsebene bleibt das emotionale Wechselspiel der Kommunikationspartner – im Gegensatz zur Beziehungsebene – außen vor. Als Beziehungsebene wird in der Psychologie die Qualität der zwischenmenschlichen Zusammenarbeit im Sinne der intuitiven, gefühlsmäßigen und sozialen inneren Verbundenheit bezeichnet, mit deren Hilfe sich Menschen außerhalb der Inhaltsebene verbunden fühlen. Es ist zunächst einmal wichtig zu erkennen, dass sowohl auf einer Inhalts- als auch auf einer Beziehungsebene kommuniziert wird. Der weitaus größere Anteil in der Kommunikation läuft unbewusst auf der Beziehungsebene ab. Wer glaubt ausschließlich verbal zu kommunizieren, verkennt, dass der Gesprächspartner ebenfalls die Körpersprache, hierzu gehört auch die Stimme, bewusst und unbewusst ebenfalls wahrnimmt. Das Sprichwort sagt: „Der Ton macht die Musik."

Wer ein Menschenbild hat, das geprägt ist von Respekt, Toleranz und Akzeptanz, tritt seinem Gesprächspartner anders gegenüber als jemand, der sich seinem Gesprächspartner überlegen fühlt. Arroganz und Überheblichkeit töten jede Kommunikation. Wer glaubt, dass der Zuhörer nicht spürt, ob ihm Respekt gegenüber erbracht wird, irrt. Menschen, die Vertrauen gewinnen wollen, sollten authentisch sein. Authentische Menschen sind wahrhaftig und ehrlich. Sie sind so, wie sie sind. Egal, ob in einem Meeting mit einem Mandanten, bei einem Vortrag, in einem Beurteilungs- oder Bewerbungsgespräch oder im Privatleben.

Ein wichtiger Grundsatz einer wirksamen Kommunikation ist die Ziel- bzw. Ergebnisorientierung statt einer Problemorientierung in einem Gespräch. Die richtigen Fragen helfen hier beispielsweise, fokussiert Gespräche vorzubereiten. Wer die folgenden Fragen vor einem Gesprächstermin mit (potenziellen) Mandanten oder (potenziellen) Mitarbeitern schriftlich beantwortet, hat damit einen wesentlichen Beitrag zu einer effektiven und effizienten Gesprächsführung geleistet.

1. **Zielvorstellung ermitteln**
   - Was will ich erreichen?
   - Warum gehe ich dorthin?
2. **Zuhörer und seine Erwartungen kennen (Analyse)**
   - Was will mein Gesprächspartner erreichen und welche Ziele verfolgt er?
   - Welche Gemeinsamkeiten gibt es?
   - Welche Unterschiede gibt es?
3. **Richtige Vorgehensweise festlegen (Lösungen)**
   - Worüber spreche ich?
   - Welches ist die beste Aussage, um an mein Ziel zu kommen?
   - Mögliche Einwände meines Gesprächspartners?
   - Mögliche Antworten auf die Einwände meines Gesprächspartners?
4. **Aufhänger zur Gesprächseröffnung finden**
   - Wie kann ich das Gespräch eröffnen?
   - Welche gemeinsamen Interessen gibt es?
5. **Aufforderung zur Handlung**
   - Was ist von wem bis wann zu veranlassen?
   - Was sind die nächsten Schritte?

Zum Ende eines Gesprächs sollten die wesentlichen Ergebnisse, im Geschäftsleben möglichst schriftlich, zusammengefasst werden.

Empathie als Schlüssel zum Erfolg

Schon Henry Ford sagte: „Das Geheimnis des Erfolges ist es, den Standpunkt des anderen zu verstehen." Die Kommunikationspsychologen würden dies heute als die Fähigkeit eines Menschen bezeichnen, empathisch zu sein. Als Empathie bezeichnet man die Fähigkeit eines Menschen, einen anderen Menschen von außen möglichst ganzheitlich zu erfassen, dessen Gefühle zu verstehen, ohne diese jedoch notwendigerweise auch teilen zu müssen, und sich damit über dessen Verstehen und Handeln klar zu werden (vgl. http://de.wikipedia.org/wiki/Empathie). Man könnte es auch umgangssprachlich formulieren: Die Welt des anderen verstehen! Einfühlungsvermögen ist der Schlüssel zum Erfolg. Wer eine Beziehung zu seinem Gesprächspartner aufbauen kann, gewinnt die Sympathie des anderen. Dies bedeutet auch, dass man sich ehrlich für den anderen interessieren muss. Empathie ist eine zentrale Eigenschaft von Personen, die im Rahmen eines Gesprächs eine sog. Win-win-Situation herstellen können.

Win-win-Situation herstellen

Kernelement einer Win-win-Gesprächsstrategie ist die Auseinandersetzung mit den Interessen des anderen. Dies führt im Ergebnis dazu, dass die Gesprächspartner eine Diskussion auf der Sachebene führen und sich nicht in ihren Ängsten und Befürchtungen oder gegenseitigen Kränkungen und Schuldzuweisungen verwickeln lassen. Es müssen Punkte gefunden werden, die zum Vorteil für beide Gesprächspartner sind. Wer nur darauf bedacht ist, seine eigenen Interessen durchzusetzen, nur seine eigenen Vorteile sieht, darf sich nicht wundern, wenn am Ende eines Gesprächs keine Einigung gefunden wurde. Ein zentrales Element einer erfolgreichen Win-win-Strategie besteht darin, dass man in der Lage ist, ein Wir-Gefühl herzustellen. Beide Gesprächspartner müssen sich am Ende bei den vereinbarten Punkten wiederfinden.

Positive Sprache und konstruktive Kritik

Wer kennt nicht auch Menschen, die alles negativ sehen? Die Mundwinkel dieser Zeitgenossen sind meist tief nach unten gezogen. Lächeln und Lachen sind diese Menschen oft fremd. Die hervorstechende Eigenschaft dieser Menschen ist Kritik. Aber keine positive oder konstruktive Kritik, sondern negative Kritik. Diese negative Geisteshaltung zeigt sich in einer negativen Sprache. Aber eine negative Sprache führt nicht zu einer wirksamen Kommunikation. Eine positive Sprache ist ein wichtiger Grundsatz für eine wirksame Kommunikation. Kritik sollte konstruktiv und zukunftsorientiert sein. Viele Menschen können stundenlang über Fehler oder negative Ereignisse in der Vergangenheit diskutieren. Entscheidend ist jedoch, dass Fehler oder negative Ereignisse in der Vergangenheit, Hinweise für Verbesserungen in der Zukunft sind. Wer einen Fehler gemacht hat, möchte nicht dauernd von seinem Gesprächspartner auf diesen Fehler hingewiesen werden. Er weiß selbst, dass er etwas falsch gemacht hat. Konstruktive Kritik äußert sich demnach darin, dass die Gesprächspartner darüber reden, wie in Zukunft Fehler vermieden werden können und was genau zu tun ist, um in der Zukunft das gewünschte Ergebnis zu erreichen. Was aber zeichnet außergewöhnlich gute Kommunikatoren aus, die Gesprächserfolge zu verzeichnen haben?

Aktives Zuhören praktizieren

Sie können sehr gut zuhören! Zuhören ist die zentrale Aufgabe und Eigenschaft eines Professionals, der außergewöhnlich gut mit anderen kommunizieren kann. Wer nicht zuhört, wird kaum in der Lage sein, die Interessen des anderen herauszufinden. Wer genau zuhört, wird die für den Gesprächserfolg so wichtigen „Win-Punkte" des Gesprächspartners finden. Wie aber kann man lernen, ein besserer Zuhörer zu werden? Indem man das so genannte „aktive Zuhören" im Rahmen eines Gespräches praktiziert. Ein Mensch, der aktiv zuhört, ist in der Lage, das Gesagte des Gesprächspartners in eigenen Worten wiederzugeben. Wer danach seinen Gesprächspartner fragt, ob er ihn so richtig verstanden habe und eine positive Bestätigung abwartet, kann sicher sein, dass der andere sich verstanden fühlt.

In 5 Schritten zu einer wirksamen Kommunikation

Es wurden bereits einige wichtige Eigenschaften und Aufgaben von wirksamen Kommunikatoren dargestellt. Die in der folgenden Abbildung dargestellten 5 Schritte dienen Professionals als Handlungsleitfaden, die besonders effektiv und effizient kommunizieren wollen.

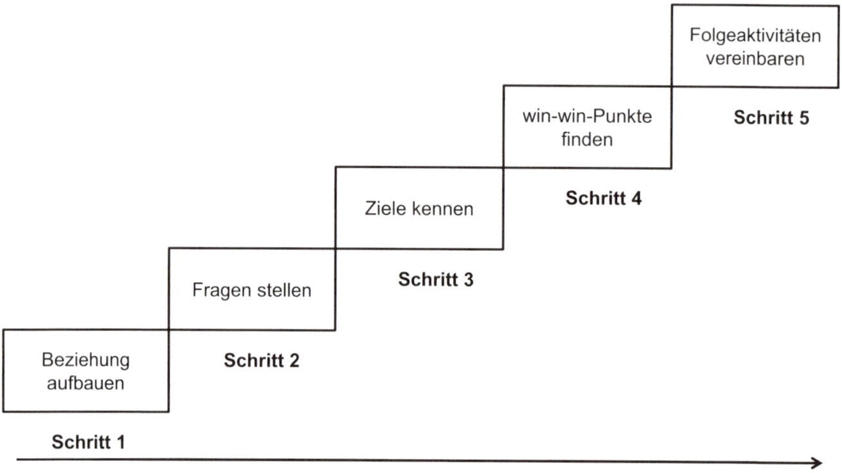

Abb. 36 In fünf Schritten zu einer wirksamen Kommunikation

Schritt 1:

Im ersten Schritt müssen Sie eine Beziehung zu dem jeweiligen Gesprächspartner aufbauen. Dies setzt voraus, dass der andere Gesprächspartner Sie zumindest so sympathisch findet, dass er Ihnen zuhört. Menschen mit Charme haben es hier leichter als Gesprächsmuffel. Lächeln verbindet. Im Grunde geht es in dieser Phase darum, den richtigen Draht zum anderen zu finden. Umgangssprachlich sagt man häufig, wenn man sich mit seinem Gesprächspartner besonders gut versteht, dass man mit ihm auf einer Wellenlänge ist. Menschen, die in Resonanz sind, nehmen im Verlauf eines Gesprächs die Körperhaltung, Gestik und Mimik, bisweilen auch die Atmung sowie die Stimmlage und Tonalität des Gesprächspartners an. Dies geschieht meist unbewusst. Wer einmal ein frisch verliebtes Paar in der Öffentlichkeit beobachtet hat, stellt sehr schnell fest, dass diese Paare oft eine identische Körperhaltung einnehmen. Im Fachjargon des Neurolinguistischen Programmieren (NLP) nennt man dieses Phänomen „Pacing" (Spiegeln) im Rahmen des „Rapport". Treten Menschen miteinander in Kontakt, passt sich in der Regel meist unbewusst ihre verbale und nonverbale Kommunikation einander an. Je positiver der Kontakt durch den Einzelnen bewertet wird, desto stärker ist seine Anpassung an den anderen. Um Rapport herzustellen, kann man sich einfühlsam und mit Respekt an die Körpersprache des anderen anpassen, also die Körpersprache spiegeln.

Schritt 2:

Wer fragt, der führt. Die richtigen Fragen sind entscheidend für den Gesprächserfolg. Es gibt eine Vielzahl unterschiedlicher Fragekategorien, auf die gleich noch intensiver eingegangen wird. Vor dem Hintergrund der nachfolgenden Schritte 3 und 4 sollten die Fragen so formuliert sein, dass Sie die Ziele Ihres Gesprächspartners klar und eindeutig benennen können und die entscheidenden Win-Punkte Ihres Gegenübers identifiziert haben. So genannte offene Fragen, die nicht nur mit Ja oder Nein beantwortet werden können, helfen hier weiter. Es bedarf mehrerer Sätze, um eine offene Frage zu beantworten. Folgende Fragen sind offene Fragen, die beispielsweise entscheidend für den Verhandlungserfolg sein können:

- Was genau müsste gegeben sein, damit Sie dieser Vereinbarung oder diesem Punkt zustimmen können? Oder:
- Unter welchen Voraussetzungen stimmen Sie dieser Vereinbarung zu?

Wenn Sie jetzt genau zuhören und wirklich alle Punkte, die zu einer Zustimmung ihres Gesprächspartners führen, kennen, dann gilt es nur noch zu prüfen, ob Sie diese Punkte erfüllen können bzw. wollen. Wenn ja, haben Sie das Gesprächsziel erreicht.

Schritt 3:

Sie müssen die Ziele ihres Gesprächspartners kennen, um die entscheidenden Win-win-Punkte im Schritt 4 zu finden. Nur wenn Sie genau wissen, was Ihr Gesprächspartner will, können Sie eine Win-win-Gesprächsstrategie vorbereiten. Die wahren Ziele des Gesprächspartners legt dieser jedoch nicht immer offen. Oft sagen Menschen etwas, meinen aber etwas ganz anderes. Manchmal wissen Menschen auch nicht einmal genau, was sie wollen. Hier erkennen Sie, wie wichtig Schritt 2 für den Gesprächserfolg ist. Nur wer fragt, hat die Chance, die Ziele des anderen zu erforschen.

Schritt 4:

Verhandlungen bestehen regelmäßig aus Kompromissen. Wer stur auf seinem Standpunkt beharrt, sollte nicht verwundert sein, wenn sich der andere sperrt. Eine wirksame Kommunikation ist dann nicht mehr möglich. In dem Moment, bei dem jede Partei mit dem vereinbarten Ergebnis zufrieden ist, mithin die für die jeweilige Partei entscheidenden Punkte realisiert werden können, kommt eine Vereinbarung zu Stande. Es liegt eine so genannte Win-win-Situation vor.

Schritt 5:

Zumindest im Geschäftsleben bedarf es regelmäßig einer schriftlichen Dokumentation der getroffenen Vereinbarung zwischen den Vertragspartnern. Es gilt also, die vereinbarten Ergebnisse in einen Vertrag zu überführen. Aber auch bei Mitarbeitergesprächen oder im Rahmen von Projekten soll das Vereinbarte zu (Folge-)Aktivitäten führen. Ein wirksames und erfolgreiches Gespräch kann daran erkannt werden, dass eine Folgeaktivität vereinbart wird. Ein Gespräch, das nicht zu einer Handlung führt, war nicht erfolgreich. Es folgt nämlich nichts mehr auf das Gespräch.

Wer effektiv und effizient kommunizieren kann, verwendet eine bildhafte Sprache und bringt es auf den Punkt. Hierzu gehört eine einfache, klare, verständliche und prägnante Sprache. Wer kompliziert denkt, drückt sich zumeist auch kompliziert aus. Wer viele Fremdwörter und Fachbegriffe in Gesprächen verwendet, die sein Gesprächspartner nicht kennt, darf nicht überrascht sein, wenn er nicht verstanden wird. Wer also verstanden werden will, sollte die Sprache seines Gesprächspartners sprechen. Und dies gilt nicht nur bei Auslandsaufenthalten.

Schlagfertigkeit in kritischen Gesprächssituationen

Die meisten von uns hatten in ihrem Berufsleben oder Privatleben schon Situationen, in denen eine schlagfertige Antwort nicht sofort greifbar war und einem im Nachhinein dann auf einmal die Sätze und Fragen einfallen, die wir hätten sagen sollen. Zu einem Training zur Verbesserung der Gesprächsführung gehört auch ein Training zur Steigerung der Schlagfertigkeit. Schlagfertigkeit hilft kritische Gesprächssituationen oder Verhandlungen erfolgreich zu Ende zu führen. Matthias Pöhm hat bereits in den 90er Jahren des vorangegangenen Jahrhunderts das Thema Schlagfertigkeit in den Mittelpunkt als Rhetoriktrainer gestellt. Er unterscheidet dabei in seinem Buch, *„Das NonPlusUltra der Schlagfertigkeit: Die besten Techniken aller Zeiten*“, drei Bereiche der Schlagfertigkeit:

- Erwiderungsfertigkeit
- Witzfertigkeit und
- Diskussionsfertigkeit

Bei der Erwiderungsfertigkeit erfolgt auf einen Verbalangriff ein versteckter Gegenangriff. Bei der Witzfertigkeit machen wir witzige Bemerkungen zu Aussagen oder in Situationen. Wenn es einem Menschen gelingt, sich in einer Verhandlung, einem Meeting oder einer Diskussion souverän zu verkaufen, dann empfinden wir diesen Menschen ebenfalls als schlagfertig und Pöhm nennt dies Diskussionsfertigkeit. Dies ist für Professionals die wichtigste Art der Schlagfertigkeit. Pöhm zeigt in seinem Buch eine Vielzahl von Techniken, die einem Professional sowohl im Berufsleben als auch im Privatleben helfen schlagfertiger und erfolgreicher in der Gesprächsführung mit anderen zu sein. Zunächst einmal stellt er vier einfache Regeln der Schlagfertigkeit auf, wobei er Schlagfertigkeit mit Souveränität gleichsetzt:

Regel 1: Wiederholen Sie den Namen des Gesprächspartners bzw. Angreifers: Sie verstärken eine Antwort, wenn Sie den Namen des Angreifers noch einmal wiederholen. Das wirkt souverän.

Regel 2: Schauen Sie Ihrem Gegenüber mit stabilem Blick in die Augen. Allein durch einen festen, souveränen Blick wirken Sie nonverbal schon als Sieger. Nachdem Sie die

Frage beantwortet haben, ziehen Sie den Blick vom Angreifer. Sie entziehen ihm quasi nonverbal das Wort.

Regel 3: Halten Sie sich aufrecht. Richten Sie sich „baumstammmäßig“ gerade auf.

Regel 4: Sprechen Sie laut. Wer seine Meinung laut kundtut, der wirkt selbstbewusst und souverän.

Damit Ihre Antwort souverän wirkt, sollten Sie zusammenfassend demnach laut sprechen, sich aufrecht halten, Ihren Gegenüber intensiv anschauen und den Blick nach der Antwort sofort wegziehen. Dies gilt jedoch nur für Gesprächssituationen, in denen Sie Angriffe erwidern und mehrere andere Gesprächsteilnehmer dabei sind.

Viel häufiger gibt es jedoch für Professionals einzelne Gesprächssituationen gegenüber Mandanten und Mitarbeitern, bei denen Sie den anderen für eine bestimmte Sache überzeugen wollen. Das können Akquisitionsgespräche von Mandanten und Mitarbeitern sein oder auch Gespräche, wo Sie einen Mandanten oder Mitarbeiter für etwas anderes begeistern und überzeugen wollen. Im Folgenden habe ich ausgewählte Techniken von Matthias Pöhm auf typische Gesprächssituationen von Professionals übertragen, die Sie bei einer erfolgreichen und schlagfertigen Gesprächsführung anwenden können. Folgende Abbildung zeigt zunächst einmal im Überblick mögliche Techniken:

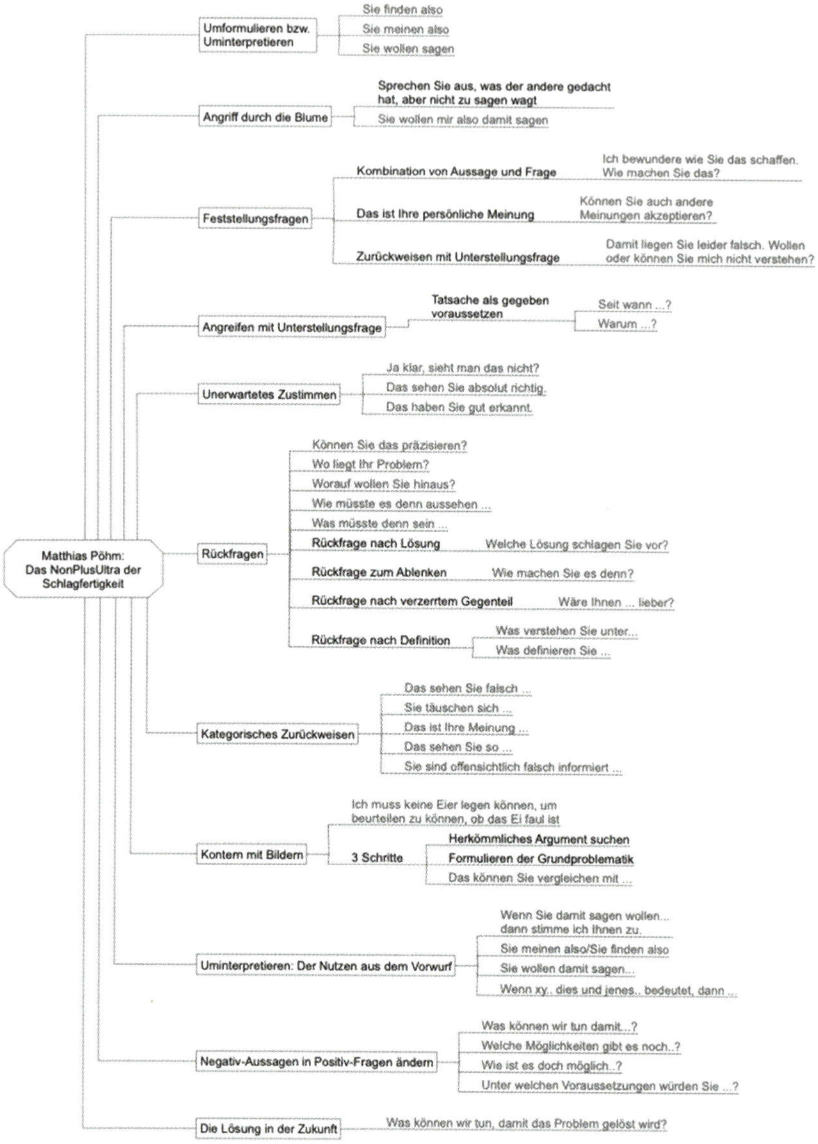

Abb. 37 Ausgewählte Techniken der Schlagfertigkeit von Matthias Pöhm

Beispiel
Bei Mandanten kommt es u.a. regelmäßig zu folgenden Einwänden bei Auftragsakquisitionsgesprächen:

- Ihr Angebot ist zu teuer!
- Sie haben nicht die notwendige Expertise für diese Aufgabe in Ihrem Unternehmen!
- Ihr Unternehmen ist für diesen Auftrag zu klein.
- Sie haben nicht die notwendigen Kapazitäten für diesen Auftrag.
- Der Wettbewerber XY ist billiger als Ihr Unternehmen!

Bei allen zuvor genannten Einwänden können Sie beispielsweise mit folgenden Techniken antworten:

- **Umformulieren bzw. Uminterpretieren:**
  Sie meinen also, wenn das Angebot aus Ihrer Sicht preiswert wäre, würden Sie es annehmen?
  Sie meinen also, wenn wir Ihnen zeigen könnten, dass wir die notwendige Expertise haben, würden Sie uns den Auftrag erteilen?

Oder

- **Lösungsorientiert:**
  Wie müsste denn das Angebot sein, damit Sie es annehmen?
  Welche Expertise genau suchen Sie?
  Wie groß müsste denn der Auftragnehmer sein, dass Sie den Auftrag erteilen?

In beiden Fällen ist es das Ziel herauszufinden, wie genau das Angebot sein müsste, dass es der Mandant annimmt. Wichtig ist, dass Sie möglichst alle Einwände kennen bzw. herausfinden. Denn oft wird „teuer“ nur vorgeschoben und es gibt weitere Einwände. Deshalb sollten Sie dann immer auch folgende Frage in diesen Gesprächssituationen stellen:

- Wenn wir also die notwendigen Kapazitäten nachweisen könnten, würden Sie uns den Auftrag erteilen?
- Gibt es weitere Voraussetzungen, die erfüllt sein müssen, damit Sie uns den Auftrag erteilen?

Finden Sie **alle** Voraussetzungen heraus, die erfüllt sein müssen, damit der Auftrag erteilt wird und stellen dann final folgende Frage:

- Wenn also alle diese Voraussetzungen erfüllt sind, dann bekommen wir den Auftrag?

Der Mandant muss jetzt ein Ja aussprechen. Wenn er das nicht tut, wiederholen Sie die Frage. Erst, wenn er Ihnen zustimmt, beginnen Sie darzustellen, wie Sie die Voraussetzungen erfüllen werden. Sind dann unerfüllbare Voraussetzungen dabei, prüfen Sie, ob Sie durch Kooperation mit anderen Berufskollegen die Voraussetzungen erfüllen können.

Diese Techniken sollen einen Beitrag für eine wirksame Kommunikation leisten, wobei wirksam gleichbedeutend mit erfolgreich im Sinn einer ergebnisorientierten Gesprächsführung ist. Das Training zur Verbesserung der Gesprächsführung ist nicht nur im beruflichen Alltag wichtig. Denken Sie an die vielen Gesprächssituationen mit Ihrem Lebenspartner, Kindern, Freunden und generell im Alltag. Die richtigen Worte und Fragen sind entscheidend für den Ausgang eines Gesprächs. Eine gute Technik, um Kinder zu motivieren, ist die sogenannte **Alternativfrage**. Sie geben bestimmte Alternativen vor, die immer zum gleichen Ergebnis führen. Wollen Sie beispielsweise, dass ihr Kind abends ins Bett geht, das Kind jedoch noch spielen will, stellen Sie folgende Frage: „Magst du noch mit X oder mit Y spielen bevor du ins Bett gehst?“ In beiden Fällen geht es danach für das Kind ins Bett. Das gleiche funktioniert, wenn Sie mit Ihrem Lebenspartner in ein Restaurant essen gehen wollen. „Magst du mit mir heute Abend in ein italienisches Restaurant oder in ein deutsches Restaurant essen gehen?“ In beiden Fällen geht es in ein Restaurant und das Ziel, mit ihrem Partner auszugehen, ist schlussendlich erreicht.

Die Alternativfrage können Sie natürlich auch bei beruflichen Situationen anwenden. Sie wollen, dass der Mandant auf jeden Fall einen Auftrag erteilt. Es könnte beispielsweise um eine Unternehmensbewertung gehen. In Abhängigkeit vom Leistungsumfang variieren die Honorare. Ein volles Gutachten nach IDW S 1 ist beispielsweise teurer als eine kurze Stellungnahme zu sogenannten indikativen Werten. In diesem Fall wäre die Alternativfrage wie folgt: „Wollen Sie ein volles IDW S 1-Gutachten beauftragen oder reicht Ihnen auch eine grobe Schätzung des Unternehmenswertes auf einer indikativer Basis?“ Die Antwort auf diese Frage ist in jedem Fall eine Auftragserteilung. Nur der Leistungsumfang variiert.

Ich habe die Technik der Alternativfrage bereits während meines Studiums kennengelernt. Meine damalige Freundin arbeitete als Hotelfachfrau in einer Bar in einem Hotel. Da sie bei größeren Umsätzen regelmäßig auch mehr Trinkgeld erhielt, hatte ich ihr geraten ihren Gästen folgende Frage zu stellen, wenn die Gläser leer waren: „Wollen Sie noch ein Glas Bier oder darf es dieses Mal ein Whisky sein?“ Sie variierte die Technik mit beliebig vielen Getränken. In jedem Fall stand das Ergebnis bereits vorher schon fest. Die Gäste haben noch einmal bestellt. Ihr Trinkgeld und ihr Einkommen erhöhten sich durch die Technik der Alternativfrage wesentlich. Achten Sie in Zukunft einmal darauf, wenn Sie ein Restaurant oder eine Bar besuchen. Die meisten Bedienungen fragen lediglich, ob sie noch etwas bringen dürfen. Diese Frage können Sie mit Ja oder Nein beantworten. Eine ungeschickte Frage, wenn man noch etwas verkaufen will.

3. Rede- und Präsentationstraining

Die dritte Ebene betrifft das **Redetraining** im engeren Sinne. Erfahrene Redner wissen, dass man Reden nur durch reden lernt. Auch hier gilt die im Sport bekannte Devise: Übung macht den Meister. Ein gutes Rhetoriktraining gibt aus diesem Grund den Teilnehmern neben dem Stimmtraining und dem Training der Gesprächsführung auch genügend Gelegenheit ihre Redetechnik durch praktische Übungen im Seminar zu verbessern.

Erfolgreiche Manager und Unternehmer verfügen über überdurchschnittliche rhetorische Fähigkeiten. Diese Fähigkeiten sind von exzellenten Rhetorikern in wenigen seltenen

Fällen unbewusst durch positive Imitation übernommen wurden; in den meisten Fällen steckt dahinter ein kontinuierliches und regelmäßiges Rhetoriktraining. Eine positive Nebenwirkung bei einem Rhetoriktraining auf diesen drei Ebenen besteht darin, dass Sie Ihre Gedanken klarer und besser strukturieren lernen. Denn: Unklares Denken erzeugt unklares Sprechen und ist in der Regel eine wichtige Ursache mangelhafter Ergebnisse.

Präsentationen mit PowerPoint

Bei geschäftlichen Besprechungen, Präsentationen von Projekten, Schulungen, Vorträgen und Reden werden heutzutage regelmäßig von den Vortragenden PowerPoint-Folien eingesetzt. Viele Gesellschaften haben genaue Regeln aufgestellt, wie die Folien formatiert sein müssen. Mit Akribie wird darauf geachtet, dass das Logo an der richtigen Stelle ist und die Schriftgröße exakt den firmeninternen Vorgaben entspricht. Im Vordergrund der Präsentation steht die optimierte Folie und nicht der Redner. Die Anlässe für Präsentationen anhand von PowerPoint-Folien sind für Professionals mannigfaltig. Dazu gehören unter anderem:

- Auftragsakquisitionen
- Ergebnispräsentationen bei Abschlussprüfungen oder anderen Beratungsprojekten
- Schulungen
- Vorträge
- Reden
- Mitarbeiterbesprechungen
- Beirats- und Aufsichtsratssitzungen

Die entscheidende Frage in Zusammenhang damit, ob ein Redner PowerPoint bei diesen Präsentations-Anlässen einsetzen soll, lautet: **Welche Funktion sollen die PowerPoint-Folien haben?** Wer beispielsweise bei einem Bewertungsprojekt über seine Bewertungsergebnisse informieren will, wird feststellen: Kurz nachdem der PowerPoint-Foliensatz als so genanntes „Hand-out" ausgeteilt wurde, werden die Teilnehmer den Ausdruck durchblättern und sich sofort auf die Bewertungsergebnisse konzentrieren. Es wird den meisten Professionals nicht gelingen, dass die Teilnehmer jetzt noch aufmerksam Folie für Folie den Ausführungen des Vortragenden lauschen.

Wer andererseits im Rahmen einer Auftragsakquisition gezielt PowerPoint einsetzt, um ausführlich sein Unternehmen, die Leistungen sowie die Gründe, weshalb die Leistungen des Unternehmens besser als die der Wettbewerber sind, zu erläutern, sollte nicht überrascht sein, wenn er den Auftrag nicht erhält. Der Vortragende hat nämlich in diesem Fall von sich auf das Unternehmen abgelenkt und damit nicht erkannt, dass er die entscheidende Person für die Auftragserteilung ist und das auf den Folien dargestellte Unternehmen oft nur zweitrangig ist.

Genauso verhält es sich bei Vorträgen, Reden und Mitarbeiterbesprechungen. In diesen Fällen soll regelmäßig motiviert, informiert und schließlich Verhaltensänderungen oder Aktivitäten initiiert werden. Wirkungsvolle Präsentationen, die die gewünschten Ziele erreichen, gelingen in diesen Fällen oft besser ohne PowerPoint.

Es soll nicht an dieser Stelle der falsche Eindruck erweckt werden, dass ich grundsätzlich gegen PowerPoint bin. Ich möchte lediglich sensibilisieren, dass PowerPoint in vielen Fällen nicht zum gewünschten Ergebnis einer Präsentation führt. Da Sie vermutlich schon lange keine Präsentation mehr erlebt haben, die nicht mit PowerPoint unterstützt wurde, führt dies seit Jahren zu einem bestimmten Herdentrieb bei allen Professionals. Alle nutzen PowerPoint, demnach ist PowerPoint state-of-the-art und ich nutze ebenfalls PowerPoint bei Präsentationen. Jedoch nicht immer! Mir geht es hier vielmehr um den richtigen Einsatz von PowerPoint.

Woran erkennt man aber eine wirkungsvolle Präsentation? Hierzu bietet es sich zunächst einmal an, die wesentlichen Eigenschaften und Merkmale einer wirkungsvollen Präsentation sowie des Redners zu untersuchen. Dazu gehören unter anderem:

- Wirkungsvolle Präsentationen bleiben in Erinnerung und sind überzeugend.
- Sie sind interessant und kurzweilig.
- Sie sprechen die linke und rechte Gehirnhälfte der Zuhörer an.
- Sie sind frei vorgetragen und nicht abgelesen.
- Sie enthalten viele persönliche Beispiele.
- Der Redner ist authentisch und sympathisch.
- Der Redner erzeugt ein Lachen, zumindest ein Lächeln.
- Die Zuhörer hören von Anfang bis zum Ende aufmerksam zu.
- Der Redner informiert und motiviert.
- Der Redner spricht die Gefühle der Zuhörer an.
- Der Redner steht im Mittelpunkt des Vortrags, nicht der Power-Point-Foliensatz.

Summa Summarum kommt es demnach für eine wirkungsvolle Präsentation auf eine Vielzahl einzelner Eigenschaften und Merkmale an. Ich wiederhole: Reden lernt man schlussendlich nur durch Reden. Übung macht den Meister. Dabei helfen Videoaufzeichnungen und Feedback von nachweislich selbst redeerfahrenen Trainern weiter. Wer jedoch die nachfolgenden Punkte bei seinen Vorträgen und Präsentationen beachtet, wird schnell wesentlich mehr Wirkung bei seinen Präsentationen als in der Vergangenheit erzielen

Die folgenden sieben Schritte führen zu wirkungsvollen Präsentationen:

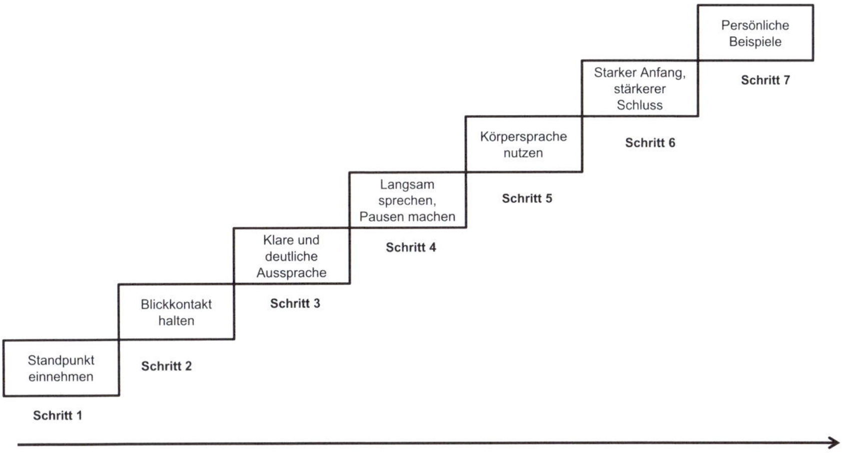

Abb. 38 In sieben Schritten zu einer wirkungsvollen Präsentation

Schritt 1: Standpunkt einnehmen

Die Nervosität vieler Redner führt dazu, dass sie „weite Wege“ während einer Präsentation gehen. Sie laufen vor und zurück und von links nach rechts. Sie sind dauernd in Bewegung. Getreu dem Motto: „Bloß nicht stillstehen; es könnte sich ein Gedanke, den man vorträgt vielleicht beim Zuhörer setzen.“ Wer wirkungsvoll präsentieren will, sollte einen Standpunkt einnehmen. D.h. jedoch nicht, dass er 45, 60 oder gar 90 Minuten ausschließlich nur auf einer Stelle stehen sollte. Wer einen neuen Gedanken beginnt, kann durchaus zur Wirkungssteigerung an eine andere Stelle laufen. Nur das dauernde Hin- und Herlaufen schafft Unruhe.

Schritt 2: Blickkontakt halten

Alle außergewöhnlich guten Redner halten Blickkontakt mit ihrem Publikum. Sie verweilen in den Augen ihrer Zuhörer. Damit sprechen sie indirekt auch alle anderen Zuhörer an. Je nach Anzahl der Teilnehmer können dies während eines Vortrags alle Anwesenden sein oder auch immer nur bestimmte unterschiedliche Personen in den vier Bereichen (vorne und hinten und jeweils links und rechts) des Saals. Wer garantiert die Aufmerksamkeit seiner Zuhörer verlieren will, nutzt PowerPoint und führt Monologe mit der Leinwand, auf die die PowerPoint-Folie projiziert wird.

Schritt 3: Klare und deutliche Aussprache

Wer gehört werden will, muss sich klar und deutlich artikulieren können. Er muss so laut sprechen, dass er auch von allen verstanden wird. Wer Endungen verschluckt oder zu leise spricht, verliert die Aufmerksamkeit seiner Zuhörer. Deren Gedanken schweifen ab. Hin zu den beruflichen Aktivitäten, familiären Problemen oder zum nächsten Urlaub. Eng verbunden mit der Aussprache ist die Modulation und Tonalität der Stimme. Wer den richtigen Ton trifft, wirkt. Die Stimme kann jeder trainieren und verbessern. Hierzu gibt es eine Vielzahl von Übungen, wovon ich Ihnen einige beim Stimmtraining bereits vorgestellt habe. Sprechen Sie also klar und deutlich mit einer angenehmen Stimme, der man gerne stundenlang zuhört.

Schritt 4: Langsam sprechen, Pausen machen

Ein weiterer Kardinalfehler bei Vorträgen besteht darin, dass der Redner zu schnell spricht. Sprechen Sie bewusst langsam und die meisten werden immer noch zu schnell sprechen. Wer wirken will, muss langsam sprechen und viele Pausen machen. Gedanken können sich beim Zuhörer nur dann setzen und bleiben in Erinnerung, wenn der Zuhörer ausreichend Zeit hat, sie auch nachzuvollziehen. Die größte Wirkung entsteht über die richtige Länge einer Pause zum richtigen Zeitpunkt. Dies setzt jedoch voraus, dass der Redner absolut in sich ruht und sein Thema voll beherrscht. Wenn der Vortragende hauptsächlich mit sich und dem Inhalt seiner Rede beschäftigt ist, kann er solch wirkungsvolle Stilmittel wie Pausen nicht einsetzen. Getreu dem Motto „Je schneller ich rede, desto schneller bin ich mit meinem Vortrag fertig" werden leider viele Reden gehalten.

Schritt 5: Körpersprache nutzen

Wirkung immer und überall. Sie wirken. Vom ersten Moment, in dem Sie den Raum betreten oder auf der Bühne bzw. vor ihren Zuhörern stehen. Die Körpersprache verläuft regelmäßig unbewusst. In Videotrainings können Sie zur Steigerung Ihrer Wirkung positive und negative Eigenschaften von sich selbst und anderen analysieren. Eine negative Eigenschaft vieler Redner besteht darin, dass sie eine oder noch schlimmer beide Hände während eines Vortrags in den Hosentaschen haben. Sie meinen, dass sie dadurch besonders lässig, cool und überzeugend wirken. Andere wissen einfach nicht, wohin sie ihre Hände tun sollen und stecken sie in die Hosentaschen. Ich frage bei meinen Videotrainings seit vielen Jahren, wie Redner mit Händen in den Hosentaschen auf die Zuhörer wirken. Regelmäßig erhalte ich von den meisten Teilnehmern folgende Antworten: „Arrogant, überheblich, distanzierend oder sich als etwas Besseres als die Zuhörer sehend". Wer also arrogant und überheblich wirken will, sollte weiter die Hände in der Tasche lassen. Allen anderen empfehle ich, die Wirkung einer positiven Körpersprache zu nutzen. Obama verfügt über eine hervorragende Körpersprache. Beobachten Sie seine Gestik und Mimik auf YouTube bei seinen Reden.

Schritt 6: Starker Anfang, stärkerer Schluss

Für den ersten Eindruck gibt es keine zweite Chance. Wer seine Zuhörer in seinen Bann ziehen will, sollte sich genau überlegen wie er anfängt. Die ersten Sätze einer Präsentation oder Rede sind wichtig. Noch wichtiger ist der Schluss. Wer nachhaltig in Erinnerung bleiben will, braucht einen starken Abgang. Idealerweise werden die Zuhörer zu einer Handlung aufgefordert.

Schritt 7: Persönliche Beispiele

Der letzte und m.E. der wichtigste Schritt eines wirkungsvollen Vortrags besteht darin, dass der Redner persönliche Beispiele in seine Präsentation einbaut. Erzählen Sie ein konkretes Beispiel, das Sie erlebt haben. Erleben Sie die Situation noch einmal; jedoch vor Ihrem Publikum. Wer von sich erzählt, wirkt überzeugend und glaubwürdig. Sie sind authentisch, wenn Sie das Erlebnis so erzählen, wie Sie es auch einem Kollegen oder Freunden erzählen würden, wenn Sie nicht vor einer größeren Zuhörerschar stehen würden. Inzwischen hat sich diese Vortragsweise unter dem Begriff des **„Storytellings“** längst etabliert und es gibt hierzu zahlreiche Bücher.

Beachten Sie diese sieben Schritte für wirkungsvolle Präsentationen. PowerPoint steht dabei nicht im Mittelpunkt. Sollten Sie PowerPoint jetzt grundsätzlich aus Präsentationen verbannen? Nein! PowerPoint hat selbstverständlich seine Existenzberechtigung. Insbesondere, wenn es um die Erstellung von „Hand-outs“, beispielsweise zur Dokumentation von Projektergebnissen, Abschlusspräsentationen oder Schulungsunterlagen geht. Nur, wer wirkungsvoll präsentieren will, sollte eben noch auf ganz andere Dinge achten als auf optimierte PowerPoint-Folien. Wer PowerPoint-Folien in den Mittelpunkt seines Vortrags stellt, lenkt bewusst oder unbewusst von sich ab. Einen höheren Wirkungsgrad erreichen Sie regelmäßig ohne PowerPoint. Der gezielte Einsatz eines Flip-Charts oder eine Zeichnung auf einem Tablet erzeugt wesentlich mehr Aufmerksamkeit als eine perfekt formatierte PowerPoint-Folie.

Die folgende Tabelle kann als Orientierungshilfe für den Einsatz von PowerPoint dienen:

Anlass	ja	vielleicht	nein
Auftragsakquisitionen		X	
Ergebnispräsentationen bei Beratungsprojekten oder Abschlusspräsentationen		X	
Schulungen	X		
Motivationsvorträge			X
Reden			X
Mitarbeiterbesprechungen		X	
Beirats- und Aufsichtsratssitzungen	X		

Tab. 4 Orientierungshilfe für den Einsatz von PowerPoint

Diese Tabelle ist sicher nicht dogmatisch zu verstehen, sondern soll als Orientierungshilfe dienen. Prüfen Sie also in Zukunft genau, wann und wie Sie PowerPoint-Folien einsetzen. In diesem Zusammenhang möchte ich auch darauf hinweisen, wie Teilnehmer von Präsentationen üblicherweise Informationen wahrnehmen.

4.4 Wirksame Kommunikationsmittel

Das vierte Werkzeug erfolgreicher Professionals ist der richtige Einsatz wirksamer Kommunikationsmittel. Im Gegensatz zur Rhetorik, bei der es um das „Wie“ geht, geht es bei den Kommunikationsmitteln um das „Womit“. Das „Wie“ in der Kommunikation ist wesentlich wichtiger als das „Womit“. Die Kommunikationsmittel sind Werkzeuge, die Sie in Ihrem Berufsleben und Ihrem Privatleben unterstützen. Zu oft werden heute im beruflichen Alltag oder im Privatleben in kritischen Situationen mit Mitarbeitern, Kunden, Familienmitgliedern und Freunden, SMS oder E-Mails verschickt, obwohl ein persönliches Gespräch das adäquate Kommunikationsmittel wäre. Darüber hinaus wird im Rahmen der schriftlichen Kommunikation dann häufig weder der richtige „Ton" getroffen bzw. Ausdrucksform noch eine angemessene Form gewahrt. Wichtige Informationen wie die Körpersprache und Stimme werden eben häufig nicht in einer E-Mail oder SMS übertragen, sofern es sich nicht um Video- oder Sprachnachrichten handelt. Andererseits sind Telefonanrufe oder persönliche Treffen regelmäßig zeitintensiver als eine E-Mail oder eine SMS, die der Empfänger dann lesen oder hören kann, wann er es möchte.

Ein Kommunikationsmittel ist dann wirksam, wenn es Ihnen bei der Zielerreichung hilft. Der Einsatz der richtigen Kommunikationsmittel kann die Effektivität und Effizienz eines Professionals wesentlich steigern. Vor diesem Hintergrund sollen die nachfolgenden Anregungen und Hinweise dazu dienen zu prüfen, wann mit welchen Kommunikationsmittel Informationen an Kollegen bzw. Familienmitglieder und Freunde übertragen werden.

Es gibt grundsätzlich zwei Arten von Kommunikationsmitteln: Sie können **mündlich** oder **schriftlich** kommunizieren. Beide Kommunikationsmöglichkeiten können beim richtigen Einsatz die gewünschten Ergebnisse liefern. Die entscheidende Frage lautet jedoch: **Wann sollte womit und in welcher Form kommuniziert werden?** Bei der Frage „Womit" kommuniziert werden sollte, geht es im Wesentlichen um die Frage nach den technischen Kommunikationsmitteln.

Folgende **mündliche Kommunikationsmittel** sind für einen Professional von Bedeutung:

1. Meetings mit einzelnen Personen oder mit mehreren Teilnehmern
2. Telefonate mit einzelnen Personen oder mehreren Personen im Rahmen einer Telefon- oder Videokonferenzen
3. Vorträge bzw. Ansprachen vor einem größeren Teilnehmerkreis

Ad 1.: Meetings

Viele Professionals verbringen einen nicht unerheblichen Anteil ihrer Zeit in Meetings. Dies gilt insbesondere für Führungskräfte. Zu selten ist das eine produktive Zeit. Die zunehmende Komplexität hat dazu beigetragen, dass es heute noch viel mehr Meetings als in der Vergangenheit gibt. Deshalb ist die Effektivität von Meetings heute wichtiger als je zuvor. Meetings können hingegen ein sehr wirksames Kommunikationsmittel sein. Jedoch gilt es dabei wichtige Regeln zu beachten. Malik behauptet, dass die Verbesserung der Effektivität von Meetings damit beginnt, dass man Meetings streicht. In den meisten WP/StB-Praxen werden zu viele Meetings abgehalten. Die steigende Anzahl der Meetings hat außerdem dazu geführt, dass ein jedes Meeting häufig eine Reihe weiterer Meetings nach sich zieht. Deshalb ist es wichtig bei jedem Meeting zu fragen, ob dies wirklich nötig ist und ob es nicht auch andere Wege gibt, die Arbeit zu tun oder das Problem zu lösen?

Eine gute Teamarbeit bedeutet darüber hinaus nicht, dass immer alle Teammitglieder gleichzeitig in allen Meetings sein müssen. Eine gute Teamarbeit ist durch die Minimierung der Anzahl an Meetings charakterisiert.

Für den Erfolg eines Meetings ist die Vorbereitung und die Nachbereitung entscheidend. Sowohl die Vorbereitung eines Meetings als auch die Nachbereitung kostet Zeit. Insbesondere für die Vorbereitung eines Meetings muss der Sitzungsleiter im Rahmen seiner Wochenplanung Zeit für die Vorbereitung des Meetings einplanen. Wenn nicht genügend Zeit in die Vorbereitung investiert wird, ist die Folge regelmäßig ein schlechtes Meeting. Das zentrale Instrument für die Vorbereitung eines Meetings ist die Tagesordnung. Das ist Aufgabe, Pflicht und Recht eines jeden Sitzungsleiters. Es sollte grundsätzlich keine Meetings ohne Tagesordnung geben.

Dabei ist es ratsam die Tagesordnung im Vorfeld des Meetings möglichst an alle Teilnehmer des Meetings zu versenden, um diese mit ihnen abzustimmen. Damit hat jeder Teilnehmer des Meetings Gelegenheit, Einfluss auf die Tagesordnung zu nehmen.

Eine gute Tagesordnung hat weniger und nicht zu viele Tagesordnungspunkte. Dafür hat sie jedoch wirklich wichtige Tagesordnungspunkte, die die gleichzeitige und persönliche Anwesenheit der Teilnehmer am Meeting auch rechtfertigen. Der Grundsatz der Fokussierung ist auch hier wichtig. Zu einer effektiven Vorbereitung eines Meetings gehört auch die Schätzung des notwendigen Zeitbedarfes für die Erledigung eines jeden Tagesordnungspunktes. Selbst wenn man die Zeiten nicht einhalten können sollte, dienen sie dennoch als Orientierungspunkte, auf die man bei einem guten Meeting nicht verzichten sollte. Dies gilt gleichermaßen für den Sitzungsleiter als auch für die Teilnehmer des Meetings.

Praxistipp:
Vermutlich haben schon viele Professionals an Meetings teilgenommen, bei denen schon nach kurzer Zeit absehbar war, dass die geplante Zeit für das Meeting nicht ausreichen wird. In solchen Fällen bietet es sich an, dass entweder der Sitzungsleiter oder auch ein Teilnehmer des Meetings einen Hinweis gibt, dass nicht alle Tagesordnungspunkte in diesem Meeting behandelt werden können oder eben Punkte kürzer als geplant behandelt werden müssen. In diesem Fall zeigt sich, ob der Sitzungsleiter Wesentliches von Unwesentlichem unterscheiden kann und flexibel in dem Meeting reagiert. Denn in solchen Fällen sollte entweder eine Korrektur der Tagesordnungspunkte vorgenommen werden und nur noch die wesentlichen Tagesordnungspunkte behandelt werden oder Diskussionen, sofern möglich, schneller beendet oder zumindest vertagt werden. Der Professional sieht auch hier wieder wie wichtig der Grundsatz der Fokussierung ist, und dass er sich stets auf das Wesentliche konzentrieren sollte.

In einem Meeting zeigt sich, ob ein Professional als Führungskraft geeignet ist oder nicht. Das wird für alle Teilnehmer sichtbar. Denn die Teilnehmer merken oft instinktiv, ob der Sitzungsleiter bzw. die Sitzungsleiterin die Dinge im Griff hat oder nicht. Die Leitung von Meetings erfordert Vorbereitung, Disziplin und Erfahrung. Wie vieles im Leben muss auch die Leitung eines Meetings durch Erfahrung gelernt und geübt werden. Es gibt wenige Punkte, die beachtet werden sollten. Hierzu gehören folgende Punkte:

- Einhaltung des Zeitplans
- Ergebnisorientierte und straffe Gesprächsleitung sowie
- eine hohe Aufmerksamkeit bei Wortmeldungen.

In Abhängigkeit von der Länge des Meetings gehören auch ausreichend Pausen dazu sowie Getränke und Nahrungsmittel.

Ein kritischer Erfolgsfaktor eines jeden Meetings ist die fehlende Handlungsorientierung nach dem Meeting. Nach jedem Tagesordnungspunkt muss der Sitzungsleiter eines Meetings dafür sorgen, dass Klarheit über die erforderlichen Aktivitäten besteht. Es geht also darum Verantwortlichkeiten und Termine für die Umsetzung festzulegen. Die Verantwortlichkeiten und die Termine gehören in ein Protokoll über das Meeting. Protokolle über ein Meeting sollten übrigens die Regel sein und kein Protokoll eher die Ausnahme. Und wenn es lediglich Ergebnisprotokolle mit Stichworten sind. Denn dort sollten die einzelnen Aktivitäten, die sich aus dem Meeting ergeben, sowie die verantwortlichen Personen und Termine festgelegt werden. Denn bei einem Meeting ohne anschließende Aktivitäten stellt sich ohnehin die Frage, ob das Meeting überhaupt notwendig ist.

Eine zentrale Aufgabe des Leiters eines Meetings ist dann dafür zu sorgen, dass die notwendigen Aktivitäten auch umgesetzt werden. Seine Aufgabe ist es auch eine Wiedervorlage zu organisieren. Nur wenn die Teilnehmer eines Meetings wissen und spüren, dass der Leiter des Meetings nichts vergisst und konsequent für die Erledigung sorgt, wird das Meeting ernst genommen. Darüber hinaus wird auch der Professional als Führungskraft nur so ernst genommen und es entsteht Wirksamkeit im Management. Hier kommt dann die Aufgabe der Kontrolle einer Führungskraft wieder ins Spiel.

Ad 2.: Telefonate

Telefonate sind eine weitere Möglichkeit mündlich zu kommunizieren. Seit es Mobiltelefone gibt, wird davon auch reichlich Gebrauch gemacht. Die dauernde Erreichbarkeit wird heute fast nur noch durch (eine Vielzahl von) Funklöcher in Deutschland unterbrochen. Hinzu kommt die Möglichkeit mit einem Smartphone oder Tablet auch Videokonferenzen durchzuführen oder Videoanrufe zu tätigen.

Es stellt sich zunächst bei jedem Telefonat die Frage, ob der Gesprächsinhalt nicht auch schriftlich kommuniziert werden kann oder gegebenenfalls zu einem späteren Zeitpunkt bei einem persönlichen Treffen besprochen werden kann. Telefonate können Fluch oder Segen sein. Einerseits wird von einem Professional erwartet, dass er jederzeit erreichbar ist, andererseits soll er effektiv und effizient arbeiten. Jedes Telefonat hält jedoch einen Professional davon ab, dass er effektiv und effizient arbeitet, weil er unterbrochen wird. Aus diesem Grund empfehle ich folgende 5 Regeln beim Telefonieren:

1. Seien Sie nicht immer und dauernd erreichbar. Dies gilt sowohl für Ihre Bürozeiten als auch für die Zeiten, an denen Sie unterwegs sind. Entscheiden Sie, wann Sie telefonieren wollen.

2. Seien Sie vorbereitet, wenn Sie Mandanten oder Mitarbeiter anrufen:
   - Was ist das Gesprächsziel?
   - Gibt es Folgeaktivitäten, die mit dem Telefonat verbunden sind?
   - Ist der Zeitpunkt für das Telefonat passend? Zu früh am Morgen, in der Mittagspause oder zu spät am Abend sind oft Zeitpunkte, die nur in dringenden Fällen für Anrufe genutzt werden sollten.
   - Ist ein schriftlicher Nachweis des Inhalts für Dokumentationszwecke notwendig, sodass eine E-Mail adäquater ist?
   - Ist das Telefonat tatsächlich notwendig?
3. Nehmen Sie keine Telefonate entgegen, wenn Sie eine fachliche Tätigkeit (zum Beispiel Review von Prüfungsberichten, Gutachten etc.) durchführen. Die Einarbeitung steht in keinem Verhältnis zum Nutzen der Unterbrechung.
4. Beachten Sie stets Ihre Verpflichtung zur Verschwiegenheit und telefonieren Sie bei vertraulichen Informationen nicht an öffentlichen Plätzen (z.B. Züge, Restaurants etc.).
5. Bringen Sie geschäftliche Telefonate möglichst schnell auf den Punkt und führen Sie nur bewusst in Ausnahmefällen Small-Talk.

i

Hinweis:
Telefonate können ein großer Produktivitätskiller sein. Beim Selbstmanagement haben wir ausführlich besprochen, wie Sie sich effektiv und effizient selbst managen können. Wer jedes Telefonat entgegennimmt, ist weniger produktiv und erreicht Ziele später oder gar nicht. Aus diesem Grund ist es besonders wichtig, dass Sie nicht jedes Telefonat entgegennehmen, wenn Sie im Büro arbeiten. Je nachdem in welcher Funktion Sie in einer WP/StB-Praxis tätig sind, bekommen Sie tagtäglich u.a. eine Vielzahl von Anrufen, die von Telefonverkäufern getätigt werden. Wirtschaftsprüfer und Steuerberater sind zahlungskräftige Kunden, denen man gerne Produkte und Dienstleistungen verkauft. In meinen Unternehmen habe ich klar geregelt, dass ich solche Anrufe niemals persönlich entgegennehme. Meine Mitarbeiter sind geschult, dass sie die Telefonverkäufer regelmäßig auffordern, mir ihr Anliegen schriftlich per E-Mail mitzuteilen. In der Regel führt das dazu, dass ich dann im Anschluss nur wenige E-Mails bekomme und ich meinen Mitarbeitern daraufhin mitteile, wie sie beim nächsten Anruf des Telefonverkäufers verfahren sollen.

Vielleicht haben Sie eine Mailbox bei Ihrem Smartphone oder Festnetztelefon eingerichtet? Bei mir landet man nur dann auf einer Mailbox, wenn ich in einem Funkloch bin bzw. mein Mobiltelefon nicht erreichbar ist. Ein Vorteil der Mailbox ist zwar, dass man Ihnen die Nachricht aufs Band sprechen kann. Der große Nachteil liegt aber darin, dass Sie dann die Nachricht auch abfragen und reagieren müssen. Zwar mag es sein, dass sich der eine oder andere Sachverhalt inzwischen erledigt hat, aber in vielen Fällen wird es sich lediglich um die Nachricht handeln, dass Sie zurückrufen sollen. Damit haben Sie eine ungeplante To-Do mehr, die im ungünstigsten Fall auch noch in den nächsten Tag vorzutragen ist. Aus diesem Grund habe ich bei mir keine Mailbox eingerichtet. Wenn der Anrufer mich dringend sprechen will, dann wird er es erneut versuchen. Darüber hinaus haben die meisten Anrufer keine Rufnummernunterdrückung eingeschaltet, sodass ich zumindest erkennen kann, ob der Anrufer ein persönlicher Kontakt von mir ist. Ich kann dann beispielsweise Fahrzeiten im Auto dazu nutzen zurückzurufen oder die für Telefonate reservierten Zeitblöcke.

Ad 3.: Vorträge

Vorträge sind eine weitere Form der mündlichen Kommunikation. Bei einem Vortrag handelt es sich in der Regel im Gegensatz zu Meetings und Telefonaten um einen Monolog. Vorträge finden meist vor einem größeren Publikum statt. Die Anlässe für Vorträge sind vielfältig. Sie können sowohl bei Mandanten als auch im Kollegenkreis stattfinden. Bei einem Vortrag gilt es, das Werkzeug der Rhetorik richtig einzusetzen. Sofern es sich nicht um einen Fachvortrag handeln sollte, geht es regelmäßig um die Motivation von Mandanten und Mitarbeitern in eine bestimmte Richtung. Deshalb weise ich an dieser Stelle noch einmal darauf hin, dass insbesondere Motivationsvorträge regelmäßig erfolgreicher sein werden, wenn PowerPoint nicht oder nur in einem geringen Umfang eingesetzt wird.

Folgende wesentlichen **schriftliche Kommunikationsmittel** können in der Praxis eingesetzt werden:

- Briefe (u.a. auch Angebote bzw. Auftragsbestätigungen)
- E-Mails
- SMS
- Aktennotizen
- Protokolle
- Berichte

Für einen Professional ist es unerheblich, ob das Medium der schriftlichen Kommunikation auf Papier oder elektronisch in digitaler Form erfolgt. Allen schriftlichen Kommunikationsmitteln gemeinsam ist, dass sie effektiv eingesetzt werden sollten. Die meiste schriftliche Kommunikation ist jedoch absenderbezogen statt empfängerorientiert formuliert. Wirksame schriftliche Kommunikation sollte hingegen empfängerorientiert verfasst sein. Viele Professionals haben inzwischen zu oft eine Abneigung gegen die klassische Schriftform und bevorzugen die mündliche Kommunikation mit dem Smartphone. Der Grund hierfür ist, dass ein Professional denkt, dass die Kommunikation mit dem Telefon schneller ist als schriftlich. Oft benötigt die Schriftform jedoch nicht mehr Zeit, sondern weniger. Sie spart Zeit. Die schriftliche Kommunikation, insbesondere die elektronische per Mail und SMS, macht unabhängig von persönlicher Anwesenheit und ist inzwischen von fast jedem Platz aus möglich. Das Wichtigste ist jedoch, dass die Schriftform Gelegenheit gibt, und oft zwingt sie dazu, nachzudenken.

Die entscheidende Frage bei jeder schriftlichen Kommunikation lautet: „Was soll diese Nachricht beim Empfänger bewirken?“ Die meisten Professionals werden jetzt feststellen, dass unabhängig von jedem Inhalt einer schriftlichen Kommunikation, die eigentliche Arbeit erst jetzt beginnt. Jetzt muss die Nachricht so bearbeitet werden, dass sie die größtmögliche Chance hat, die beabsichtigte Wirkung beim Empfänger auszulösen. Häufig sollen eine oder mehrere Aktivitäten im Anschluss erfolgen.

i

Hinweis:
Seit vielen Jahren achte ich darauf, dass bei zu veranlassenden Aktivitäten, regelmäßig vor der obligatorischen Gruß-Floskel am Ende eines Textes, die schriftliche Kommunikation mit einer Aufforderung zur Handlung schließt. da ohnehin der letzte Satz in vielen Fällen besser in Erinnerung bleibt, sollte das die Aufforderung zur Handlung sein. Völlig unabhängig davon, wer Empfänger der Information ist, findet sich bei mir bei einer Aufforderung zur Handlung stets das Wort „bitte". Leider finden diese beiden wichtigen Worte „bitte" und „danke" viel zu selten Verwendung. Dies gilt sowohl bei der schriftlichen als auch bei der mündlichen Kommunikation.

Sämtliche Nachrichten sollten demnach empfängerorientiert gestaltet sein, sodass sie eine Chance haben, die beabsichtigte Wirkung beim Empfänger auch auszulösen. Erfolgreiche Professionals sind wirksam. Wirksam bei der schriftlichen Kommunikation heißt, so gut wie möglich herauszufinden, wer der oder die Empfänger sind und worauf sie am ehesten reagieren. Dies kann ein Professional immer nur im Einzelfall bestimmen, aber ein paar Gedanken sollen Ihnen helfen etwas sensibler bei der schriftlichen Berichterstattung zu werden. Betrifft die Kommunikation beispielsweise einen Mandanten, ist es entscheidend welchen beruflichen Hintergrund Ihr Mandant hat. Wenn Sie wissen, dass der Empfänger zum Beispiel ein Jurist ist, dann sollten Sie besser auf Zahlen, Grafiken und Tabellen verzichten und möglichst nur mit Text arbeiten. Ist der Empfänger hingegen ein Ingenieur, dann sollten Sie den Text minimieren, dafür aber Grafiken und vor allem mathematische Kurven in Koordinatensystemen verwenden. Darauf ist das Auge des Ingenieurs trainiert ist und das weckt sein Interesse. Bei Mitarbeitern aus dem Rechnungswesen oder auch unter Berufskollegen sind oft Texte und teilweise auch Grafiken zu minimieren, aber dafür viel Zahlen in Tabellen darzustellen. Der typische Finanzchef und Controller bevorzugt Zahlen. Finanzleute (und Wirtschaftsprüfer) haben übrigens oft die Begabung, mit einem Blick aus einer Tabelle genau die Zahl zu finden, die nicht stimmt.

Viel zu häufig werden leider einfache Regeln einer sachlichen und logischen Gliederung von Texten bei der schriftlichen Kommunikation nicht beherrscht. Viele Professionals bringen leider keine Struktur in einen Text. Es drängt sich die Frage auf, ob sie dann auch eine Struktur in ihrem Denken haben. Oft lässt der sprachliche Ausdruck, die Grammatik, die Wortwahl sowie die Rechtschreibung und die Satzzeichen zu wünschen übrig. Die Klarheit, Prägnanz und Genauigkeit der Sprache sind für einen effektiven Professional jedoch unverzichtbar. Eigentlich sind das Fertigkeiten, die bei Akademikern vorausgesetzt werden dürfen. Das ist jedoch nicht immer der Fall. Da die Dienstleistungen eines Wirtschaftsprüfers und Steuerberaters regelmäßig in Form einer schriftlichen Berichterstattung erbracht werden, wird auch in der sonstigen schriftlichen Kommunikation Exaktheit, Präzision und Gewissenhaftigkeit erwartet. Wer in der sonstigen Kommunikation mit Mandanten diese Eigenschaften nicht erfüllt, muss damit rechnen, dass dann auch Rückschlüsse vom Mandanten im Hinblick auf seine fachlichen Leistungen geschlossen werden. Wer übrigens Kinder hat, weiß, dass diese untereinander oft nur mit einzelnen Wörtern und Abkürzungen kommunizieren. SMS von Jugendlichen sind aufgrund ihrer Kodierung nicht von jedem Erwachsenen zu verstehen, insbesondere, wenn diese sich schon in einem fortgeschrittenen Alter befinden. Leider gehört es auch seit PowerPoint zur Unsitte, dass oft nur noch in Stichwörtern bzw. Satzfragmenten statt in ganzen Sätzen geschrieben wird.

Schriftstücke sollen die Kommunikation erleichtern und nicht erschweren. Sie sollen das Gedächtnis entlasten, den Überblick über wesentliche Dinge erleichtern und helfen, in der Informationsflut die Übersicht zu wahren. Daran hat sich eine wirksame schriftliche Kommunikation zu orientieren.

Das Kapitel wirksame Kommunikationsmittel soll mit wenigen Gedanken über die technischen Kommunikationsmittel abgeschlossen werden. Als **technische Kommunikationsmittel** werden von Professionals im Wesentlichen der Computer bzw. das Notebook, das Smartphone und das Tablet genutzt. Inwiefern in Zukunft in virtuellen Welten weitere technische Kommunikationsmittel unseren Berufsstand verändern werden, soll an dieser Stelle nicht vertieft werden. Viel spannender ist jedoch in einer digitalisierten Welt mit welchen sogenannten „Collaboration Tools" Professionals in Zukunft arbeiten werden. Unter Collaboration wird eine gemeinsame und vernetzte Zusammenarbeit von Menschen in Projekten, Gruppen oder auch Teams mit Hilfe des Internets und elektronischer Medien verstanden. Hier gibt es inzwischen eine Reihe von Produkten, die in der Projektkommunikation eingesetzt werden und Prozesse effektiver und effizienter machen sowie die Kontrolle vereinfachen. Zu den Produkten gehören u.a. beispielsweise MeisterTask, Trello, Slack, Asana etc. In diesem Buch finden Sie Mindmaps, die auch über Apps und Cloud Plattformen für die Zusammenarbeit in Projektteams genutzt werden können. Der Berufsstand der Wirtschaftsprüfer und Steuerberater bekommt das Zeitalter der Digitalisierung unmittelbar zu spüren. Professionals, die hier zu konservativ agieren, werden verlieren. Steuerberater wissen, dass in Zukunft die Finanzbuchhaltung digitalisiert wird. Belege werden gescannt und automatisch verbucht. Hier fallen Arbeitsplätze weg. Die Collaboration Tools sollen Prozesse transparent für alle Teammitglieder machen. Vor allem aber sollen sie einen Beitrag zu einer effektiven Kommunikation teamübergreifend bis hin zum Mandanten leisten. Wirksame Professionals nutzen die technischen Kommunikationsmittel zum Projekterfolg. Es ist empfehlenswert, unabhängig vom Alter und der Dauer der Berufszugehörigkeit, hier aufmerksam die technische Entwicklung zu verfolgen.

4.5 Work-Life-Balanced-Scorecard©

Wer außergewöhnlich erfolgreich sein will, muss sich mit seiner ganzen Zeit und Energie auf die EINE Sache konzentrieren, die zum Erfolg führt. Ein Leben, das im Gleichgewicht sein muss, um erfolgreich zu sein, ist ein Irrglaube. Lebenszweck und Lebenssinn sind die Dinge, die ein erfolgreiches Leben ausmachen. Wer seine Lebensaufgabe und seinen Lebenssinn kennt, wird die Dinge verfolgen, die im Einklang mit seiner Lebensaufgabe und seinen Lebenssinn stehen. Außerordentliche Ergebnisse erfordern fokussierte Aufmerksamkeit und Zeit. Zeit für die EINE Sache zu haben, bedeutet keine Zeit für eine andere Sache zu haben. Und das macht Ausgewogenheit zu einem Ding der Unmöglichkeit. Wer **erfolgreich** sein will, wird immer wieder Phasen in seinem Leben haben, die eine Balance zu anderen Lebensbereichen unmöglich machen. Wer außergewöhnlich erfolgreich sein will, wird noch mehr Phasen in seinem Leben haben, die eine Balance zu anderen Lebensbereichen unmöglich machen. Wer jedoch **glücklich** in seinem Leben sein will, der braucht Balance in den einzelnen Lebensbereichen. Deshalb sollten Sie sich nicht dauerhaft ausschließlich auf Ihr Berufsleben konzentrieren. Nutzen Sie Ihr Privatleben für einen Ausgleich. **Sie führen ein glückliches Leben, wenn Ihr Leben im Einklang mit Ihrer Lebensaufgabe und Ihrem Lebenssinn steht.** Wer jedoch sein Privatleben dauerhaft vernachlässigt, darf sich nicht wundern, wenn ihm der nötige Ausgleich und die Energie für das Erreichen seiner Lebensaufgaben fehlt. Mit zunehmendem Lebensalter ist die Wahrscheinlichkeit groß, dass eine innere Leere auftritt. Sie sind beruflich besonders erfolgreich, aber nicht glücklich, weil Sie es versäumt haben, zu anderen Menschen in Ihrem Privatleben positive Beziehungen aufzubauen. Gescheiterte Ehen oder Lebenspartnerschaften, Kinder, die sich von Ihnen abwenden und keine Freunde im privaten Umfeld sind das Resultat einer ausschließlichen Fokussierung des Lebens eines Professionals auf seinen Beruf.

Im Kapitel 2.3 haben wir den Grundsatz der Fokussierung und die Konzentration auf Weniges bzw. auf die EINE Sache besprochen. Dort wurden verschiedene Lebensbereiche dargestellt. Lothar Seiwert und Nossrat Peseschkian stellen vier Lebensbereiche in den Mittelpunkt und haben das folgende Lebens-Balance-Modell entwickelt.

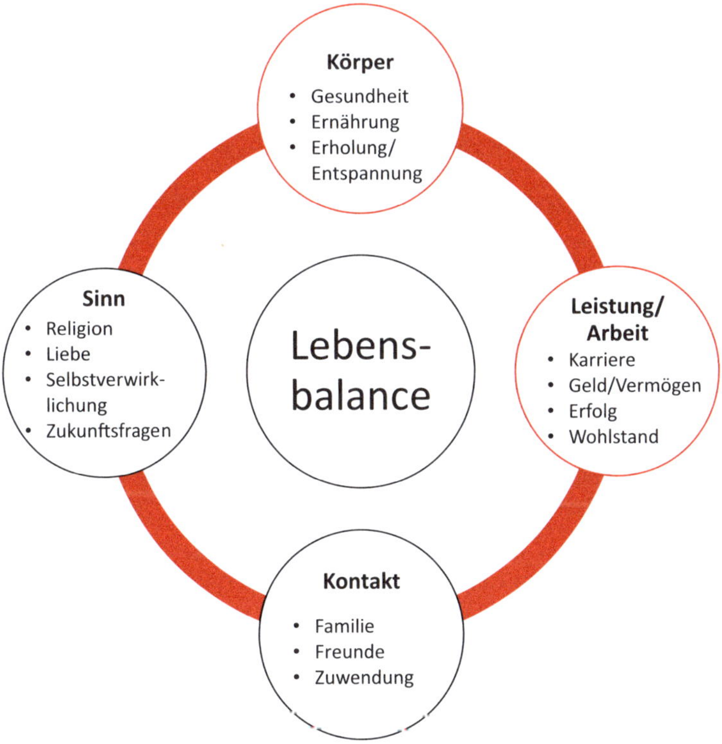

Abb. 39 Lebens-Balance in Anlehnung an Seiwert und Peseschkian

Dabei gibt es keine allgemeinverbindliche Vorgabe, wieviel Zeit Sie in einem der vier Lebensbereiche verbringen sollten. Genauso individuell, wie ein Mensch Stress empfindet, empfindet er die Zeit-Balance in den verschiedenen Lebensbereichen. Jeder muss hier selbst sein individuelles Zeit-Balance-Gefühl ermitteln. Analysieren Sie für sich die in der Abbildung dargestellten vier Lebensbereiche.

Körper und Gesundheit:

- Wie sieht mein aktueller Gesundheitszustand aus bzw. wie oft war ich krank in den letzten 12 Monaten?
- Gab es Krankheiten ggf. erste Anzeichen einer beruflichen Überlastung?

Arbeit und Leistung:

- Welche beruflichen Erfolge habe ich in den letzten 12 Monaten erzielt und wie sieht meine aktuelle berufliche Situation aus?
- Welche beruflichen Chancen und Risiken sehe ich in den nächsten 12 Monaten bzw. in den nächsten Jahren?

Familie und Freunde:

- Wie ist meine private Situation?
- In welchem Zustand ist meine Partnerschaft?
- Wie sieht es mit meinen familiären Beziehungen und meinen Beziehungen zu Freunden aus? Habe ich diese Beziehungen ausreichend gepflegt?

Sinn und Kultur

- Was motiviert mich und warum hat es mich motiviert?
- Was sind meine Lebensmotive und Stärken?
- Warum tue ich das, was ich tue?

Sofern Sie bis jetzt noch nicht analysiert haben sollten, wie Sie die 8.760 Stunden im Jahr verbringen, tun Sie es jetzt. Ermitteln Sie die Zeit, die Sie in den einzelnen Lebensbereichen im Jahr verbringen. Im nächsten Schritt können Sie dann festlegen, welche Zeiten Sie von welchen Lebensbereichen in andere Lebensbereiche verlagern wollen.

Balanced Scorcard als Vorbild für die Work-Life-Balanced-Scorecard©

Um die Balance zwischen Berufs- und Privatleben herzustellen und zu kontrollieren, können Sie das fünfte Werkzeug eines erfolgreichen Professionals nutzen. Es handelt sich um die von mir entwickelte Work-Life-Balanced-Scorecard©. Die Balanced Scorecard (BSC) ist ein Controlling-Instrument und geht auf *Robert S. Kaplan* und *David P. Norton* zurück. Sie ist heute vielfach in Unternehmen im Einsatz und allgemein anerkannt. Die BSC gilt ebenfalls seit vielen Jahren als etabliertes Instrument im Bereich des strategischen Controllings von Unternehmen. Ihr Vorteil gegenüber anderen Methoden der Unternehmensführung liegt darin, dass sie ganzheitlich mehrere Perspektiven betrachtet und sich nicht ausschließlich auf die finanzielle Seite des Unternehmens beschränkt wie die traditionellen Controlling-Instrumente.

Sie verbindet in einzigartiger Weise langfristige Ziele eines Unternehmens mit konkreten Aktivitäten und gibt somit den Unternehmen einen unmittelbaren Handlungsleitfaden. Die folgende Abbildung zeigt die Grundstruktur einer Balanced Scorecard von Unternehmen.

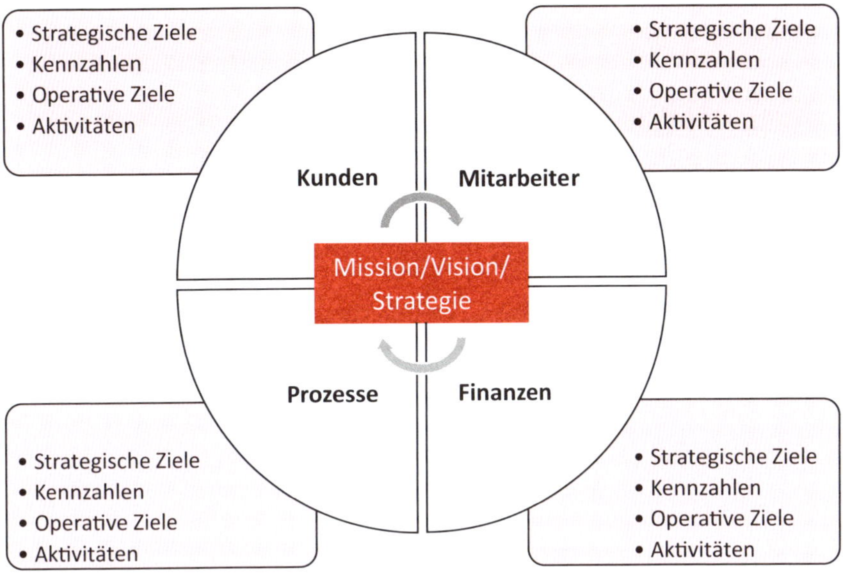

Abb. 40 Balanced Scorecard

Ausgehend von einer klar definierten Strategie und einer Vision wird durch die Grafik deutlich, dass die BSC neben der finanziellen auch die Kunden-, Prozess- und Mitarbeiterperspektive mit in ihre Betrachtung einbezieht. Ausgangspunkt der Überlegungen sind die langfristigen Unternehmensziele, die sich in einer Unternehmensvision widerspiegeln. Aus den langfristigen Unternehmenszielen werden konkrete operative Unternehmensziele abgeleitet. Die zuvor festgelegten Kennzahlen zeigen den Zielerreichungsgrad und dienen zur Kontrolle. Die BSC ist ein ganzheitlicher Ansatz. Durch die Verbindung zwischen langfristigen (Unternehmens-) Zielen und konkreten (Tages-) Aktivitäten ist das Instrument sehr gut als Unterstützung für eine erfolgreiche Unternehmensführung geeignet. Nicht wenige Professionals, insbesondere die großen Wirtschaftsprüfungsgesellschaften und Anwaltskanzleien, haben dies erkannt und nutzen das Instrument in ihren Unternehmen zur Steuerung und Kontrolle.

Das Konzept der BSC im Unternehmen kann auch auf das Leben eines Professionals übertragen werden. Die folgende Abbildung zeigt die Anknüpfungspunkte und Gemeinsamkeiten zwischen der BSC für ein Unternehmen und für das Leben des Professionals.

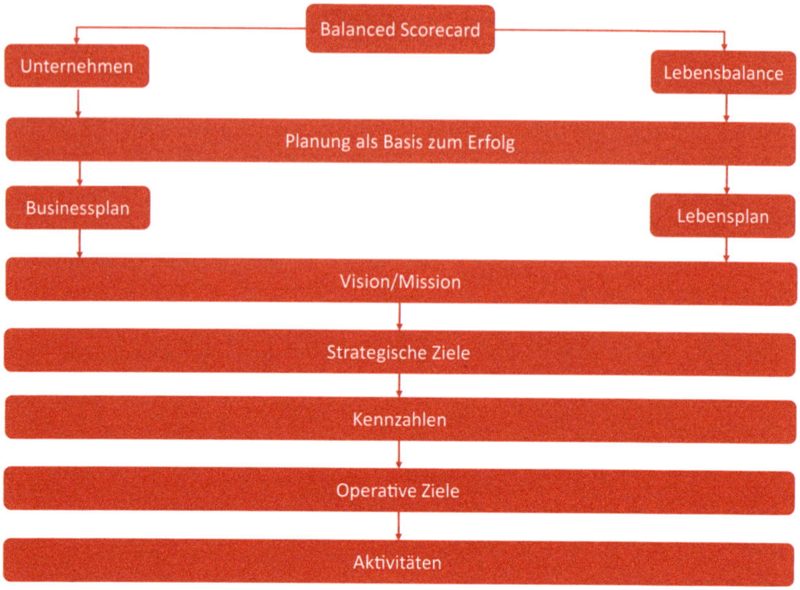

Abb. 41 Vom Businessplan zum Lebensplan

Die Planung ist eine wesentliche Basis zum Erfolg. Dies gilt sowohl für unternehmerische als auch persönliche Erfolge. Die beste Strategie verpufft, wenn sie nicht einhergeht mit einer sorgfältigen Planung, die die verschiedenen Wege zur Zielerreichung gegeneinander abwägt und schlussendlich zum Handeln führt.

Am Anfang steht wie bereits dargestellt die Vision oder das langfristige Ziel. Die Klärung folgender zwei Fragen dient als Ausgangspunkt:

- Wo soll das Unternehmen und wo will der Professional langfristig stehen?
- Wie soll das Leben des Professionals in der ferneren Zukunft aussehen?

Die Antwort auf diese Fragen hängen eng mit dem Selbstbewusstsein und dem Selbstwertgefühl des Professionals zusammen. Darüber hinaus ist die Kommunikation mit sich selbst und mit anderen ein wichtiger Erfolgsfaktor in allen beiden Bereichen des Lebens. Wer ständig negativ mit sich selbst und anderen redet, wird entsprechend der allgemein bekannten „self-fulfilling prophecy" oft die Ereignisse in seinem Leben bekommen, wie er sie sich vorgestellt hat.

Ausgehend von den Visionen werden sowohl strategische Ziele für das Unternehmen als auch für das Leben des Professionals formuliert. Vergleichbar mit einem Kompass dienen die Kennzahlen zur Überprüfung, ob man sich in Richtung auf die Ziele zu bewegt. Die Ziele sollten, wie bereits dargestellt, SMART sein. Das heißt, dass sie **s**pezifisch, **m**essbar, **a**ktionsorientiert, **r**ealistisch und **t**erminierbar sein sollten. Operative Ziele bestimmen das kurzfristige Handeln und die Aktivitäten.

Ein häufig anzutreffendes Muster besonders erfolgreicher Professionals im Denken und Handeln ist ihre Ausrichtung auf Ergebnisse. Erfolgreiche Professionals erzielen positive Ergebnisse für Ihre Mandanten und damit schlussendlich für sich selbst. Ob ein Professional die Resultatorientierung auch für sein Privatleben gelten lassen will, muss er ganz persönlich entscheiden. Häufig tun Menschen etwas in ihrem Leben nicht wegen der Ergebnisse, sondern aus ganz anderen Gründen.

Übertragung des Konzeptes der BSC auf das Privatleben

Meine Work-Life-Balanced-Scorecard© verbindet beide Gedanken und hilft Tag für Tag, umsetzungsorientiert Balance in das eigene Leben zu bringen und die wesentlichen und wichtigen Ziele nicht aus dem Auge zu verlieren. Die folgende Abbildung zeigt die Funktionsweise.

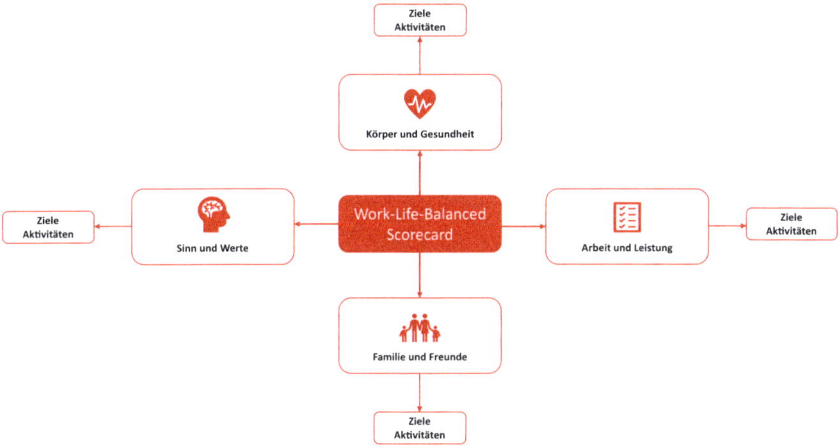

Abb. 42 Work-Life-Balanced-Scorecard©

Die Erstellung einer Work-Life-Balanced-Scorecard© setzt jedoch die Klärung folgender Fragen auf drei Gebieten voraus:

Werte:

- Welche Werte sind Ihnen wichtig?
- Welche Werte haben für Sie Priorität?
- Lassen sich Ihre Wertvorstellungen mit Ihrem Privat- und Berufsleben vereinbaren?

Lebensmotive:

- Welche Lebensmotive haben Sie?
- Was treibt Sie wirklich an?
- Gibt es extrinsische Motive in Ihrem Leben?

Lebensrollen:

- Welche Lebensrollen haben Sie aktuell?
- Wie viel Zeit verbringen Sie mit welcher Rolle?
- Steht der zeitliche Einsatz der einzelnen Rollen im Einklang mit Ihren Werten und Lebensmotiven?

Die Klärung dieser Fragen ist die Ausgangsbasis für eine langfristige, berufliche und private Zielsetzung.

Arbeit und Leistung

Wirtschaftsprüfer und Steuerberater sowie ihre Mitarbeiter arbeiten häufig 60 Stunden und mehr in der Woche. Das Berufsleben dominiert über das Privatleben. Entspannungs- und Erholungsphasen werden häufig auf Urlaube verlagert und sind zumeist zu kurz. Zeit für Lebenspartner, Familie oder Freunde wird in diesen Fällen zum Engpass. Die Frage nach dem Sinn und die Motive für diese einseitige Zeiteinteilung können Professionals oft nicht eindeutig beantwortet werden. Schlussendlich kann eine einseitig auf den Beruf ausgerichtete Lebensweise zu gesundheitlichen Schäden führen, wenn es zu physischen und psychischen Überlastungen kommt. Häufig fehlt es an Balance im Leben eines Professionals. Die Work-Life-Balanced-Scorecard© zeigt wie Professionals Balance zwischen Berufs- und Privatleben herstellen können und dabei im Einklang mit ihren privaten und beruflichen Zielen leben können.

Es bleibt jedem selbst überlassen, ob man eine Vision für sein Leben entwickeln will oder nicht. Interessant ist jedoch die Tatsache, dass in den Autobiographien besonders erfolgreicher Persönlichkeiten nahezu überall gelesen werden kann, dass diese Menschen Visionen hatten.

Körper und Gesundheit

Ein **gesunder Körper** mit viel Energie ist die Quelle für die Durchführung der beruflichen und privaten Aktivitäten. Wer sich regelmäßig bewegt und gesund ernährt, tut viel für seinen Körper und verfügt in aller Regel über Kraftreserven, die andere nicht haben. In diesem Zusammenhang steht auch die Frage, ob Sie Ihrem Körper genügend Schlaf zur Regeneration zugestehen. Jeder von uns weiß, dass sowohl beruflicher als auch privater Erfolg nur dann Freude bereitet, wenn man auch gesund ist.

Die meiste Wachzeit verbringen insbesondere beruflich sehr erfolgreiche Menschen mit ihrer **Arbeit**. Stephen R. Covey hat die Frage gestellt: *„Wer bedauert auf dem Sterbebett, dass er nicht mehr Zeit im Büro verbracht hat?“* Wie viel Sie arbeiten hängt von Ihren Zielen, Werten und Lebensmotiven ab. Deshalb ist Klarheit auf diesen Gebieten so wichtig. Nicht wenige Menschen würden bei der Frage, **„Was würden Sie tun, wenn Sie wüssten, dass Sie nur noch einen Tag zu leben hätten?“**, die Nähe zur Familie oder zu Freunden suchen und nicht den Weg ins Büro.

Familie und Freunde

Eine intakte **Partnerschaft**, die **Familie** oder **Freunde** können eine wertvolle und wichtige Energiequelle für das Berufsleben sein. Allzu häufig flüchten jedoch besonders erfolgreiche Menschen in ihre Arbeit, da die Kämpfe, die sie mit ihrem Partner zu Hause durchstehen müssen, viel kräftezehrender sind als die tägliche Arbeit im Büro. Wer jedoch nicht an seiner Partnerschaft arbeitet und wer keine Zeit zur Pflege der Partnerschaft einplant, verliert eines Tages mit hoher Wahrscheinlichkeit seinen Partner. Da Wirtschaftsprüfer und Steuerberater gerne mit Checklisten arbeiten, kann das Überprüfen der Beziehungsqualität einer Partnerschaft an folgenden vier Punkten leicht erfolgen:

- Werte
- Gemeinsame Aktivitäten
- Sex
- Resonanz

Eine langfristige und harmonische Partnerschaft basiert auf gemeinsamen Wertvorstellungen des Paars. Die **Werte** bilden sich meist recht frühzeitig heraus, wobei eine Prägung oft von den Eltern oder Personen, die in der Kindheit und Jugend einen wesentlichen Einfluss hatten, kommt. Die Werte eines Menschen ändern sich mit zunehmendem Lebensalter immer weniger. Um das 20. Lebensjahr weisen die meisten Menschen eine in sich recht gefestigte Wertewelt auf. Die Werte bilden den täglichen Handlungsrahmen und beeinflussen Entscheidungen auch im Alltag. Die Werte sind nicht alle gleich wichtig. Es gilt deshalb festzustellen:

- Was sind für mich wichtige Werte?
- Was sind für meinen Partner wichtige Werte?

Die Übereinstimmung und Unterschiede sind herausarbeiten. Werte, die Ihnen wichtig sind, sollten auch ihrem Lebenspartner wichtig sein.

Beispiel
Ein Mensch, der gewissenhaft, ordentlich und pünktlich ist, wird diese Eigenschaften mit hoher Wahrscheinlichkeit auch in einem späteren Lebensalter aufweisen. Dies gilt gleichermaßen für Karriereorientierung und Familiensinn. Ein Mensch, für den die berufliche Karriere vor allem anderen steht, wird diesen Wert ebenfalls stabil über mehrere Jahre beibehalten. Ein tiefgläubiger Mensch wird vermutlich kein Atheist werden.

Klarheit über die Werte, die einem selbst wichtig sind und die Werte, die Ihrem Partner wichtig sind, ist das Fundament einer funktionierenden Partnerschaft. Wenn die Werte, die Ihnen wichtig sind, nicht mit den Werten ihres Lebenspartners übereinstimmen, sind Probleme in einer Partnerschaft vorprogrammiert.

Ein Paar sollte des Weiteren **gemeinsame Aktivitäten** haben. Wer außer dem gemeinsamen Urlaub nichts gemeinsam macht, lebt oft nebeneinander her. Insbesondere für

Wirtschaftsprüfer und Steuerberater, die ihr „Hobby" zum Beruf gemacht haben, ist der berufliche Alltag oft omnipräsent. Dies gilt umso mehr, wenn der Wert „Karriere" ganz besonders wichtig für einen Professional ist. Diese Professionals ordnen meist alles dem Beruf unter. Dann bleibt zwangsläufig wenig Zeit für gemeinsame Aktivitäten mit dem Lebenspartner. Nur, wer wenig Zeit mit seinem Partner (und ggf. seinen Kindern) verbringt, darf sich nicht wundern, wenn der Lebenspartner auf einmal einen anderen Partner hat. Folgende Fragen helfen den Status quo festzustellen:

- Was waren die gemeinsamen Aktivitäten mit ihrem Partner (ohne Kinder) in den letzten 12 Monaten?
- Haben Sie regelmäßig Verabredungen (Dates) mit Ihrem Partner?

Ausgangspunkt für gemeinsame Aktivitäten sind häufig gemeinsame Interessen und Hobbys. Gemeinsame positive und glückliche Erlebnisse in einer Partnerschaft sind das Bindeglied auch in schwierigen Zeiten. Positive Erinnerungen an gemeinsam verbrachte Zeit helfen Krisen in einer Partnerschaft überwinden.

Der nächste Punkt einer glücklichen und funktionierenden Partnerschaft hat einen evolutionsbiologischen Hintergrund. Ohne Sex würden wir uns nicht fortpflanzen und wir würden aussterben. **Sex** ist also Ausgangspunkt des Überlebens der menschlichen Rasse. Für viele Menschen gehört zu einer glücklichen Paarbeziehung auch Intimität und Sex. Ich möchte das Thema hier nicht weiter ausführen, jedoch darauf hinweisen, dass dieser Punkt gegebenenfalls mit zunehmendem Lebensalter weniger wichtig werden könnte. Das gilt jedoch nicht für das Thema Zärtlichkeit und Intimität in einer Paarbeziehung. Denn wenn weder Sex noch Intimität in einer Beziehung stattfindet, dann lebt ein Paar wie Bruder und Schwester. Und hier gibt es deutliche Unterschiede zwischen einer Lebenspartnerschaft und Geschwistern.

Der letzte Punkt in der Checkliste ist die **Resonanz** eines Paares. Hier geht es um die Kommunikation zwischen Paaren. Damit ist nicht gemeint, dass ein Paar immer der gleichen Meinung sein muss. Es ist auch nicht gemeint, dass ein Paar sich niemals streitet. Vielmehr ist mit Resonanz gemeint, dass ein Paar miteinander regelmäßig redet und dem anderen Einblick in sein Seelenleben gibt. Hierzu gehört vor allem auch Einfühlungsvermögen. Wenn sich ein Partner von dem anderen Partner nicht mehr verstanden fühlt, dann mangelt es an Resonanz. In meinen Vorträgen spreche ich oft Frauen dann unmittelbar an und sage: „Wenn Sie das Gefühl haben, dass Sie mit einer Parkuhr reden, wenn Sie mit Ihrem Partner sprechen, dann haben Sie keine Resonanz mehr." Die meisten Frauen lachen dann und die Männer schweigen manchmal bedächtig. Insbesondere wenn Frauen sich nicht verstanden fühlen, verlieren sie häufig auch das Interesse am Sex mit ihrem Partner. Das Reden ist nicht nur wichtig für glückliche und funktionierende Partnerschaften. Reden ist genauso wichtig bei funktionierenden und erfolgreichen Mandatsverhältnissen und bei guten Beziehungen zu den Mitarbeitern. Hier schließt sich dann der Kreis vom privaten zum beruflichen Erfolg.

Die zuvor genannten Punkte sind die vier Geheimnisse funktionierender Partnerschaften, die zu einer glücklichen Beziehung führen. Das Fundament für außergewöhnliche Erfolge ist eine intakte private Beziehung zum Lebenspartner. Das ist der Ausgangspunkt zu beruflichen und finanziellen Erfolgen. Die Beziehung zu Ihrem Partner kann Ihre beruflichen und finanziellen Erfolge positiv oder negativ beeinflussen. Jeder, der eine Scheidung hinter sich hat, kennt die finanziellen Auswirkungen einer Trennung, die übrigens oft auch mit einem Ehevertrag wesentlich sein können. Der „richtige“ Partner an Ihrer Seite kann Sie beflügeln oder Ihnen die Flügel stutzen. Prüfen Sie anhand der vier Punkte, ob Sie den richtigen Partner an Ihrer Seite haben – oder nicht. Es sind die gleichen vier Punkte, die übrigens zu Beginn einer Partnerschaft gegeben sein sollten.

Sinn und Werte

Schlussendlich bleibt bei den meisten Menschen keine Zeit mehr für die Frage nach dem **Sinn** und den **Werten** ihres Lebens. Werte sind jedoch der Leitfaden für all unser Tun und Handeln. Sinn ist die Grundlage für Erfüllung und Zufriedenheit im Leben. Aus diesem Grund stelle ich mir regelmäßig folgende drei Fragen:

1. Was will ich in Zukunft tun?
2. Warum will ich das?
3. Was sind meine Schlüsselaufgaben in Zukunft?
4. Diese Fragen helfen mir immer wieder meiner Motive und Werte bewusst zu werden und zu prüfen, ob diese im Einklang mit meinen aktuellen und zukünftigen Schlüsselaufgaben stehen.

Wie entsteht Balance?

Wie viel Zeit jeder Einzelne in diesen vier Lebensbereichen verbringt, muss jeder für sich selbst wissen. Hier gibt es kein Patentrezept. Die bewusste Auseinandersetzung sowie eine Wochen-, Monats- und Jahresplanung, die sicherstellt, dass Aktivitäten in allen vier Lebensbereichen stattfinden, ist die Basis für Balance im Leben eines erfolgreichen und glücklichen Professionals. Die Work-Life-Balanced-Scorecard© ist nicht nur ein Instrument, das Ihnen hilft, Balance in Ihr Leben zu bringen, sondern sie ist auch ein Instrument, um sicherzustellen, dass Sie Ihre Ziele in den einzelnen Lebensbereichen nur dann erreichen werden, wenn konkrete Aktivitäten dahinterstehen, die tatsächlich auch getan werden. Es unterstützt demnach den Grundsatz der Handlungsorientierung.

Die vier Perspektiven des Zeit-Balance-Modells machen deutlich, dass zu einem ausgewogenen Leben nicht nur der Bereich Leistung und Arbeit gehören. Für ein glückliches Leben sind die Bereiche Körper und Gesundheit, Familie und Freunde sowie Sinn und Werte ebenfalls wichtig. Insbesondere die Frage nach dem Warum und Zukunftsfragen nehmen bei vielen Menschen zu wenig Zeit ein.

Wie lassen sich aber Ziele, Kennzahlen und Aktivitäten entsprechend den Ebenen einer Balanced Scorecard für die Bereiche Gesundheit und Körper, Familie und Freunde oder gar Werte und Sinn entwickeln? Einfache Beispiele zeigen auch hier, dass ohne Planung – im Sinne einer gedanklichen Vorwegnahme zukünftigen Handelns – kein Erfolg möglich sein wird. Wer beispielsweise etwas für seinen Körper und seine Gesundheit tun will (Gewichtsreduzierung) braucht ein realistisches Ziel, das messbar in einer bestimmten Zeit erreicht sein soll. Immer ist dies mit gewissen Aktivitäten wie Laufen, Rad fahren, etc. sowie gesunder Ernährung verbunden. Hierbei gilt es geeignete Kennzahlen sowie Termine, an denen das Ziel erreicht sein soll, zu finden. Ein strategisches Ziel könnte beispielsweise für einen überwichtigen Menschen die Reduzierung des Körpergewichts, um ein bestimmtes Gewicht (Kennzahl), zum Beispiel X kg bis zu einem bestimmten Datum. Als operatives (Zwischen-)Ziel kann im nächsten Schritt eine bestimmte Gewichtsreduzierung (Kennzahl: zum Beispiel X kg in X Wochen etc.) als Zwischenziel festgelegt werden. Wesentliche Aktivitäten auf dem Weg zur Realisierung des strategischen Ziels sind dann beispielsweise regelmäßiges Laufen, Rad fahren, schwimmen, etc. (Kennzahl: Anzahl der Tage und die Dauer des Laufens), gesunde Ernährung (Anzahl der mit den Mahlzeiten eingenommen Kalorien, Cholesterinwerte etc.).

An diesem Beispiel wird deutlich, dass die Technik der Balanced Scorecard relativ einfach auch auf andere Gebiete des Lebens übertragen werden kann. Auch für den Bereich Familie und Freunde lassen sich klare strategische Ziele (z.B. glückliches und harmonisches Familienleben) definieren, die durch eindeutige Kennzahlen (gemeinsam mit dem Lebenspartner, Kindern, Freunden verbrachte glückliche Zeit) sowie durch Aktivitäten, die zur Zielerreichung geeignet sind, unterlegt sind.

Die Übertragung des Konzeptes der Balanced Scorecard auf das Privatleben und die Weiterentwicklung zu einer Work-Life-Balanced-Scorecard© kann dazu genutzt werden, Balance zwischen Berufs- und Privatleben von Professionals herzustellen. Voraussetzung für eine erfolgreiche Anwendung ist jedoch Zielklarheit. Sowohl im Berufsleben als auch im Privatleben wird derjenige erfolgreicher sein, der genau weiß, was er will. Allein die Erstellung einer Work-Life-Balanced-Scorecard© setzt die intensive Auseinandersetzung zwischen beruflichen und privaten Zielen voraus. Dazu sind die Kenntnis der eigenen Werte, Lebensmotive und Lebensrollen eine conditio sine qua non. Nichts ändert sich im Leben eines Menschen, außer er ändert sich. Da wir häufig Gefangene unserer eigenen Gewohnheiten sind, bedarf es zur Durchführung bestimmter Veränderungen und neuer Aktivitäten konkreter Motive. Eine schwere Krankheit als Zeichen einer beruflichen Überlastung oder die Trennung vom Lebenspartner aufgrund einer einseitig auf das Berufsleben ausgerichteten Lebensweise können durch den Einsatz der Work-Life-Balanced-Scorecard© vermieden werden.

5 Ausblick

In einer VUKA-Welt wurde die Frage gestellt, ob neue Grundsätze, Aufgaben und Werkzeuge für Wirtschaftsprüfer und Steuerberater zur Bewältigung der zunehmenden Komplexität im beruflichen und privaten Alltag notwendig sind. Das Buch hat den Titel „Wertvolle Soft Skills für Wirtschaftsprüfer und Steuerberater“. Mit „wertvoll“ ist damit vor allem die Auswahl der Soft Skills gemeint. Denn es gibt eine Vielzahl von Soft Skills. Es wurden verschiedene Grundsätze, Aufgaben und Werkzeuge erfolgreicher Professionals vorgestellt. Soft Skills sind weiche Kompetenzen, die erlernt werden können. Die Ausgangsvoraussetzungen sind nicht für alle Professionals gleich. Dies gilt jedoch bei allen Dingen, die erlernt werden sollen. Für das Erlernen einer Sprache oder einer Sportart bedarf es Talent und Training. Nicht jeder hat das Talent, ein Sprachgenie oder Spitzensportler zu werden. Aufgrund von Erbanlagen und sozialen Prägungen haben nicht alle Professionals die gleichen Startvoraussetzungen beim Erlernen der Soft Skills.

Durch regelmäßiges Training kann sich jedoch jeder verbessern. Ausdauer und die Bereitschaft die Soft Skills zu lernen, sind die Voraussetzung für eine positive Persönlichkeitsveränderung und für ein erfolgreiches Leben. Das Buch soll Ihnen einen Impuls geben, die dargestellten Soft Skills in Ihr Leben zu integrieren und sie täglich anzuwenden. Da Wirtschaftsprüfer und Steuerberater sich von jeher intensiv mit Fachwissen beschäftigt haben und die Hürde zum Bestehen der Berufsexamen hoch ist, bestand in der Regel keine Gelegenheit sich während der Ausbildung mit Soft Skills zu beschäftigen. Bei den Berufsexamen ist das Thema Soft Skills nicht prüfungsrelevant und im Studium wird es meist nur am Rand behandelt. In den ersten Berufsjahren nach Ausbildung und Studium dominiert deshalb bis zum Bestehen der Berufsexamen die Fachliteratur das Leben eines Professionals. Nur sehr wenige Professionals beschäftigen sich in dieser Lebensphase mit Soft Skills. Spätestens mit dem Bestehen der Berufsexamen erweitert sich das Tätigkeitsgebiet eines Professionals um Managementaufgaben. Zu den Fachaufgaben eines Professionals kommen jetzt Führungsaufgaben und Aufgaben im Zusammenhang mit der Akquisition und Betreuung von Mandanten. Spätestens hier wird jedem Professional bewusst, dass es nicht nur auf Fachkompetenz ankommt, sondern die Soft Skills entscheidend für den beruflichen (und privaten) Erfolg sind.

Die hier dargestellten Soft Skills gelten größtenteils sowohl für das Berufsleben als auch für das Privatleben. Eine Trennung wäre weder sinnvoll noch nützlich. Die Soft Skills wurden in Grundsätze, Aufgaben und Werkzeuge eingeteilt. Bei den dargestellten **Grundsätzen** erfolgreicher Professionals handelt es sich um Soft Skills, die m.E. uneingeschränkt auch im Privatleben relevant sind. Sicher werden jetzt einige Professionals einwenden, dass sie in ihrem Privatleben eine Reihe von Dinge tun, die sich beispielsweise nicht an Ergebnissen orientieren. Dem ist zuzustimmen. Dennoch ist eine gescheiterte Partnerschaft oder eine schlechte Beziehung zu Eltern, Kindern und Freunden auch ein Ergebnis.

Die Soft Skills im Zusammenhang mit den **Aufgaben** eines Professionals wurden aus der Perspektive des Professionals dargestellt. Eine Trennung in Sach- und Managementaufgaben ist nicht sinnvoll. Aus diesem Grund wurden bei den Aufgaben die Schlüsselaufgaben eines Professionals dargestellt. Dem Marketing kommt dabei eine besondere Bedeutung zu. Ohne Aufträge nützt auch die beste Fachkompetenz eines Professionals nichts. Die Akquisition von neuen Mandanten sowie die anschließende Betreuung der Mandanten sind die Basis für die Ausübung der beruflichen Tätigkeit eines Wirtschaftsprüfers und Steuerberaters und seiner Mitarbeiter. Dabei verkaufen sich die Professionals zunächst einmal selbst und erst danach ihre WP/StB-Praxis. Unser Beruf ist „People's Business". Für einen guten Rainmaker ist die Unternehmensmarke austauschbar. Die Mandanten werden ihm folgen, wenn er das Unternehmen wechselt. Damit soll nicht zum Ausdruck gebracht werden, dass Investitionen in die Unternehmensmarke nicht getätigt werden sollten. Die großen Kanzleien investieren große Summen in die Sichtbarkeit ihrer Marke. Die Summen, die diese Kanzleien in die Entwicklung der Soft Skills ihrer Mitarbeiter investieren, sind vergleichsweise klein. WP/StB-Praxen und große internationale Gesellschaften sind gut beraten darüber nachzudenken, ob Investitionen in die Soft Skills der Mitarbeiter in Zukunft nicht ertragreicher als die Investitionen in die Unternehmensmarke sind. Gerade im Zeitalter der Digitalisierung, in dem Künstliche Intelligenz, Machine Learning und andere technische Entwicklungen den Menschen ersetzen, bekommen die Menschen, die noch für andere Menschen tätig sind, eine noch größere Bedeutung als bisher. Denn solange Unternehmen noch von Menschen geführt werden und nicht von Maschinen, werden die Soft Skills der Professionals den Unterschied machen.

Bei den **Werkzeugen** erfolgreicher Professionals wurden Tools dargestellt, mit denen Wirtschaftsprüfer und Steuerberater sich intensiv auseinandersetzen sollten. Dieses Kapitel ist für viele Kollegen vermutlich ein neues Terrain, das sie größtenteils noch nicht betreten haben. Dies gilt insbesondere für das Werkzeug des mentalen Trainings. Wer das mentale Training regelmäßig praktiziert, wird die größten Veränderungen in seinem Leben feststellen. Wirtschaftsprüfer und Steuerberater sind nicht bekannt dafür, dass sie sich über Veränderungen besonders freuen würden. Mithin ist unser Berufsstand sehr konservativ. Die Veränderungen, die ein Professional durch das regelmäßige Praktizieren von mentalem Training erreichen kann, sind beträchtlich. Und damit sind positive Veränderungen sowohl im Berufs- als auch im Privatleben gemeint.

Die hier dargestellten Grundsätze, Aufgaben und Werkzeuge erfolgreicher Professionals helfen, die nach wie vor zunehmende Komplexität im beruflichen und privaten Alltag zu meistern. Es ist allseits bekannt, dass das Lernen ein lebenslanger Prozess ist. Wer stehen bleibt und sich nicht weiterentwickelt, wird in einer sich verändernden Umwelt weder ein erfolgreiches noch ein glückliches Leben führen. Die Grundsätze, Aufgaben und Werkzeuge erfolgreicher Wirtschaftsprüfer und Steuerberater sind zeitlos. Wer sie beachtet und in sein tägliches Leben integriert, wird nicht nur erfolgreicher, sondern auch glücklicher. Glück kommt von Gelingen. Wenn es Ihnen gelingt, Ihr Leben nach diesen Grundsätzen, Aufgaben und Werkzeugen auszurichten, sind Sie auf dem Weg zu einem erfolgreichen und glücklichen Leben.

Viele Menschen glauben, dass sie erfolgreich sein müssen, um glücklich zu sein. Sie haben den Glaubenssatz entwickelt, dass sich Glück erst dann einstellt, wenn man beruflich und finanziell erfolgreich ist. Shawn Achor, ein Harvard Professor, hat in seinem Bestseller „The Happiness Advantage" aufgrund seiner umfangreichen Forschungserkenntnisse das Gegenteil herausgefunden:

1. Wir werden erfolgreicher, wenn wir glücklicher und positiver sind und nicht umgekehrt.
2. Glück ist die Freude, die wir fühlen, wenn wir unser Potenzial entfalten.
3. Der Glücksvorteil ist nicht der Glaube, dass wir uns nicht ändern müssen, sondern es ist die Erkenntnis, dass wir uns ändern können.

Wir können unser Gehirn nutzen, um zu ändern, wie wir Ereignisse verarbeiten und auf Ereignisse reagieren. Wenn ein Professional, trotz seiner kritischen Berufshaltung während seiner Tätigkeit als Abschlussprüfer, die Welt nach Positivem durchsucht, wird er Glück, Dankbarkeit und Optimismus finden. Zum Erfolg gehört auch das Scheitern. Es ist keine Schande, Ziele nicht zu erreichen und zu scheitern. Wer hinfällt und liegen bleibt, ist jedoch wirklich gescheitert. Das kann einen Professional ein Leben lang verfolgen. Ein Kind, das laufen lernt und hinfällt, hat den Drang wieder aufzustehen. Das ist ein natürliches Verhalten. Dieses kindliche Verhalten sollten wir uns alle bewahren. Wenn wir das Scheitern als Chance für Wachstum sehen, werden wir erfolgreich. Insbesondere, wenn wir wissen, weshalb wir gescheitert sind und es beim nächsten Mal besser machen. Die größten Krisen bieten oft die größten Chancen. Das ist eine Frage, wie Sie auf Krisen reagieren. Die erfolgreichsten Professionals glauben, dass ihr Handeln einen direkten Einfluss auf ihre Ergebnisse hat. Ich wünsche Ihnen beim Training der in diesem Buch vorgestellten Soft Skills viel Erfolg für ein glückliches Leben!

Der Autor

Andreas Creutzmann ist ein auf Unternehmensbewertungen spezialisierter Wirtschaftsprüfer, Steuerberater und Certified Valuation Analyst, der seit rund 30 Jahren unternehmerisch tätig ist. Der Diplom-Kaufmann hat Betriebswirtschaftslehre an der Universität Mannheim studiert und erfolgreich mehrere Unternehmen aufgebaut. Mit dem Certified Valuation Analyst hat er ein neues Berufsbild für Bewertungsprofessionals in Europa etabliert. Seit rund 20 Jahren ist Andreas Creutzmann als Referent und Autor tätig. Neben Fachvorträgen und Lehraufträgen auf dem Gebiet der Unternehmensbewertung hat er sich intensiv mit dem Marketing & Management von Wirtschaftsprüfern und Steuerberatern auseinandergesetzt. Erfolgreiche Professionals machen bestimmte Dinge anders als weniger erfolgreiche. In seinen Beiträgen zum Marketing & Management teilt Andreas Creutzmann seine praktischen Erfahrungen als Unternehmer zum Thema Erfolg mit Berufskollegen. www.creutzmann.eu und www.die1Sache.de.

Literaturhinweise

Achor, Shawn: The Happiness Advantage: The Seven Principles that Fuel Success and Performance at Work, 2010

Amon, Ingrid: Die Macht der Stimme: Mehr Persönlichkeit durch Klang, Volumen und Dynamik, 8. akt. Aufl., 2016

Bly, Robert W.: Become a Recognized Authority in Your Field, 2002

Boy et al: Projektmanagement: Grundlagen, Methoden und Techniken, 1999

Brand, Heiner/Löhr, Jörg: Projekt Gold. Wege zur Höchstleistung – Spitzensport als Erfolgsmodell, 2008

Bailey, Chris: Hyperfocus: Wie man weniger arbeitet und mehr erreicht, 2019

Bloch, Robert L.: Erfolgreich denken lernen – Meine Warren-Buffett-Bibel: Die Grundsätze des Starinvestors, 2016

Christiani/Scheelen: Stärken stärken: Talente entdecken, entwickeln und einsetzen, 3. Akt. Aufl., 2013

Covey, Stephen: Die 7 Wege zur Effektivität: Prinzipien für persönlichen und beruflichen Erfolg, 51. Aufl., 2018

Creutzmann, Andreas: The ONE Thing: Die überraschend einfache Wahrheit über außergewöhnlichen Erfolg in: Create your Life, Tempus-Verlag, 2017

Creutzmann, Andreas: Lebensprinzipien der Shaolin in: BewertungsPraktiker, Oktober-Dezember 2009, S. 50-51

Creutzmann, Andreas: Irrtum Power Point: Wirkungsvolle Präsentationen in: BewertungsPraktiker, April-Juni 2009, S. 37-39

Creutzmann, Andreas: Wirksame Kommunikation in: BewertungsPraktiker, Januar-März 2009, S. 32-35

Creutzmann, Andreas: Rhetorical Skills Help Win New Business – What Valuation Professionals Can Learn from Obama in: The Value Examiner, November/December 2008, p. 21-23, (Editor: NACVA).

Creutzmann, Andreas: Selbstmanagement: Mit klaren Zielen ins neue Jahr in: BewertungsPraktiker, Oktober-Dezember 2008, S. 41–42

Creutzmann, Andreas: Spitzensport als Erfolgsmodell für Berater? in: BewertungsPraktiker, Juli-September 2008, S. 30-35

Creutzmann, Andreas: Was Bewertungsprofessionals von Obama lernen können in: BewertungsPraktiker, April-Juni 2008, S. 24

Creutzmann, Andreas: Bewertungsprojekte effektiv und effizient managen in: BewertungsPraktiker, Januar-März 2008, S. 24-27

Creutzmann, Andreas: Die Work-Life-Balanced Scorecard in: BewertungsPraktiker, Juli-September 2007, S. 19-23

Creutzmann, Andreas: Wie Berater zu „Rainmakern" werden – Teil I: Marketingstrategien und Marketingaktivitäten in: BewertungsPraktiker, Januar-März 2007, S. 20–21

Creutzmann, Andreas: Wie Berater zu „Rainmakern" werden – Teil II: Soft Skills von Rainmakern in: BewertungsPraktiker, April-Juni 2007, S. 20-22

Creutzmann, Andreas: Grundsätze, Aufgaben und Werkzeuge erfolgreicher Professionals, Teil I: Grundsätze als Basis für den Erfolg in: BewertungsPraktiker, April-Juni 2006, S. 21-23

Creutzmann, Andreas: Grundsätze, Aufgaben und Werkzeuge erfolgreicher Professionals, Teil II: Aufgaben in: BewertungsPraktiker, Juli-September 2006, S. 20-23

Creutzmann, Andreas: Grundsätze, Aufgaben und Werkzeuge erfolgreicher Professionals, Teil III: Werkzeuge in: BewertungsPraktiker, Oktober-Dezember 2006, S. 19–23

Dauth, Georg: Führen mit dem DISG®-Persönlichkeitsprofil: DISG®-Wissen Mitarbeiterführung, 3. Aufl., 2012, (Kindle-Version)

Davis, Katie/Seider, Scott: The Theory of Multiple Intelligences, in: Cambridge Handbook of Intelligence, Chapter: 24, Publisher: Cambridge University Press, Editors: R.J. Sternberg, S.B. Kaufman, pp.485-503

Drucker, Peter F.: Die Kunst des Managements, 2000

Enkelmann, Nikolaus B.: Mentaltraining – Der Weg zur Freiheit, 2001

Enkelmann, Nikolaus B.: Rhetorik Klassik: Die Kunst zu überzeugen, 7. Aufl., 2004

Enkelmann, Nikolaus B.: Das Power-Buch für mehr Erfolg. In fünf Jahren die Nummer 1, 2005

Fox, Jeffrey J.: How to Become a Rainmaker: The Rules for Getting and Keeping Customers and Clients, 2000

Friedrich, Kerstin: Erfolgreich durch Spezialisierung, 2014

Fuchs, Helmut/Huber, Andreas: Die 16 Lebensmotive: Was uns wirklich antreibt, 2002

Gardner, Howard: Frames of Mind: The Theory of Multiple Intelligences, 3. Aufl. 2011

Gigerenzer, Gerd: Risiko: Wie man die richtigen Entscheidungen trifft, 2014.

Gigerenzer, Gerd: Bauchentscheidungen: Die Intelligenz des Unbewussten und die Macht der Intuition, 2008

Gladwell, Malcolm: Überflieger: Warum manche Menschen erfolgreich sind – und andere nicht, 2010

Häusel, Hans-Georg: Think Limbic! Die Macht des Unterbewussten verstehen, 5.Aufl., 2014

Harding, Ford: Rain Making: The Professional's Guide to Attracting New Clients, 1997

Heimsoeth, Antje: Mentale Stärke: Was wir von Spitzensportlern lernen können, 2017, (Kindle-Version)

Heßler, Armin/Mosebach, Petra: Strategie und Marketing im Web 2.0: Handbuch für Wirtschaftsprüfer und Steuerberater, 2013

Hill, Napoleon: Denke nach und werde reich, 2018

Kahn, Oliver: Ich. Erfolg kommt von innen, 2008, München.

Karsten, Jürgen: Das Mentalprinzip: Wie Sie denken, was Sie wollen und bekommen, was Sie denken, 2009

Kartmann, Siegfried W.: Wie wir fragen und zuhören ... könnten!, 1998

Kast, Bast: Wie der Bauch beim denken hilft: Die Kraft der Intuition, 2007

Koch, Richard: Das 80/20 Prinzip: Mehr Erfolg mit weniger Aufwand, 4. Aufl., 2015

Konrad, Boris Nikolai: Alles nur in meinem Kopf: Die Geheimnisse unseres Gehirns, 2. Aufl., 2016

Kriffer, Paul: Atemtechnik: Positive Energie, weniger Stress, Entspannung und besser schlafen durch Atemübungen, 2018, Kindle-Version

Küstenmacher/Seiwert: Simplify your life: Einfacher und glücklicher Leben, 17. Aufl., 2016

Lauster, Peter: Wege zur Gelassenheit, 2018

Lo, Min-Tzu et al: Genome-wide analyses for personality traits identify six genomic loci and show correlations with psychiatric disorders, in: Nature Genetics 2017 January; 49(1): 152–156. doi:10.1038/ng.3736

Malik, Fredmund: Führen, Leisten, Leben, erw. Neuausgabe, 2019

Matthews, Gail: Goals Research Summary, 2015: https://www.dominican.edu/academics/lae/undergraduate-programs/psych/faculty/assets-gail-matthews/researchsummary2.pdf

Mayer, Jan/Hermann, Hans-Dieter: Mentales Training: Grundlagen und Anwendung in Sport, Rehabilitation, Arbeit und Wirtschaft, 3. Auflage, 2015

McCormack, Mark H.: Was Sie an der Harvard Business School nicht lernen, 2007

Murphy, Dr. Joseph: Die Kraft Ihrer Gedanken, 1999

Öttl, Christine/Härter, Gitte: Networking: Kontakte gekonnt knüpfen, pflegen und nutzen, 2004

Pöhm, Matthias: Der Irrtum PowerPoint: Präsentieren Sie noch oder faszinieren Sie schon?, 2006

Pöhm, Matthias: Das NonPlusUltra der Schlagfertigkeit: Die besten Techniken aller Zeiten, 7. Aufl., 2019 (Kindle-Version)

Reiss, Steven: Das Reiss Profile: Die 16 Lebensmotive. Welche Werte und Bedürfnisse unserem Verhalten zugrunde liegen, 2014 (Kindle-Version)

Robbins, Anthony: Das Powerprinzip. Grenzenlose Energie, 16. Aufl., 2004

Robbins, Anthony: Das Prinzip des geistigen Erfolgs, 8. Aufl., 2004

Schieblon, Claudia (Hrsg.): Marketing für Kanzleien und Wirtschaftsprüfer, 4. erw. u. vollst. überarb. Auflage, 2019

Schuller, Robert H.: If It's Going to Be, It's Up to Me, 1998

Seiwert, Lothar: Wenn du es eilig hast, gehe langsam: Wenn du es noch eiliger hast, mache einen Umweg Der Klassiker des Zeitmanagements mit neuen Tools, 2018 (Kindle-Version)

Seiwert, Lothar: Das 1x1 des Zeitmanagement: Zeiteinteilung, Selbstbestimmung, Lebensbalance, 2014

Seiwert, Lothar/Gay, Friedbert: Das 1x1 der Persönlichkeit: Mehr Menschenkenntnis & Erfolg mit dem persolog®-Modell, 4. Aufl., 2019 (Kindle-Version)

Sprenger, Reinhard K.: Das Prinzip Selbstverantwortung, 13. Aufl., 2015

Sprenger, Reinhard K.: Die Entscheidung liegt bei Dir! Wege aus der alltäglichen Unzufriedenheit, 15. Aufl., 2016

Staller, Thomas/Kirschke, Cornelia: Die ID37 Persönlichkeitsanalyse: Bedeutung und Wirkung von Lebensmotiven für effiziente Selbststeuerung, 2019

Stäuble, Matthias: Dein Weg zur mentalen Stärke: Mentaltraining und Lebensschule für Sportler, Trainer und Betreuer, 2015 (Kindle-Version)

Tepperwein, Kurt/Aeschbacher, Felix: So geben Sie Ihr Bestes: Ein ganzheitliches Mentaltraining in 7 Stufen, 2004, Frankfurt am Main.

Tracy, Brian: Spitzenleistung Das Gewinner-Prinzip: Wege zur persönlichen Spitzenleistung, 2.Aufl., 2000

Tracy, Brian: Die ewigen Gesetze des Erfolgs: 100 goldene Regeln, 2000

Tracy, Brian: High Performance Leadership: Der Schlüssel zu erfolgreicher Führung und Motivation, 1999

Tracy, Brian: Luck factor. Die Gesetze des Erfolgs, 3. Aufl., 2000

Tracy, Brian: Eat that frog, 10. Aufl., 2002

Tracy, Brian: Ziele setzen, verfolgen, erreichen, 2. Aufl., 2018

Walther, George: Sag, was du meinst, und du bekommst, was du willst, 1996

Waugh, Tory/Halvax, Günter: 101 Marketing Strategien für Steuerberater, Wirtschaftsprüfer, Rechtsanwälte und Consultants, 2006

Wise, Anna: Awakened Mind Training: Ein Praxiskurs für Kreativität, Gesundheit und Erfolg – Ein Hirnwellen-Trainingsprogramm, 2017

Wolf, Jurgen: Focus. The Power of Targeted Thinking, 2008

Rainer Zittelmann, Psychologie der Superreichen, 2. Aufl., 2017

Stichwortverzeichnis